全国幼儿园园本课程系列

QUANGUO YOUERYUAN YUANBEN KECHENG XILIE

乐体验 爱劳动

——幼儿园角色体验式劳动教育案例

主　编　何秀凤
顾　问　颜晓燕
编　委　（按姓氏笔画为序）
　　　　王婷玉　庄丹容　吴舒亚　陈梅芬　柯凤英　柯美燕
　　　　钟明真　施珊珊　黄蓓芬　黄锦萍　蔡晓华　潘万得

复旦大学出版社

序

劳动是人生的重要体验

虞永平

我曾参观过晋江市第二实验幼儿园，幼儿园丰富的教育环境，宽阔的活动空间，生动活泼的活动场面，尤其是劳动教育的研究和实践，给我留下了深刻的印象。

劳动是人区别于动物的重要特征。人的生理基础和可塑性决定了人能形成劳动的基本态度，养成劳动的基本习惯，掌握劳动的基本能力。但劳动的态度、习惯和能力不是先天的，不是一出生就具有的，需要经过后天的培养和锻炼。家庭、幼儿园和社会都负有劳动教育的重要责任。幼儿园是培养儿童劳动态度、习惯和能力的重要阶段，幼儿园中的自我服务、社群服务、种植、饲养、手工和工艺是幼儿园劳动的主要种类和内容。幼儿园教育就是要根据不同的年龄阶段，努力给儿童提供各种劳动的机会。甚至可以说，缺少了劳动的幼儿园教育是不完整的，没有劳动的实践和体验，也难以真正培养儿童的劳动态度、习惯和能力。

幼儿园儿童离进入社会还比较遥远，因此，幼儿园的劳动教育不是职业技术教育，而是真正意义上的人生素质教育。幼儿园劳动教育就是要让儿童在现实生活中，积极参与，解决自己面临的真实问题，在实际的体验中，感受劳动的快乐。只有这样，才可能形成真正的劳动态度、习惯和能力。儿童从为自己服务开始，从为自己穿脱衣物到为自己制作玩具，再逐渐学会为同伴和其他年龄班的儿童服务，为幼儿园和社区的公共事务服务；通过真正的种植和饲养，为动植物服务，通过建造等工程为动植物创造更好的生活条件。因此，幼儿园中有很多劳动体验的机会，成人如果不包办、代替，儿童就能在体验中获得成长。

幼儿园的劳动不只是为了培养儿童的劳动态度、习惯和能力。劳动是综合的活动，在劳动过程中，儿童的体验是多维度的，能获得多领域的经验。劳动不等于劳动教育，通过劳动，让儿童获得多种经验才是劳动教育的目的。因此，劳动是儿童全面发展教育的重要途径和方式。幼儿园课程建设要充分关注劳动教育，将劳动教育纳入幼儿园课程体系。在尊重儿童身心发展规律和儿童学习特点的基础上，积极鼓励和引导儿童投身日常劳动，将五大领域的发展经验在劳动教育中有机融合，相互渗透。启发和引导儿童在劳动过程中积极思考，主动发现问题和解决问题，获得多方面的经验，体验劳动的挑战感、满足感和愉快感。

晋江市第二实验幼儿园从六个方面开展了劳动教育的探索。这些探索生动有趣，体现了劳动教育的基本理念，反映了儿童的身心发展规律，儿童能在劳动过程中获得多样化的经验，真正实现了劳动的教育价值。期待晋江市第二实验幼儿园不断深入研究，逐步完善劳动教育的体系，为儿童的全面发展提供更加有力的支持。

目录

绪论 / 1

角色体验一：农场小能手

一、活动简介 / 6

二、活动实例 / 9

小班　掌上明"猪" / 9
中班　生长吧，蘑菇菌！ / 23
大班　稻香 / 35

角色体验二：作坊小技师

一、活动简介 / 45

二、活动实例 / 48

小班　小小甜点师 / 48
中班　快乐陶艺工 / 60
大班　小木工建造记 / 73

角色体验三：服务小达人

一、活动简介 / 89

二、活动实例 / 93

小班　照顾小宝宝 / 93
中班　剧场里的大世界 / 104
大班　快递员成长记 / 115

角色体验四：班级小老师
　　一、活动简介 / 126
　　二、活动实例 / 129
　　　　小班　学当小老师 / 129
　　　　中班　小小值日生 / 137
　　　　大班　我的馆区我做主 / 145

角色体验五：家庭小管家
　　一、活动简介 / 157
　　二、活动实例 / 160
　　　　小班　能干的小手 / 160
　　　　中班　慧整理、会生活 / 172
　　　　大班　红红火火过新年 / 187

角色体验六：社区小雷锋
　　一、活动简介 / 198
　　二、活动实例 / 200
　　　　中班　爱心义卖 / 200
　　　　大班　环保小卫士 / 211
　　　　大班　小莲花义工团成立啦 / 222

后记 / 232

绪 论

　　劳动教育是我国全面培养社会主义建设者和接班人的国民教育体系的重要组成部分，具有独特的综合育人价值。2020 年，中共中央、国务院提出《关于全面加强新时代大中小学劳动教育的意见》，强调应"符合学生年龄特点，以体力劳动为主，注意手脑并用、安全适度，强化实践体验，让学生亲历劳动过程，提升育人实效性"。教育部颁布《大中小学劳动教育指导纲要（试行）》，强调劳动教育具有鲜明的思想性、突出的社会性和显著的实践性，文件指出，"必须面向真实的生活世界和职业世界，引导学生以动手实践为主要方式，在认识世界的基础上，获得有积极意义的价值体验，学会建设世界，塑造自己，实现树德、增智、强体、育美的目的"。随着幼儿园教育被明确纳入我国基础教育体系，幼儿园劳动教育日益引起广泛关注，幼儿园充分考虑幼儿身心发展特点，进行了劳动启蒙教育相关实践探索，强调应以"身心协同"为原则，促进劳之"知"的形成，以"体验"为模式，侧重劳之"情"的启蒙；以"具身"为管理，助力劳之"意"的生成；以"身体在场"为基石，丰富劳之"行"的实践。

　　近十年来，晋江市第二实验幼儿园高度重视与加强幼儿劳动启蒙教育，积极贯彻落实《幼儿园教育指导纲要（试行）》《3—6 岁儿童学习与发展指南》（以下简称《指南》）精神，坚持以《关于全面加强新时代大中小学劳动教育的意见》《大中小学劳动教育指导纲要（试行）》为教育指引，紧密结合"生态乐园、互融共育"办园理念，聚焦解决幼儿园支持幼儿劳动环境功能单一、幼儿体验劳动的机会受限、劳动教育模式单一、幼儿热爱劳动情感受限、劳动内容体系不全、劳动教育的深度实践受限等突出问题，创新"六小角色"体验式劳动课程，科学设置幼儿园劳动教育核心目标与内容框架，加强创设生态系统化体验式劳动教育环境，系统组织幼儿进行多样化劳动体验，积极探索开展幼儿劳动素养发展评价，初步建立了角色体验式劳动教育体系，取得了较好成效。

一、明确幼儿园角色体验式劳动教育核心目标与内容框架

　　一是拟定目标体系，明确核心目标。坚持培育幼儿劳动素养导向，明确幼儿园"角色体验式"劳动教育的核心目标为：初步树立正确的劳动态度、情感和观念，知道人人都应当劳动，体会到劳动乐趣、光荣与美好，增强对劳动人民的情感；初步掌握简单的劳动知识和技能，能够完成简单的劳动任务；初步养成良好的劳动习惯和品质，做到尊重劳动、喜爱劳动、安全劳动和诚实劳动，能够珍惜劳动成果。如表 1-1-1。

▼ 表 1-1-1　角色体验式劳动课程目标一览表

总目标	在角色扮演、亲身体验、直接感知、实际操作中激发劳动兴趣，学习基本劳动知识和技能，养成爱劳动、知劳动和会劳动的习惯		
子目标	爱劳动，自主自觉参与劳动，体会到劳动乐趣、光荣与美好，获得劳动的成就感，萌发责任意识，增强对劳动人民的情感	知劳动，认识劳动工具，知道人人都应当劳动，懂得劳动的基本方法，初步掌握简单的劳动知识和技能，养成劳动的良好习惯，尊重劳动人民，珍惜劳动成果	会劳动，能运用劳动工具进行劳动实践，能够完成简单的劳动任务，学会自我服务和为他人服务，合作解决劳动问题，创造和分享劳动成果

二是构建内容框架，支撑目标实现。参考《大中小学劳动教育指导纲要（试行）》，明确幼儿园"角色体验式"劳动教育的内容框架为：①"角色体验式"日常生活劳动教育。引导幼儿面对真实的个人生活任务情境，学习处理个人在园生活事务，开展清洁卫生活动，注重培养生活自理能力和良好卫生习惯，丰富生活经验，体验幸福生活。②"角色体验式"生产劳动教育。引导幼儿面对真实的生产任务情境，知道照顾身边的动植物，学会简单的手工制作，学会使用简单的劳动工具，完成简单的生产劳动任务。③"角色体验式"服务性劳动教育。引导幼儿面对真实的社会性服务任务情境，参与公益劳动和志愿服务活动，初步培育其社会合作能力与责任感。④"角色体验式"跨学科领域劳动教育。坚持培育和践行社会主义核心价值观，努力把劳动教育纳入幼儿园教育全过程，贯穿家庭、园所、社会各方面，实现与德育、智育、体育、美育相融合。如表 1-1-2。

▼ 表 1-1-2　角色体验式劳动课程内容一览表

职业角色	劳动内容	劳动类型	
农场小能手	四季种植、饲养照料小动物、手工制作、整理清扫等	生产劳动教育	跨学科领域劳动教育，家校社协同育人，培养全面发展的时代新人
作坊小技师	陶艺、木艺、花艺、厨艺等	生产劳动教育	
服务小达人	乘务员、服务员、小交警、小司机、消防员、小医生、育婴师、剧场小演员等	服务性劳动教育	
班级小老师	一日生活自我服务和为他人服务管理等	日常生活劳动教育	
家庭小管家	能生活自理，会帮厨、清扫、整理等家务	日常生活劳动教育	
社区小雷锋	爱心义卖、生态文明实践、爱老敬老活动等	服务性劳动教育	

三是拓展实施途径，助推实践融合。"六小角色"劳动课程融入主题活动、区域游戏、生活活动、角色游戏、居家劳动和社区实践中助推劳动课课程深度实践。①融入班级主题活动。幼儿扮演小农夫，体验种植养殖劳动，探索播种的适宜季节和喂养动物的适应方式，形成了 40 多个小农夫农场体验主题探究活动，扮演小技师开展陶艺、木艺、厨艺等主题活动。②融入区域活动。根据不同年龄特点设置情景式劳动区域、主题式劳动区域、项目式活动区域，丰富劳动实践的内容与形式。③融入角色游戏，劳动与游戏密不可分。通过在真实场景

中感知各种职业劳动，每周开展角色体验游戏，游戏中幼儿了解角色分工，模仿劳动行为，丰富劳动经验，积极参与联动式社会游戏，掌握劳动技能。④ 融入生活活动。通过捕捉一日活动中蕴含在生活环节的各种教育契机，将劳动教育自然地渗透在每天、每周、每月中，培养其良好的劳动习惯和技能。如在每天的用餐活动中自主盛饭、取用点心和牛奶，清理餐具和食物残渣，清扫卫生。集中活动时整理收纳教学具、摆放桌椅，离园时整理个人生活用品，在日复一日的生活中提升自我服务能力。每周争当班级小小值日生，协助教师做好班级环境卫生，照料自然角，管理幼儿仪容仪表。每月开展"十馆八区"环境大扫除，学会协调分工，体验为集体服务的自豪感。⑤ 融入亲子活动。围绕常见家务劳动内容，分阶段制定幼儿亲子家务劳动清单。围绕幼儿应该做、学着做的内容，与家长共同完成21天劳动小达人集星打卡。⑥ 融入社会实践。幼儿园定期举办小小志愿者社会实践活动，如"敬老服务""生态文明实践""爱心义卖""节日活动"等，培养爱护环境生态文明意识和社会责任心。

二、重视创设生态系统化角色体验式劳动教育环境

依据"亲近自然、亲近社会、亲身体验、亲历劳动"的办学思路，坚持建立健全经费投入机制，重视综合开发各类劳动教育资源，积极探索创建"涵盖全、体验全、发展全"的生态互融劳动环境，着力涵盖室内外和幼儿园健康、语言、社会、科学和艺术五大领域等多方面实践认知，为幼儿自主自选角色开展沉浸式体验提供真实生动的环境支持，也为师幼共同生成劳动教育课程和家园共育助推劳动教育提供综合保障。

一是坚持立足儿童视角。统筹规划创设"以童为本、以境激趣"的生态乐园环境。通过专家论证、分析定位和师幼调研等方式，重点配套建设具有体验功能的"十馆八区"，即室内"航空体验、图书体验、美工体验、五店市民俗体验、陶艺体验、传统工艺体验、角色体验、科创体验、生活体验、木工体验"十大主题体验馆，以及户外"农场种植、艺术畅想、沙水玩乐、交通骑行、野战游戏、体能训练、趣味玩球、民间游戏"八大活动区，并确保"十馆八区"之间能够联动开放共享，为幼儿提供仿真的社会体验场馆和丰富的操作材料，大力引导幼儿置身其中开展体验式劳动实践。

二是持续完善环境支持体系。遵循生物多样性原则，丰富幼儿园农场绿植和小动物种类，更好支持幼儿学习饲养殖；以市级校园"微景观微菜园"双微创建为契机，优化幼儿园生态农场的"农家乐、渔家乐、动物乐"劳动空间；建设交通骑行区的"立交桥"，服务"小司机"体验文明出行；实行"馆长区长"竞选制度，落实劳动环境、卫生、材料、工具等跟踪管理；充分开发利用乡村农田、城郊农场和工厂企业作为幼儿园生产劳动体验基地，以及城乡社区、福利院、医院、博物馆、科技馆等事业单位、社会机构、公共场所作为幼儿园服务性劳动体验基地。

三是大力加强师资队伍建设与综合制度保障。其主要措施包括：① 积极聘请相关行业专业人士担任幼儿园劳动实践指导教师，加强专兼职相结合的劳动教育师资队伍建设。通过推行"馆区长聘任制"和园本课程研训制度，积极组织"问题式、观摩式、对话式、实践式"等多形式研修活动，显著促进教师在"理论学习—实践研修—总结反思"中不断提高其劳动教育指导能力。② 制定完善《生态化学园建设管理制度》《幼儿园生态化教育环境创设制度》等，成立"幼儿园劳动教育课题管理领导小组"，做好顶层设计和科学规划，统筹协调幼儿"角

色体验式"劳动教育的实施开展,组织指导课题研究、阶段研讨和成果总结。③重视建立健全安全教育与管理并重的幼儿园劳动安全保障体系,制订幼儿劳动实践活动风险防控预案,完善应急与事故处理机制,加强对师幼的劳动安全教育,科学评估幼儿劳动实践活动的安全风险,及时排查清除幼儿劳动实践中的各种隐患。

三、系统组织幼儿进行多样化的角色体验式劳动

一是研发四循环模式。通过观察与探玩、谈话与讨论、调查与分析等多种途径,立足幼儿生活经验和实际水平,坚持依托"十馆八区"主题体验式场馆,积极探索形成了"浸入角色—劳动探究—收获成果—反思调整"的"体验式"劳动四循环模式(见图1-1-1),强调发挥幼儿主体作用,有效引导幼儿积极投入快乐真实的劳动之中,自然发展自我服务和为他人服务的劳动能力。其主要操作环节为:①浸入角色、自主自选。幼儿根据兴趣和需要,采用"手环自主选馆和帽子竞选岗位"的多种方式自觉浸入"十馆八区",变身"工作小达人",可以进行班级小老师、农场小能手、作坊小技师、家庭小管家、社区小雷锋和服务小达人共六个角色体验,例如:幼儿扮演班级小老师开展值日生劳动,扮演农场小能手开展种植、饲养活动,扮演作坊小技师开展陶艺、木艺、花艺、厨艺等劳动体验,扮演家庭小管家开展家务劳动,扮演社区小雷锋开展志愿者劳动,扮演服务小达人(乘务员、服务员、医生、消防员等)开展社会服务活动。②劳动探究、切身体验。幼儿可以体验不同劳动内容,开展丰富多彩的劳动探究,感受不同职业劳动的特点,懂得尊重各行各业的劳动者。例如:争当小小"消防员",接到火警电话,穿戴装备,组队出发、灭火、救人等,探究救火常识和技能,强化防火意识,培养工作的责任感;扮演门诊医生或住院部护士,仔细给病人问诊、打针、输液等,探究医护方式及急救技巧,体验医者仁心的大爱精神,宣传健康生活方式和自我保护方法。③收获分享、感受快乐。幼儿可以通过个人讲述、他人表述、图片展示、视频分享、共同品

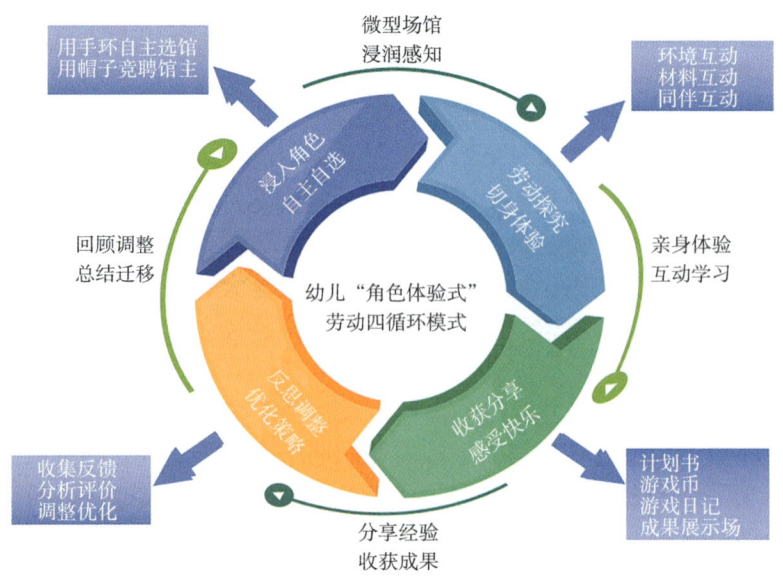

▲ 图1-1-1 "角色体验式"劳动四循环模式

尝等多种形式展开分享交流，循序渐进地深化幼儿劳动实践，增进劳动成就感，提升劳动职责意识，锻炼吃苦耐劳、坚持、克服困难、勇敢、尊重劳动者及珍惜劳动成果等良好品质。④ 反思调整、优化策略。通过师幼共同收集角色体验和感知的过程性材料，一起交流照片、记录表、日记和故事等，讨论反思劳动中的优点、不足和原因，回顾小结角色体验中的经历和收获，进一步调整和优化劳动活动的场地、内容和开展方式，做好下次活动的新计划，优化组织开展策略，进一步完善幼儿角色体验式劳动循环链。

　　二是探索运用策略。积极探究运用"计划指导、平行参与、情节牵引、成果分享"等劳动教育策略，助力幼儿在劳动体验中深度学习。其中，所谓"计划指导"是指教师借助"计划书"帮助幼儿做好劳动计划，选择角色进入职业场景浸润体验，利用"游戏日记""劳动记录单"，交流分享劳动过程，丰富劳动新经验，获取劳动新成果，在反思、分析、解决问题的过程中深化劳动体验，在制订新的"游戏计划"中开启新的角色体验。所谓"平行参与"是指教师以支持者、合作者身份平行参与幼儿劳动活动，观察记录活动过程，适时支持指导，语言上引导、肯定，情感上支持、共鸣，可以促进幼儿深入劳动实践。所谓"情节牵引"是指以角色体验式的劳动情节引导幼儿实践，扮演角色开展劳动，履行劳动职责，体验劳动过程，探究新方法，学习劳动技能。所谓"成果分享"是指幼儿利用"游戏币"获取劳动成果，开展劳动成果分享，享受自身劳动创造的果实，激励劳动体验，感受劳动乐趣，激发劳动热情，可以培养其爱劳动、品艰辛、懂分享、会合作等良好品质。

　　三是坚持家园社协同育人。整合园所、家庭和社会各方面力量，拓宽角色体验式劳动教育途径，积极推动建立以园所为主导、家庭为基础、社区为依托的协同实施机制。主要通过"专业化家长助教、沉浸式家庭体验、陪伴式家长参与"三个共育策略，密切家园共育，提升幼儿角色体验式劳动情感。坚持依据家长职业特点与特长，聘请家长入园进班或户外劳动研学旅行活动的助教，拓展幼儿对不同职业劳动的认知，激发主动参与角色体验式劳动愿望和兴趣；组织沉浸式家庭体验活动，感受劳动的辛苦，体验劳动的快乐；通过家长陪伴的方式参与幼儿园角色体验式劳动活动，让幼儿懂得尊重劳动者，热爱劳动，珍惜劳动成果。

四、积极探索开展幼儿劳动素养发展评价

　　坚持将劳动素养纳入幼儿素养发展评价体系，围绕幼儿园角色体验式劳动教育目标要求，主要从劳动态度、情感和观念、劳动能力、劳动习惯和品质等维度，积极探索开展幼儿劳动素养发展评价。其主要措施包括：① 坚持实施幼儿自评、同伴互评、教师评价、家长评价等多元主体评价。其中，教师评价强调关注幼儿在劳动教育活动中的实际表现，注重从其话语、行为、作品、任务完成等表现中观察分析幼儿劳动素养形成情况。与此同时，坚持收集整理幼儿的相关代表性手工制品、绘画作品和表现记录，纳入幼儿成长档案，及时对幼儿劳动素养发展情况进行阶段性评价或追踪性评价。② 重视建立健全"即时表扬—阶段奖励—长期激励"的评价激励机制。教师坚持运用"及时肯定、累加积攒、展示评选"等多种激励方式，助推幼儿在劳动体验中获得全面发展。通过"劳动小达人"点赞台、荣誉墙对幼儿的劳动过程及结果进行即时肯定；运用劳动积分制和晋级制，让幼儿积累，获得更多奖励和荣誉；通过评选"国旗下好宝宝""劳动小达人""新时代好儿童"等单项或多项奖励，并为幼儿颁奖，推送微信公众号进行专栏宣传，展示幼儿劳动成果。

角色体验一：农场小能手

一、活动简介

农场小能手体验式劳动是基于我园现有的生态农场，让幼儿在"自然野趣、物种丰富、自由开放、互融互利"的"全收获"特征的生态农场环境中，通过直接观察、动手操作、亲自劳动，以问题为导向，根据幼儿的兴趣、需要出发，支持引导幼儿扮演农场小能手，参与生态农场的劳动与管理，在真实的劳动场景中体验探究，成为生态农场的真主人。

（一）活动背景

在幼儿亲近大自然，开展各种种植、饲养等劳动的过程中，我们根据幼儿的想法和意见，将户外场地重新调整改造，建成了农田、草地、池塘等自然、生态、开放式的环境，幼儿开展了种植和饲养各种飞禽、家畜、家禽等活动，打破了班级自然角空间狭小的局限，真正成为幼儿了解和探索大自然奥秘的"资源库"和"基地"。在生态农场里，幼儿扮演农场小能手在劳动体验中学会观察、照顾动植物，学习科学合理地使用劳动工具，乐意分享劳动成果，养成良好的劳动习惯，提高劳动技能和能力，更好地为自我、他人及集体服务，增强自信心和责任感，不断成为一名爱劳动、知劳动、会劳动的时代新人。

（二）环境创设

农场的环境创设可以参照图 2-1-1 至图 2-1-12。

▲ 图 2-1-1　农田区（一）

▲ 图 2-1-2　农田区（二）

角色体验一：农场小能手

▲ 图 2-1-3　动物区（一）

▲ 图 2-1-4　动物区（二）

▲ 图 2-1-5　鱼菜共生区

▲ 图 2-1-6　培育区

▲ 图 2-1-7　工具区（一）

▲ 图 2-1-8　工具区（二）

▲ 图 2-1-9　池塘（一）

▲ 图 2-1-10　池塘（二）

▲ 图2-1-11 紫藤花公园（一） ▲ 图2-1-12 紫藤花公园（二）

（三）活动目标

"农场小能手"体验活动的目标如表2-1-1。

▼ 表2-1-1 "农场小能手"体验活动目标一览表

年龄段	维度			
	劳动态度	劳动认知	劳动技能	劳动习惯
小班	1. 愿意照顾动植物，初步体验照顾动植物的过程 2. 喜欢接触大自然，感受劳动带来的快乐	1. 了解常见的劳动工具和简单的种植养护知识 2. 认识常见的动植物，初步了解和体会动植物和人们生活的关系	1. 能使用简单的劳动工具参与浇水、采摘、清理枯叶等简单的种植活动 2. 尝试喂养小动物，学会进行简单的卫生整理	1. 初步形成关注与照顾植物的意识 2. 养成积极参与农场劳动的习惯
中班	1. 乐意参与农场种养殖劳动，体验当农场小能手的辛苦 2. 喜欢照顾植物，体会与他人分享劳动成果的乐趣	1. 知道小农场的劳动工具，了解使用工具种养植的基本方法 2. 感知和发现动植物的生长变化及其基本条件	1. 掌握简单照料动植物的技能 2. 能观察、比较所种植和照料的动植物，尝试用图画或符号方式进行记录	1. 具有爱护动植物、关心周围环境、热爱大自然的情感 2. 养成主动参与动植物照料的习惯
大班	1. 喜欢探究种植、饲养过程中的问题，愿意自主动手动脑寻找问题的答案 2. 热爱自然，热爱劳动，热爱生活，感受劳动带来的幸福与乐趣	1. 学会清扫劳动场地、整理劳动工具，掌握垃圾分类的知识 2. 初步了解人们生活与动植物的密切关系，知道尊重劳动者和珍惜劳动成果	1. 能承担劳动任务，并熟练运用简单的劳动技能 2. 制订简单的调查计划并执行，能用数字、图画、图表或其他符号进行记录	1. 主动参与生活中的劳动，养成自觉照顾动植物的习惯 2. 初步形成根据动植物特性和季节特点进行喂养和照料的科学意识

（四）活动内容

依据《指南》精神，结合活动目标和幼儿各年龄段学习特点或发展特点，与幼儿商定小能手劳动的相关内容，通过实践，形成课程内容，见表2-1-2。

▼ 表2-1-2　"农场小能手"劳动课程内容一览表

年龄段	内容				
	蔬菜绿油油	瓜果香又甜	粮食大丰收	花草春满园	动物一家亲
小班	嗨，萝卜 南瓜 番茄奇遇记	水果缤纷乐 嘿，葡萄 小橘子，大秘密	豆豆家族 五谷杂粮大探索	幼儿园里的花 一朵向日葵的旅行	嗨，蜗牛 小兔乖乖 ★掌上明"猪"
中班	茄子 ★生长吧，蘑菇菌! 油菜花的秘密	红红的草莓 木瓜 农场里的水果	呀，玉米 土豆成长记 花生熟了	小叶子 花花世界 爬山虎	咕咕鸡 我的天鹅朋友 你好，小羊
大班	一园青菜成了精 多彩的椒 有魔法的四季豆 蔬菜保卫战	甜甜的西瓜 香蕉树朋友 遇见火龙果	★稻香 红薯乐翻天 芋头探秘记	春田花花 神奇的中草药 遇见"桂花"	探秘蚯蚓 蚕宝宝成长记 幼儿园里的动物

注：★为本书角色体验的活动实例，后文不再一一标注。

二、活动实例

小班　掌上明"猪"

思维导图

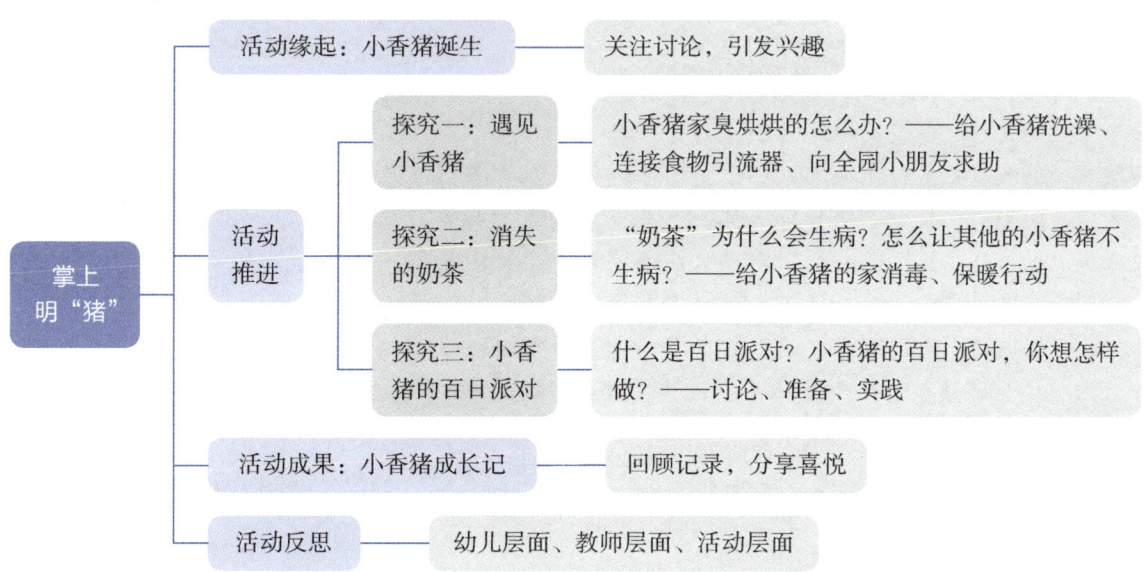

活动缘起

2023年10月25日，幼儿园生态小农场的猪圈里诞生了四条小生命（见图2-2-1）。它们的出生吸引了全园的老师和小朋友的关注，大家认真观看着，有的伸出小手轻轻抱着小猪，有的抚摸着小猪，有的与小香猪窃窃私语，孩子们的一举一动无不表现出对小香猪的喜爱（见图2-2-2），他们与小香猪的故事也在悄然发生……（见视频"小香猪诞生"）

小香猪诞生

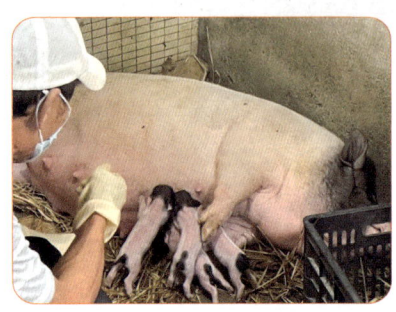
▲ 图2-2-1 小香猪诞生

▲ 图2-2-2 幼儿看望小香猪

活动推进

探究一：遇见小香猪

（一）浸入农场、自主自选

小六班的孩子们入园听到消息，迫不及待地来到农场看望刚出生的小香猪，他们争先恐后地围着小香猪，抚摸着小香猪，看着小香猪吃奶，跟小香猪聊天，十分开心。他们好奇、关心的是什么呢？

1. 小猪见面会

> 幼儿1：哇，小香猪好可爱啊！
> 幼儿2：有四只小香猪呢！
> 幼儿3：我想抱抱这只小香猪（手指着）。
> 幼儿4：我想抱抱那只小香猪（手指着），它长得很漂亮。
> 问题：4只小香猪长得一样吗？怎么区分它们？
> 幼儿1：长得不一样，有一只屁股有一个小黑点，有一只是大黑点。
> 幼儿2：有一只是最小的，全身都粉嘟嘟的。
> 幼儿3：它们有名字吗？我们要叫它们什么呢？
> 接生阿姨：它们刚生出来，还没有名字。

得知小香猪还没有名字，老师和孩子们开始展开讨论：怎样给小香猪取名字？

2. 取名大讨论

> 问题：你们想给它们取什么名字呢？
> 幼儿1：有一只小香猪的屁股有一个黑点，就叫它"可乐"吧，可乐也是黑黑的。
> 幼儿2：有一只头上有一小块白白的，叫它"雪碧"，因为雪碧是白色的。
> 幼儿3：我想叫小香猪"奶茶"，小香猪全身粉嘟嘟的，很像奶茶。
> 幼儿4：那屁股有一大块黑的叫"芬达"吧，是好喝的饮料。

四只小香猪的名字在孩子们的激烈讨论中产生了，他们根据小香猪身上的花纹所在的部位，结合自己的生活经验，将四只小香猪分别命名为"可乐""雪碧""奶茶"和"芬达"（见图 2-2-3）。

3. 名字发布会

孩子们给小香猪取好了名字，怎样才能让全园的老师和小朋友都知道呢？大家想出了一个好办法：在每只小香猪的身上都挂一张名片（见图 2-2-4）。

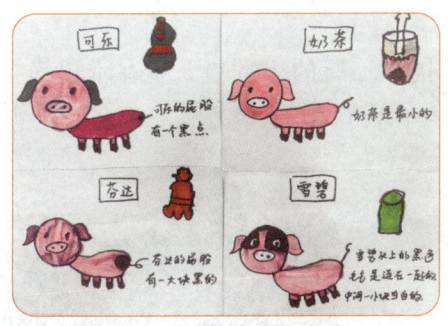
▲ 图 2-2-3　小香猪名字表征

▲ 图 2-2-4　小香猪名片

生态农场里的小香猪成了孩子们每天的"打卡对象"，可过了几天，围观的孩子越来越少了，老师奇怪地问：怎么看望小香猪的人越来越少了呢？孩子们七嘴八舌地说："小香猪的家味道很难闻。""小香猪的粑粑臭烘烘的，我不敢去看它们。""小香猪的家太脏了，臭死了。"……

（二）劳动探究、切身体验

问题讨论

> 问题：小香猪的家臭烘烘的，怎么办？
> 幼儿1：请农场伯伯把地板洗一洗。
> 幼儿2：打扫一下小香猪的家。
> 幼儿3：我们来给小香猪洗洗澡。

问题：怎样帮小香猪洗澡？需要准备什么用品？

幼儿1：要准备一个洗澡盆，还有沐浴露。

幼儿2：要准备花露水或者香水，小香猪有点臭，喷上去就可以香香的。

幼儿3：小朋友要戴一个口罩，就不会觉得那么臭了。

幼儿4：我们需要给小香猪准备毛巾，洗完澡可以擦一擦，它们就不会着凉了。

▲ 图2-2-5　小香猪的洗澡用品

支持与回应

① 鼓励支持。赞许、肯定孩子们的想法，激发幼儿表达的愿望，养成积极参与的习惯。

② 家园合作。向家长发出通知，与幼儿一起准备沐浴露、洗澡盆、衣服、毛巾、香水等洗澡用品，支持幼儿的探究学习（见图2-2-5）。

劳动体验

1. 给小香猪洗澡

第一次给小香猪洗澡的时候，小香猪很是抗拒，有的小香猪一直在水里挣扎着要跑出来，溅得孩子们满身是水，有的直接逃跑，孩子满农场抓小香猪，场面一片混乱（见图2-2-6）。

▲ 图2-2-6　逃跑的小香猪

问题：小香猪不喜欢洗澡怎么办？

幼儿1：小香猪没洗过澡，害怕水。

幼儿2：我们捏疼小香猪了。

幼儿3：小香猪可能想去找它们的妈妈了。

幼儿4：水太凉，它们不敢下去。

孩子们有各种各样的猜想，于是，我们通过亲子调查了解小香猪逃跑的原因：原来，还没有习惯洗澡的小香猪入水后会闹腾，需要让它们慢慢适应。澡盆中的水不要太多，刚到小香猪的腹部就可以了，避免引起小香猪的恐慌。可以抱着小香猪让它们的四肢先适应一下水，然后再让它们完全站在水盆里。洗澡的动作要温柔，可以进行适当的按摩，让小香猪放松。另外，给小香猪洗澡的水温要比人洗澡的水温更低一点，不然会把它们的皮肤烫红。孩子们跟家长一起把洗澡的注意事项画下来挂在小香猪的家中，让大家都知道怎么给小香猪洗澡（见图2-2-7）。

有了第一次的经验，第二次给小香猪洗澡的时候它们就不那么闹腾了。但是要等小香猪适应洗澡，喜欢洗澡，可能还需要有更多的体验（见视频"小香猪洗澡"）。

小香猪洗澡

▲ 图 2-2-7 亲子绘制"洗澡注意事项"

2. 食物引流器

虽然给小香猪洗了澡，但是小香猪的家还是臭臭的，这是为什么呢？孩子们经过观察发现，倒猪食时手举得太高，猪食飞溅出来了，还有小香猪进食时猪槽旁边溅出很多猪食，导致小香猪的房子脏兮兮、臭烘烘的，所以孩子认为要想办法不让食物飞溅出来，可以制作一种喂食的工具。由此，教师针对孩子们提出的意见，开始了制作"食物引流器"的讨论。

> 问题：食物引流器要用什么材料？
> 幼儿1：材料要长一点，这样比较好倒食物。
> 幼儿2：水管就是长长的。
> 幼儿3：要平平的，食物才不会被卡住。
> 幼儿4：要直直的，食物就可以"咻"一下很快滑下去了。

讨论完，孩子们一起到学园户外区寻找材料，最后决定用半边水管、透明塑料管作为"食物引流器"（见图2-2-8）。老师和孩子们兴致勃勃地来到小香猪的家动手尝试，在大家的通力合作下，食物成功引到猪槽里，猪食没有四处飞溅。看到小香猪的家变干净了，孩子们都开心地笑了（见图2-2-9）。

 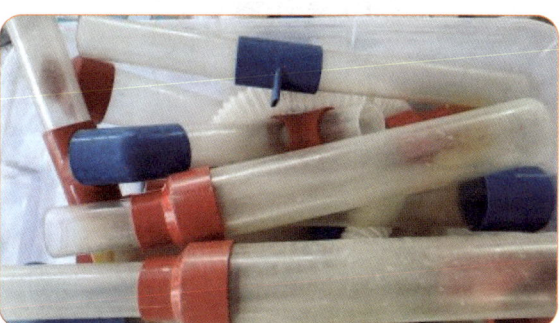

▲ 图 2-2-8 寻找收集引流器材料

▲ 图 2-2-9　食物成功引流到猪槽

3. 向全园小朋友求助

当孩子们给小香猪洗了澡、使用了"食物引流器"，臭臭的味道有所缓解。但是，如何保持小香猪家的整洁，让它没有异味呢？着急的孩子们想出，可以向全园的小朋友寻求帮助。但是要怎么让全园小朋友知道呢？

> 问题：怎么让全园小朋友知道这个信息？
> 幼儿1：我们去班级跟其他小朋友说。
> 幼儿2：我们可以跟哥哥姐姐的老师说，让老师问哥哥姐姐有没有什么好办法。
> 幼儿3：星期一晨会的时候有"馆区播报"，可以播报，让全园的小朋友知道。

经过讨论，孩子们决定通过星期一晨会的"馆区播报"环节，向全园的老师和小朋友求助，解决小香猪家臭烘烘的问题。

收到小六班孩子们的求助信息后，其他班级的孩子纷纷采取了措施，进行了"除臭"行动。有的打扫猪圈，有的挂上了香包，有的喷香水……（见图2-2-10）在大家的共同努力下，小香猪家的臭味越来越少了，围观的人也越来越多，小香猪的家又恢复了往常的热闹。

▲ 图 2-2-10　幼儿的除臭行动

（三）收获分享、感受快乐

教师利用视频、照片、图画帮助幼儿回忆"遇见小香猪"后的种种事情，通过讨论分享、交流自己的劳动方法，加深劳动记忆，体验劳动的不易与乐趣。

角色体验一：农场小能手

> 问题：说一说你们是怎么照顾小香猪的？感觉怎么样？
> 幼儿1：我跟小香猪说话，陪它们一起玩。
> 幼儿2：我帮小香猪洗澡，给它们喷香水。
> 幼儿3：我连接了一个引流器，小香猪的食物就不会溅出来了。
> 幼儿4：我跟妈妈一起画了"洗澡的注意事项"，让别人知道怎么给小香猪洗澡。
> 幼儿1：看到小香猪的家变干净了，我们很开心。
> 幼儿3：还要谢谢哥哥姐姐们的帮忙。
> 幼儿4：小香猪长得越来越胖了，好可爱。

（四）反思调整、优化策略

1. 劳动目标的达成情况

从"围观—参与照顾—解决臭烘烘"的过程中，幼儿习得照顾、喂养小动物的方法和经验，形成关注与照顾小动物的意识。在"馆区播报"中，幼儿能够在教师的引导下初步寻求别人的帮助，解决劳动过程的问题，体会劳动合作的重要性。在交流"劳动体验与感受"时，幼儿对自己的照顾行为很满意，认可自己的劳动成果，获得成功的体验，增强了爱护小动物的情感。

2. 下一阶段推进思路与策略

孩子们不定期参与小香猪家的打扫、清洁等照顾行动。在一次散步中，孩子们意外发现小香猪只剩下三只了，一番查看后，发现是"奶茶"消失了。教师继续关注孩子们发现"奶茶"消失后的行为与思考，及时捕捉孩子们的兴趣点，发现偶发事件的教育价值，并根据孩子们的想法一步步深入推进，促进他们掌握多样的劳动技能，提高劳动操作能力。

探究二：消失的奶茶

（一）劳动探究、切身体验

孩子们在农场和操场四处寻找，都找不到"奶茶"的身影。看见农场伯伯，大家急忙上前询问，农场伯伯说"奶茶"生病死了，听到这个消息，大家都很难过。"奶茶"为什么会生病呢？

问题讨论

> 问题：奶茶为什么会生病？得了什么病？
> 幼儿1：奶茶是不是得了流感了。
> 幼儿2：一定是吃太多了，肚子疼。
> 幼儿3：天气冷了，没衣服穿，着凉了吧。
> 幼儿4："可乐""雪碧""芬达"也会生病吗？

> 幼儿5：冬天到了，要给小香猪保暖，它们才不会生病。
> 问题：怎么帮小香猪过冬？
> 幼儿1：要给小香猪穿上保暖的衣服。
> 幼儿2：在小香猪房子的地板上放一块毯子。
> 幼儿3：拿一块布把房子的洞洞围住，不让风跑进去。
> 生活老师：你们可以放一些稻草，稻草又软又暖和。

▲ 图2-2-11 制作"照顾小香猪注意事项"告知牌

支持与回应

① 制作告知牌。师幼通过调查照顾小香猪的注意事项，绘制"照顾小香猪注意事项"告知牌，将告知牌粘贴在小香猪的家（见图2-2-11），告知全园的老师和小朋友，让小香猪可以得到更好的照顾。

② 查阅资料。师幼通过视频了解到，要加强对小香猪居住环境的清洁和消毒。

③ 材料收集。家长协助幼儿收集稻草、衣服、遮风布，为保暖行动做准备。

④ 发出邀请。邀约哥哥姐姐一起给小香猪的家清洁、消毒。

劳动体验

1. 清洁、消毒工作

小六班的孩子与哥哥姐姐一起带着水桶、抹布、洗洁精、扫把、消毒水等工具，穿上了防护服、雨鞋，戴好了手套，开始清洁、消毒小香猪的家（见图2-2-12）。孩子们在打扫的时候，要把小香猪带到外面，但是猪妈妈却不愿意出来，一直待在家里，孩子害怕得不敢靠近，打扫进行得很不顺利。

▲ 图2-2-12 清洁、消毒工作

孩子们鼓起勇气，尝试着进入小香猪的家，但是却被"庞大"的猪妈妈屡次劝退。这时候有人提出了一个办法："老师，你可以进去把猪妈妈挡住吗？挡住了我们就可以打扫了。"在旁边的孩子也提出了建议："我们不能太多人进去，不然猪妈妈会害怕，会发出声音。"孩子们附和道："没错，几个人在外面冲水，几个人进去打扫就可以了。"有了孩子们的好办法，打扫计划终于成功了。

2. 保暖行动

孩子给小香猪穿上保暖的衣服，在地板上铺上又软又暖和的稻草，在老师的帮助下用布制作"防风罩"（见图2-2-13）。可是，在给小香猪穿衣服的时候，小香猪一直要逃跑，这可怎么办呢？

> 幼儿1：一个小朋友抱着，另一个小朋友给它穿。
> 幼儿2：我们不要太用力，小香猪会痛，就要跑掉了。
> 幼儿3：我们拿小香猪喜欢吃的东西给它吃。

在美食的诱惑下，孩子们终于让小香猪乖乖地穿上了保暖衣服，他们开心极了！

▲ 图2-2-13 保暖行动

（二）收获分享、感受快乐

大家一起帮小香猪过冬，哪一种保暖方式最好用呢？教师组织幼儿进行了投票（见图2-2-14）。

在实施"保暖"行动的过程中，幼儿发现穿衣服的保暖方式不适合小香猪，因为小香猪随意排便，衣服很快就脏掉了，没有那么多衣服可以换，而且小香猪好像不太喜欢穿衣服，一直在叫，所以在地板上放稻草和使用防风罩对它们来说是比较合适的保暖方式。

▲ 图2-2-14 投票最佳保暖方式

（三）反思调整、优化策略

1. 劳动目标的达成情况

在照顾中，幼儿发现"奶茶"生病消失了，他们结合自身经验产生联想，迁移自己的生活经验，引发对于小香猪消失原因的思考，提出绘制"照顾小香猪注意事项"的对策，了解并尝试使用各种方法给小香猪进行保暖，同时通过观察、对比，选出合适的保暖方式。在这一过程中，孩子们对于照顾小香猪有了更丰富的认知经验，表现出一定的探究欲望，愿意用各种形式表达自己对小动物的认识和感受。

2. 下一阶段推进思路与策略

在孩子们的精心照顾下，小香猪一天天长高了、变胖了。这天在农场围观的时候，我们从农场伯伯那边得知，小香猪诞生要一百天啦，孩子们有极大的兴趣，提出要给小香猪过百日派对，下阶段将围绕百日派对开展系列活动。

探究三：小香猪的百日派对

（一）劳动探究、切身体验

当听到百日派对时，有的孩子们一脸疑惑，问："什么是百日派对啊？"回到班级，我们发起了讨论。

问题讨论

问题：什么是百日派对？
幼儿1：百日派对是为庆祝小香猪生出来一百天而举办的。
幼儿2：百日派对可以吃蛋糕。
幼儿3：百日派对是办一个派对，我跟爸爸去酒店参加过百日派对。
教师：百日派对是出生后满一百天，举办的一个派对。
问题：你们想怎样给小香猪安排百日派对？
小朋友们七嘴八舌地商量给小香猪过一个特别的"百日派对"。
幼儿1：给小香猪做一个蛋糕，让小香猪开心。
幼儿2：给小香猪送它喜欢的礼物。
幼儿3：我想给小香猪画一幅祝福图：今天是一百天了，祝你一百天快乐。
幼儿4：我想把小香猪的家打扫干净，用气球、花花布置它的家。
幼儿5：我会为它们准备爱吃的食物。
幼儿6：我想给小香猪按摩，我家里有一台按摩器。
幼儿7：我想推小猪出去散步。
幼儿8：我想跟小香猪合影留念。
幼儿9：我想给小香猪洗澡，穿上新衣服……
问题：小香猪的衣服要怎么做呢？要怎么装扮小香猪的家呢？
幼儿1：要有四个小洞洞，可以让小香猪的四个脚伸进去。
幼儿2：可以在衣服上面缝一个蝴蝶结，装饰一下更好看。
幼儿3：衣服要刚刚好，不能太大，不然会掉下来。
幼儿1：我可以用颜料给小香猪家的栅栏涂各种颜色。
幼儿2：我想用以前装饰班级的彩条装饰。
幼儿3：我想用一些花花和气球来装饰。

幼儿4：我有一个好办法，我们可以去鲜花坊找一找装饰的东西，鲜花坊有很多鲜花，还有很多气球。

支持与回应

① 调查了解。通过问卷调查表，了解和梳理小香猪喜欢吃的食物：薯片、红薯叶、青瓜、米饭、胡萝卜（见图2-2-15）。

② 物质准备。美工区准备纸箱、颜料、笔、超轻黏土等材料，让幼儿制作蛋糕和礼物。

③ 共同收集。亲子、师幼共同收集、购买、制作小香猪穿的衣服，根据小香猪的喜好准备食物。

④ 寻找资源。在学园的资源库寻找可以装饰小香猪家的材料：如鲜花、气球架等。

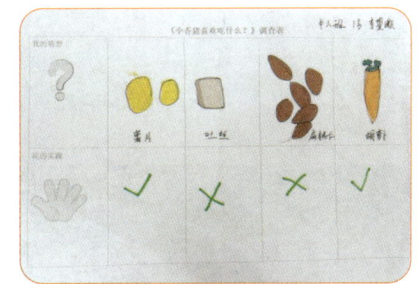

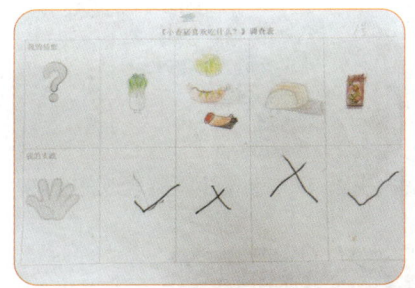

▲ 图2-2-15 小香猪喜欢吃的食物调查表

劳动体验

在老师、家长的支持协助下，孩子们开启了给小香猪过百日派对的劳动体验之旅。

① 蛋糕礼物组：利用纸箱做成蛋糕模型，再用颜料、碎纸片、毛绒球等进行装饰；用超轻黏土、纸杯制作手工小猪（见图2-2-16）。

② 食物准备组：将带来的食物进行洗、切、晾、摆盘（见图2-2-17）。

③ 装扮布置组：用学园资源库找来的气球架、鲜花、桌子、布等材料装饰小香猪的家（见图2-2-18）。

④ 制作绘画组：将孩子们带来的衣服在阿姨的协助下进行改装；将自己想送给小香猪的祝福画在纸上，并请老师用文字进行简单备注（见图2-2-19）。

⑤ 照顾陪伴组：孩子用带来的按摩器给小香猪按摩，小香猪很喜欢；带小香猪去操场散步，被其他人围观（见图2-2-20）。

最后，在大家的分工合作下，百日派对开始啦！孩子们也愉快地跟小香猪们合影留念（见图2-2-21）。

▲ 图 2-2-16　制作蛋糕和礼物

▲ 图 2-2-17　准备小香猪爱吃的食物

▲ 图 2-2-18　装饰小香猪的家

▲ 图 2-2-19　制作衣服和画祝福图画

角色体验一：农场小能手

▲ 图 2-2-20　给小香猪按摩、推小香猪散步

▲ 图 2-2-21　与小香猪合影留念

（二）收获分享、感受快乐

百日派对现场热闹、温馨，孩子们的脸上洋溢着喜悦的笑容，我们还听到了这样一些声音：

> 幼儿1：小朋友把百日派对布置得太漂亮了，小香猪肯定很开心。
> 幼儿2：我搬生日蛋糕，流了好多汗，但我还是给它搬过来了。
> 幼儿3：我和贝贝给小香猪准备了一桌子它爱吃的食物。
> 幼儿4：小香猪喜欢按摩，它好舒服呀……

从孩子们的笑容中可以感受到他们在"小香猪的百日派对"这个活动中是非常愉快且充满兴趣的，对孩子们来说，这是一场奇妙且充满挑战的活动。在活动中，孩子们充分感受由自己的劳动行为所带来的变化，感受到劳动是辛苦的，但也伴随着快乐，了解生命的奇妙，懂得关爱生命，与生命和谐共处。

（三）反思调整、优化策略

1. 劳动目标的达成情况

为了迁移幼儿对于"百日派对"的生活经验，我们决定给小香猪举办一场百日派对，从"萌发想法—问题讨论—实施劳动"的过程中，幼儿能够在老师的引导下说出自己的想法，初步懂得从学园"鲜花坊"收集材料丰富活动内容，围绕吃、穿、用、玩等方面为小香猪的百日派对做准备。在整个过程中，幼儿有讨论、有计划，有分工、有合作，有探究、有实践，提升了幼儿的劳动技能，培养了幼儿的劳动习惯。

2. 下一阶段推进思路与策略

百日派对结束后,我们与小香猪的课程故事将告一段落,但是与小香猪的故事还在继续,未来,孩子们与小香猪还会发生什么精彩的故事呢?一起拭目以待吧!

活动成果 小香猪成长记

在与小香猪相处的一百多天里,孩子们与小香猪的感情愈加深厚,为了留住与小香猪的美好回忆,我们展开了讨论,有的说:"我们可以把照片洗出来。"有的说:"我们可以给它们拍视频。"有的说:"我们可以做一本相册。"……经过投票,我们决定自制一本专属于小六班的《小香猪成长故事书》(见图2-2-22),并拍摄视频《跟小香猪在一起最快乐的事情》。

跟小香猪在一起最快乐的事情

▲ 图2-2-22 《小香猪成长故事书》

《小香猪成长故事书》制作好之后,被投放在班级的语言区供孩子们在自由活动和区域时间阅读,同时以图书漂流的形式与家长进行分享。这本图书得到了孩子、家长们的喜爱,在反复地翻阅中,孩子们不断回顾照顾小香猪们的点点滴滴,进一步收获劳动的喜悦!(见图2-2-23)

▲ 图2-2-23 幼儿翻阅故事书

活动反思

①幼儿层面。幼儿与小香猪一起玩耍、一起成长,感知生命的神奇。在劳动体验中与老师和同伴合作给小香猪洗澡,连接引流器、制作防风罩,分享"注意事项",寻求他人帮助等,对劳动对象富有责任心和自觉性。幼儿愿意参与饲养照料,能努力克服困难、大胆尝试,持续关注小香猪的生活动态,具有劳动主动性和坚持性。小香猪的出现让幼儿的童年有了不一

样的色彩，也让他们学会更富有爱心并友善地对待这个世界。

② 教师层面。《指南》指出："要充分尊重和保护幼儿的好奇心和学习兴趣，帮助幼儿逐步养成积极主动、认真专注、不怕困难、敢于探究和尝试、乐于想象和创造等良好学习品质。"当遇到"小香猪不让洗澡"的问题时，教师协助上网调查，帮助幼儿了解给小香猪洗澡的小技巧；发现小香猪在寒冷的冬天可能会生病时，适时提出启发性问题"怎么帮小动物保暖？"引导孩子们思考解决方法；最后当幼儿提出给小香猪过百日派对的想法时，教师支持并满足幼儿的独特想法……活动中教师充分尊重幼儿在饲养劳动中的主体地位，以支持、提问、协助调查、参与讨论等多种方式推动课程的实施。

③ 活动层面。在"掌上明'猪'"活动中，幼儿在饲养照顾小香猪的过程中，围绕给小香猪取名、洗澡、选择引流器材料、举行百日派对等话题，通过讨论、准备、劳动体验等，不断学习劳动方法，习得劳动技能，养成良好的劳动习惯。整个活动的开展过程属于综合性的学习，能够促进幼儿德、智、体、美、劳全面发展。由于小班幼儿年龄小，很多活动的开展需要借助老师和家长的力量，因此在本课程中我们充分发挥家园共育，引导家长们帮助幼儿准备给小香猪洗澡的洗漱用品、小香猪喜欢吃的食物，协助幼儿调查小香猪逃跑的原因，积极参与到幼儿活动中，共同了解幼儿的需求和进度，适时的给予指导和帮助。同时，在互动中也增进了亲子关系，提高了幼儿的安全感和自信心，丰富了课程内容，有效助推活动的开展。

中班 生长吧，蘑菇菌！

思维导图

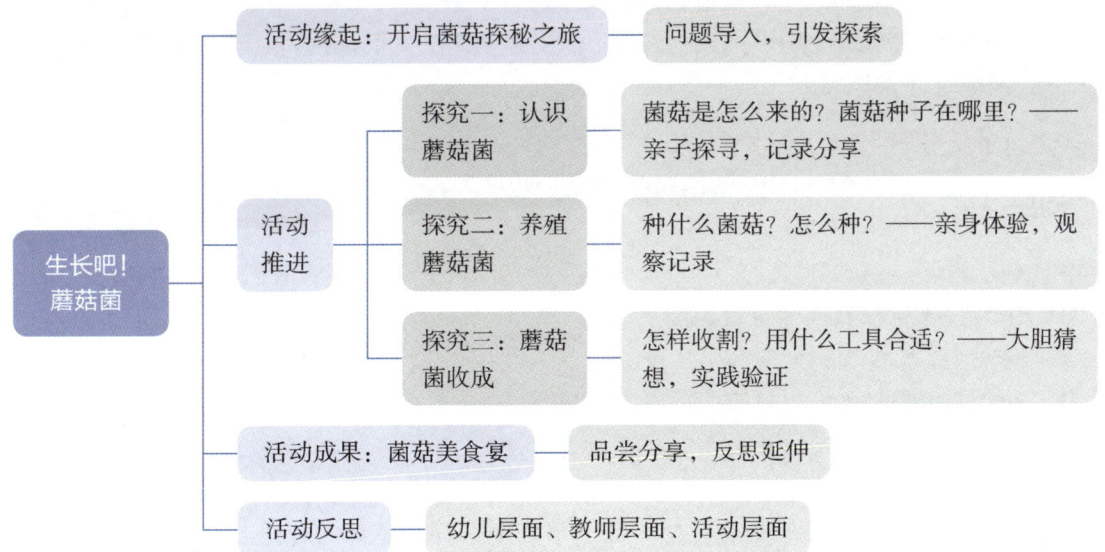

活动缘起

适逢雨季，孩子们惊喜地发现生态农场的地上、树桩旁都长出了很多"小蘑菇"，大家议论纷纷："哇，好多蘑菇""你看，木桩上怎么也有蘑菇""这上面的蘑菇像一朵云"。"这些蘑菇和'培育箱'里的菌菇一样吗？"孩子们更加好奇了，有的说是一样的，有的说不一样，还有的说这是不能吃的……一场探究蘑菇菌的活动开启了。教师追随孩子的兴趣，与孩子共同讨论，开展以"菌菇"为主题的种植探究活动，进一步增进幼儿的思考探究和种植体验（见图2-3-1、图2-3-2）。

▲ 图2-3-1　树桩上的菌菇

▲ 图2-3-2　培育箱的菌菇

活动推进

探究一：认识蘑菇菌

（一）浸入农场、自主自选

"看，地上长出了蘑菇。""树桩旁也有蘑菇。""这些蘑菇是怎么来的？""这些蘑菇能吃吗？"

来到农场后，面对地里"突如其来"的菌菇和"培育箱"里的菌菇，孩子们产生了兴趣和疑问。

为了探究了解菌菇"种子"的来源，孩子们决定利用活动间隙时间，浸入到农场，担任"小农夫"，研究起了菌菇。

（二）劳动探究、切身体验

问题讨论

问题：你在什么地方见过菌菇？
幼儿1：我在超市里见过很多蘑菇。
幼儿2：我在幼儿园的西瓜地里看见过蘑菇。
幼儿3：家里吃饭的菜里面有。
幼儿4：我和爸爸妈妈在山上玩的时候有看到。
教师：你们说的蘑菇是菌菇的一种。原来这么多地方都能看到菌菇，菌菇不仅长在地里，还能长在树桩上、山野里。
问题：菌菇是怎么来的？菌菇的种子在哪里？
幼儿1：像西瓜一样有种子，是从地里长出来的。
幼儿2：自己生长的，树里面都能长出来。

角色体验一：农场小能手

> 幼儿3：可能是小鸟把它的种子撒到树桩上，它才长出来了。
> 幼儿1：有可能就像蒲公英一样，被风吹到各个地方，它就长出来了。
> 幼儿2：它的种子在哪里呢？我怎么没看到。
> 幼儿4：应该是在里面吧？像苹果一样。

支持与回应

① 鼓励支持。教师日常生活中多引导幼儿观察交流，鼓励幼儿走进生态农场，继续寻找菌菇，从菌菇身上寻找问题答案。

② 资料支持。在班级阅读区投放《小种子》《一粒种子的旅程》等关于种子的绘本，帮助幼儿了解植物的传播方式。通过亲子共同上网查阅资料，了解菌菇的相关信息。

③ 环境支持。在班级创设菌菇观察角，展示各种菌菇，帮助幼儿进一步认识菌菇。

劳动体验

1. 菌菇种子原来是"孢子"

孩子们从农场的百宝箱找来放大镜、剪刀、刀子等，通过观察、切割、查看来研究菌菇的整体构造。但切割完，并没有发现菌菇的种子，孩子们疑惑了，这些菌菇的种子到底在哪里呢？

> 幼儿1：是不是长大种子就消失了？
> 幼儿2：我看是它们根本没有种子。
> 幼儿3：我和爸爸一起上网查找，发现它们是从一种叫作"孢子"的东西里长出来的。
> 幼儿4：你说的是早餐吃的"包子"吗？
> 大家跟着笑了。

于是教师和孩子们通过图片和视频，初步认识"孢子"，了解菌菇生长的基本过程（见图2-3-3至图2-3-5）。

▲ 图2-3-3 培育箱的孢子

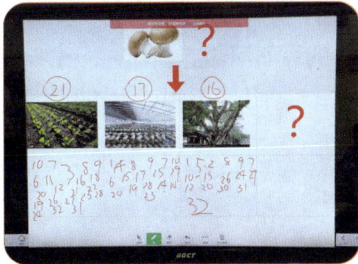
▲ 图2-3-4 我们的猜想

▲ 图2-3-5 视频里的菌菇培植

2. 它们都姓"菇"？

在了解菌菇前，孩子们管这些菇都叫"蘑菇"。但在查阅菌菇的资料后，孩子们与家长到超市寻找了各种各样的菌菇，通过对比，他们认识了不同种类的菌菇（见图2-3-6）。

▲ 图 2-3-6　市场上各种各样的菌菇

由此，他们了解到原来菌菇还有各种名称：金针菇、茶树菇、海鲜菇、鹿茸菇……那么，这些都叫蘑菇吗？

> 幼儿1：不对，有的叫金针菇，有的叫茶树菇，还有的叫红菇、杏鲍菇……
> 幼儿2：每一种菇都有自己的名字，但是它们都有一个"菇"。
> 幼儿3：原来它们不都叫"蘑菇"，但都有"菇"。

3. 这些菇能吃吗？什么样的菇能吃？

这么多都是"菇"，是"菇"都能吃吗？孩子们又产生了新的问题，并由此引发探讨。

> 幼儿1：可以吃，幼儿园里和我家里经常煮蘑菇。
> 幼儿2：不可以，有些菇是有毒的，不能吃。
> 问题：什么样的菇能吃呢？
> 幼儿1：超市里买的菇能吃。
> 幼儿2：地里长的不能吃。
> 幼儿3：红色的不能吃，红伞伞，白杆杆……

通过讨论，借助资料查询和图片，师幼共同了解并梳理出来，日常生活中超市和市场里卖的菌菇都能吃，比如：香菇、金针菇、茶树菇、杏鲍菇等，它们也被称为可食用菌菇。而颜色鲜艳、长相奇特，生长在野外的菌菇不能随便吃，比如：白毒鹅膏菌、白黄粘盖牛肝菌、半卵形斑褶菇等是有毒的，不能吃，它们是不可食用的菌菇。

4. 菌菇的营养价值

午餐时，有的孩子直接把碗里的香菇挑了出来，皱着眉头，一脸嫌弃。

> 幼儿1：老师，为什么我们要吃这些菇呢？我不爱吃。
> 幼儿2：我也不爱吃，可以不吃吗？
> 问题：为什么你们不爱吃呢？
> 幼儿2：不好吃，咬不断。

幼儿3：吃起来有股奇怪的味道。

幼儿4：可是我妈妈说这些菇可有营养了，要多吃。

教师：是的，可以食用的菌菇可有营养了，你们知道有哪些营养吗？

一场关于菌菇营养价值的调查便展开了。孩子们回家后和爸爸妈妈一起查找资料，制作了相关的海报，并带来班级播报分享（见图2-3-7）。

幼儿1：我和爸爸妈妈了解到，多吃金针菇可以让脑袋变聪明，让营养吸收更快。

幼儿2：我们家煮的汤里面会加红菇，因为红菇可以补血、治疗营养不良，还能变漂亮。

▲ 图2-3-7 播报分享菌菇的营养价值

在大家的分享中，孩子们知道了菌菇的营养价值：可以益智健脑、促进代谢、养颜美容。在教师的鼓励下，爱挑食的孩子也开始一小口一小口地尝试着吃菌菇。

（三）收获分享、感受快乐

从发现、寻找各种菌菇，动手切割菌菇横切面，探索菌菇的种子之后，孩子们了解到菌菇生长的多种秘密（见图2-3-8、图2-3-9），他们结合自己的认识和品尝体验，以及查找的资料，将它们制作成海报，在班级中播报分享。

幼儿1：菌菇真神奇，从孢子里变出了各种形状，有的像扇子，有的像雨伞，还有的像一朵花。

幼儿2：每种菌菇都有自己的名字，外形也不同。虽然这些都是菇，但有的能吃，有的不能吃。能吃的叫"食用菌"，像香菇、金针菇、茶树菇等，既好吃又有营养。

幼儿3：菌菇有很多的营养，要多吃，对身体有帮助，我们不能挑食，不能浪费。

教师小结：菌菇是由孢子繁殖而来，有很多的种类，菌菇生长需要水分，并且避光。菌菇还有很高的营养价值，可以保护我们的视力，增强免疫力、排毒养颜、促进代谢，多吃菌菇，对身体健康帮助很大。

▲ 图2-3-8 观察发现

▲ 图2-3-9 外形比较

（四）反思调整、优化策略

1. 劳动目标的达成情况

幼儿能够关心、关注在身边环境中意外发现的菌菇，由此引发探究话题，师幼也由此认识菌菇的种类、结构、"种子"——"孢子"、菌菇的营养价值。幼儿通过寻找，发现并认识生活中更多种类的菌菇，初步辨认可食用菌和不可食用菌，萌发了养殖菌菇的初步劳动意识。

2. 下一阶段推进思路与策略

在了解菌菇是由"孢子"繁殖而来后，幼儿对"孢子"这一物体的认知并不具象，教师可以进一步支持幼儿尝试养殖菌菇，通过亲自动手养殖、观察记录、比较菌菇等活动，让幼儿通过劳动体验，更直观地认识"孢子"和菌菇生长的过程。但菌菇多种多样，班级场地有限，怎么选择、养殖呢？这将成为养殖菌菇前需要解决的问题。

探究二：养殖蘑菇菌

（一）劳动探究、切身体验

问题讨论

> 问题：我们应该"种"什么菌菇呢？
> 幼儿1：当然是种可以吃的。
> 幼儿2：种点农场里没有的。
> 幼儿3：种好吃的菇。
> 幼儿4：种点特别的。

经过讨论，师幼从"能食用的、农场里没有的、幼儿爱吃的、特别的"四个方面列举了相关的菌菇，最后通过集体投票的方式确定养殖的菌菇种类：爱吃的金针菇、茶树菇；农场里没有的杏鲍菇；特别的红平菇、榆黄蘑。

> 问题：你想和谁、在哪里种菌菇？
> 幼儿1：我想和轩轩一起种，种在我们班，每天都能看到。
> 幼儿2：我想种在农场的培育箱里，那个是专门用来种菌菇的。
> 幼儿3：我想在家里和爸爸妈妈一起种。
> 幼儿4：我想在之前种西瓜的地里种，上次就长了很多蘑菇，应该很好种。

支持与回应

① 讨论交流。引导幼儿自主讨论，自选伙伴，选择种类，并制订养殖计划。
② 选定场地。幼儿选择幼儿园农场场地后，教师与农场管理员协商、确定养殖场地。
③ 采购菌种包。教师可以根据幼儿养殖计划，采购相应的菌种包，支持幼儿养殖。

劳动体验

1. 合作养殖菌菇

孩子们决定在农场的培育箱和班级都种上菌菇，确定养殖的菌菇和场地，准备好菌种包和花盆。在老师的帮助下，几个男孩子合作从班级储藏间搬来木架子，从美工区找来剪刀，并找阿姨拿来更换的旧毛巾。

接着，孩子们找到自己的合作伙伴，先在自己的菌种包上写上编号，做好标记。然后用剪刀将菌种包的瓶口剪开，或者把菌种包横放，在塑料膜上划开口子，将毛巾沾上水，盖在菌种包开口的位置。有的则拿来喷瓶，在毛巾上喷水淋湿。最后，孩子们把处理好的菌种包放到木架子上（见图2-3-10、图2-3-11）。

▲ 图2-3-10　种植菌菇

▲ 图2-3-11　日常照料、观察

在孩子们的日常照料下，他们惊喜地发现菌种包发生了变化。（见图2-3-12、图2-3-13）

▲ 图2-3-12　红平菇、榆黄蘑长出来了

▲ 图2-3-13　茶树菇、金针菇、杏鲍菇还没长出来

幼儿1：老师，我们的菇长出来了！
幼儿2：我们的是粉色的（红平菇）。
幼儿3：我们的是黄色的（榆黄蘑）。
幼儿4：有的菌菇为什么没长出来？

幼儿1：这些菌菇是坏的吧！
幼儿2：应该是有的长得比较慢吧！
幼儿3：我们再等等吧！

于是，为了验证想法，大家决定再观望一段时间。

当这些菌菇长出来一段时间后，恰逢遇到国庆假期，菌菇怎么办呢？孩子们提议采用"剪刀石头布"的方法，赢的人将菌菇带回家照顾（见图2-3-14、图2-3-15）。

▲ 图2-3-14　"剪刀石头布"　　　　▲ 图2-3-15　打包菌种包

2. 菌菇坏了吗？

孩子们小心翼翼地照料着菌菇，却发现菌种包没有长出新的菌菇，有的"发霉"了，难道菌菇真的坏了？（见图2-3-16）

为了验证菌菇是不是真的坏了，孩子们坚持每天给菌菇浇水、换毛巾，时常关注菌菇的生长变化。

过了几天，孩子们惊喜地发现有些菌种包里又长出了菌菇，之前还未长出来的杏鲍菇、茶树菇也陆续冒出了头（见图2-3-17、图2-3-18）。

▲ 图2-3-16　发霉的菌菇

幼儿1：老师，原来它们没有坏掉。
幼儿2：你看，我的茶树菇也长了。
幼儿3：还有我的杏鲍菇也长出来了，真不容易！

▲ 图2-3-17　菌种包在照料下又长出菌菇了

角色体验一：农场小能手

▲ 图 2-3-18　第一波未长的菌种包也陆续长出了菌菇

（二）收获分享、感受快乐

活动后，师幼针对"养殖蘑菇菌"的活动进行梳理小结，提升认知经验。

> 问题：你喜欢养殖菌菇吗？在养殖菌菇时你有什么发现？
> 幼儿1：有的菌菇长得很快，有的长得很慢。
> 幼儿2：茶树菇和杏鲍菇长得最慢，要耐心等待，不能放弃。
> 幼儿3：有的菌菇长出来是一团的，有的是一个一个的。
> 幼儿4：种菇真不容易，每天都要记得换布。
> 幼儿2：但是能长出来，就很开心。我们每个人都成功了。
> 教师：虽然每种菌菇生长的速度有差异，有的周期长，有的相对短一点。但是看到自己亲手养殖的菌菇长出来，是一件值得开心的事情，说明我们的坚持和努力有了收获。

（三）反思调整、优化策略

1. 劳动目标的达成情况

当萌发"养殖菌菇"的念头时，幼儿成为行动派并付诸实践。在一日活动中，幼儿时刻关注自己的养殖对象，用心照料养殖菌菇，有了初步的劳动意识。在养殖过程中，能感知和发现菌菇生长的差异。当发现菌菇生长差异、菌菇"坏了"时，幼儿积极主动地思考、探索各种缘由，想办法"拯救"菌菇。幼儿喜欢参与养殖活动，初步了解菌菇生长的过程，学会照顾菌菇，具有积极探究的欲望、一定的劳动态度和坚持的毅力。

2. 下一阶段推进思路与策略

随着菌菇的日益生长，除了引导幼儿继续照养、观察记录外，针对"菌菇收成"的话题，教师可以进一步引导幼儿探索"如何采摘"。同时，在采摘收成菌菇的活动中，让幼儿练习劳动的技能。

探究三：蘑菇菌收成

（一）劳动探究、切身体验

问题讨论

> 问题：怎么收割？
> 幼儿1：可以用刀子割下来。
> 幼儿2：用阿姨的铲子铲下来。
> 幼儿3：可以用夹子夹下来。
> 幼儿4：我觉得直接用手拔就可以了，更简单。
> 幼儿3：还可以用剪刀剪啊，一刀剪下来。

支持与回应

① 筛选工具。引导幼儿思考收割工具的适宜性与可行性，筛选收割工具。

② 家园合作。通过家园合作，请家长丰富幼儿有关菌菇的知识，并协助幼儿准备各种收割菌菇的工具，包括剪刀、美工刀、儿童菜刀、水果刀等。

③ 制订计划。引导幼儿制订收割菌菇的相关计划，包含使用什么工具，收割什么菌菇，收割后的菌菇用来制作什么美食，等等。

劳动体验

孩子们从家里、班级、农场找来了各种收割菌菇的工具，准备收割菌菇（见图2-3-19～图2-3-21）。

▲ 图2-3-19　我们的想法

▲ 图2-3-20　刀子

▲ 图2-3-21　锅铲

有的孩子一手拿着儿童菜刀，一手按着菌种包，将菌种包上的茶树菇一个一个慢慢割下来，割下来的茶树菇切口平整；有的孩子拿着剪刀，对着菌种包连接红平菇的地方一刀剪下去，发现一刀没有完全将红平菇剪下来，又接连剪了几刀，终于将红平菇剪了下来；边剪边说"剪得好辛苦"；还有的孩子戴上手套，一把按住菌种包上的红平菇用力拔，并开心地对老师说："老师，你看我一下子就拔下来了。"一朵大大的红平菇便被拔了下来，此时，菌种包上残留了一截红平菇的菌柄……（见图2-3-22～图2-3-24）

角色体验一：农场小能手

▲ 图 2-3-22　用刀子割

▲ 图 2-3-23　用剪刀剪

▲ 图 2-3-24　用手拔

（二）收获分享、感受快乐

老师针对"蘑菇菌收成"的系列活动进行梳理小结，帮助幼儿提升认知经验。

> 问题：你是用什么办法收割菌菇的？
> 幼儿1：我是用儿童菜刀把它们割下来的。
> 幼儿2：我用手直接拔下来了。
> 幼儿3：我用剪刀剪的，但是不太好剪下来。
> 幼儿4：我也是用的剪刀，很快就剪下来了。
> 问题：为什么同样的工具，有的好用，有的不好用？你发现了什么？
> 幼儿1：用刀子都很快。
> 幼儿4：他摘的菇跟我的不一样，他的红平菇比较大，我的茶树菇比较细小。
> 幼儿3：我的太大了不好剪。
> 幼儿2：你看我用手拔，每种菇都很快拔下来。
> 幼儿3：可是你拔得不干净，下面还留了一截。
> 幼儿1：我用刀子割就不会，都很干净。
> 教师：收割不同的菌菇，要根据它们的大小、形状选择不同的工具。

（三）反思调整、优化策略

1. 劳动目标的达成情况

在菌菇收成的过程中，幼儿根据自身对已有工具的认识，在收割后对适宜工具进行再次筛选，在劳动中通过观察比较，找到用不同工具收割不同形状菌菇的方法，加深对劳动工具的认识。

2. 下一阶段推进思路与策略

适逢年末，菌菇收成后，幼儿在收割前已制订初步的计划——制作菌菇美食。同时，教师还可结合学园的"火锅节"，将此作为课程落脚点的同时，让幼儿体会与他人分享劳动成果的乐趣，感受劳动所赋予的价值。

活动成果　菌菇美食宴

菌菇可以用来做什么美食呢？大家计划制作什么菌菇美食呢？根据先前的计划，孩子们提出了自己的想法。

> 幼儿1：我想做金针菇炒蛋，金针菇和鸡蛋都是我爱的。
> 幼儿2：我也喜欢金针菇，培根卷金针菇我妈妈做过，很好吃。
> 幼儿3：还有金针菇鸡蛋饼。
> 幼儿4：我查过金针菇还可以油炸。
> 幼儿2：也可以煮汤。
> 幼儿1：那不都是金针菇了吗？
> 教师：是啊，我们还有很多种类的菌菇，比如红平菇、榆黄蘑还有杏鲍菇等。
> 幼儿1：用各种菇炒蛋吧！
> 幼儿2：还可以和香肠一起炒。
> 教师：马上就是我们的火锅节了，我们是不是也可以把这些菇加到火锅里面呢？
> 幼儿4：对对对，我吃过有菇的火锅。
> 幼儿1：那我们也来试一试。

对于制作和品尝菌菇美食，教师肯定和支持幼儿的想法，引导孩子们制订菌菇火锅计划，并鼓励家长参与到孩子们的活动中，协助他们准备相关食材，推动计划实施（见图2-3-25）。

  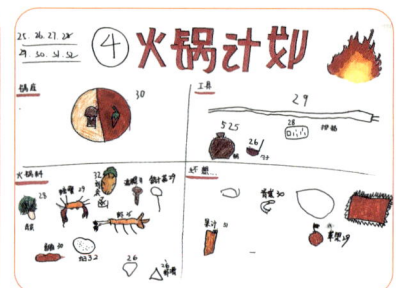

▲ 图2-3-25 讨论、制订菌菇火锅计划

讨论后，孩子们根据自己的火锅计划，去小农场收割菌菇，并且与家长一起准备配料、工具和锅具等，合作布置火锅宴场地。

他们还将从班级收割来的菌菇进行清洗、分类、切段、装盘，有的加入火锅食材烹饪，有的做成各种菌菇美食，与家长、班级老师、同伴共同品尝和分享（见图2-3-26、图2-3-27）。

▲ 图2-3-26 我们的菌菇火锅宴　　▲ 图2-3-27 各种菌菇美食

角色体验一：农场小能手

菌菇在火锅宴中受到了幼儿的喜爱，孩子们大呼"真好吃！""自己种的最好吃！"幼儿在品尝的同时体味着劳动过后收获的喜悦。此次菌菇火锅的活动也得到了家长们的鼎力支持与参与，大家纷纷点赞。

活动反思

① 幼儿层面。在菌菇的种植过程中，幼儿收获的不仅仅是生活经验，也突破了对农作物单纯的物质性收获，更是一种学习品质的获得，在不断的探究中协商、合作，发现问题并解决问题。幼儿的思维开拓，既能借助原有经验，又不局限于原有经验。如在讨论如何收割菌菇时，幼儿能够联想到采摘水果的经验，但选择的工具又有别于摘水果的工具，选的是比较适宜收割菌菇的剪刀、刀子等工具。

② 教师层面。教师与幼儿同为学习的主体，在课程开展前，教师对菌菇的认识并不深入，但在养殖过程中，教师通过收集资料、亲身体验等，也收获了养殖菌菇的经验和知识。同时，教师在与幼儿讨论和养殖的过程中，提高了促进幼儿观察力、专注力和表征能力发展的水平，加强了自身指导种植劳动的能力，这是教师与幼儿的"双丰收"！

③ 活动层面。幼儿在探索过程中，能够在原有种植水果的经验基础上获得更进一步的经验，包括知识经验、生活经验、种植经验等，如植物不仅能依托于种子种植而来，还能通过"孢子"繁殖培育。在菌菇收成后衍生的"菌菇火锅"，充分体现幼儿能够结合生活和需求，协商、制订计划、分工合作，在制作和品尝中进一步实现劳动收获的价值。通过本次活动，幼儿从一开始的对菌菇挑食、认识较少，到对菌菇有了较深入的认识，最终能够参与菌菇美食制作，乐于品尝分享，改善了挑食现象，提升了课程价值。

大班 稻香

思维导图

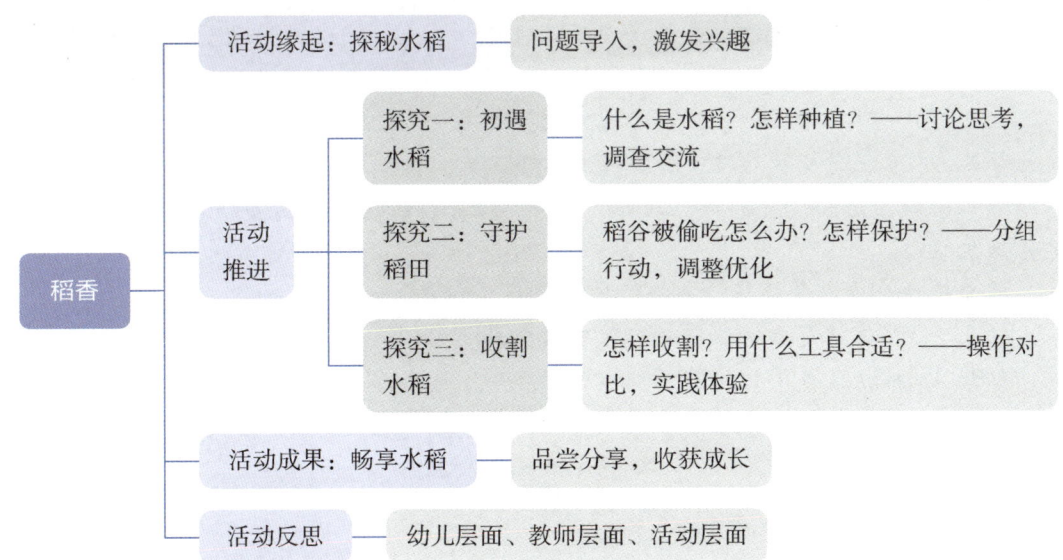

乐体验 爱劳动——幼儿园角色体验式劳动教育案例

活动缘起

大米是我们生活中必不可缺的食物，午饭时，孩子们吃着米饭，悠悠说："米饭真好吃，大米是怎么来的呢？长在哪里呢？"花花说："我知道，大米是从水稻中长出来的！""水稻是怎么生长的？""水稻怎么变成大米呢？""我们可以在幼儿园农场里种水稻吗？"大家你一言我一语地讨论了起来……基于孩子们对水稻的好奇心和探究欲，结合大班幼儿的年龄特点，我们在生态农场里开启了一段水稻种植之旅……

活动推进

探究一：初遇水稻

（一）浸入农场、自主自选

生态农场里有块水田，每年水田里都会长出一大片金黄的水稻，农场的小农夫们忙碌而又有序地收割着稻谷。关于水稻，孩子们的话题和问题也增加了——"水稻是什么？水稻是怎么长出大米的？水稻是怎么种植、收割的……"孩子们对水稻充满了好奇，提出了各种各样的问题，通过收集资料，老师与孩子们一起对这些问题进行分类、交流。通过梳理讨论，孩子们决定扮演小农夫，选择园内生态农场的水田、农具进行水稻种植活动，一场种植劳动的序幕拉开了。

（二）劳动探究、切身体验

问题讨论

> 问题：怎样种植水稻？
> 幼儿1：要先播种，把种子放在水里。
> 幼儿2：不对，是把苗种在土里。
> 幼儿3：在种水稻之前要先选择合适的种子，浸泡、晒干，等种子长出来再种。
> 幼儿2：我在电视上看到的是要先培育种子，再种到水里。
> 幼儿3：培育种子后，在育种田地中培育秧苗。
> 幼儿4：水稻是插秧种植的，要种在水里。
> 教师小结：是的，要晒种、选种、浸种、催芽，秧苗长大后要移栽。把秧苗移栽到水田里插秧。
> 问题：秧苗要怎么移栽？怎样插秧？
> 幼儿2：移栽就是要把秧苗从田地中拔起来。
> 幼儿3：插秧就是要把秧苗插到水田里。
> 幼儿4：插秧的时候我们要走到水田里，弯着腰插。

支持与回应

① 查阅资料。教师与孩子们继续通过阅读书本、网络查找资料、询问长辈等途径，进一

步了解关于水稻的形态特征、生长环境、栽培技术与种植方式、生长过程、养护等劳动知识。

②知识准备。借助视频,通过交流分享调查结果,在梳理中孩子们发现水稻的品种有很多,水稻的生长周期随着水稻的类型而不同,可以帮助孩子们了解插秧的步骤和注意事项,提升相关劳作技能,为后续种植、养护水稻做好经验准备。

③制订计划。孩子们自主结伴,讨论制订了"移栽、插秧劳动"计划,并准备了需要用到的工具材料。

劳动体验

有了前期的劳动知识准备,孩子们一起动手选种、晒种、催芽、播种,秧苗到了可以进行移栽的时候,大家决定进行移栽。孩子们自由组合,分成拔秧苗小分队、运送小分队、捆绑小分队,并制订各组的劳动计划。孩子们按照各自的劳动计划,开始行动。

1. 移栽秧苗

准备工作结束后,有的孩子开始拔苗,有的孩子负责用绳子把秧苗捆绑住,有的孩子则负责将绑好的秧苗一起送到水田进行保湿。

孩子们边劳作边提出各种问题:为什么秧苗要从田地里拔出来再插进水田里?为什么秧苗要扎成一捆一捆的?通过询问参与劳作助教的奶奶,我们知道了——水稻喜欢充足的日照和水分,生长需要更大的空间,原来生长的地方对于它们来说太挤了,捆起来的秧苗更好清洗根部多余的泥土。

2. 插秧

移栽完成后,大家开始插秧了,面对水田,手握秧苗,孩子们有许多的担心与疑问。

> 幼儿1:我们踩到水田里会不会陷下去?
> 幼儿2:水田里面有没有虫子呀?
> 幼儿3:水田会不会像臭水沟一样臭呀?那我不敢进去!
> 幼儿4:每次插秧要插几根秧苗?怎么插?
> 幼儿1:秧苗要插得像视频里那样很整齐有点难,我怕对不齐。

于是我们请来菜农伯伯现场示范,原来插秧时要把秧苗直直地插入泥里,而且要保持一定的距离。大家跃跃欲试,脱掉雨鞋陆续踩进水田,一手拿秧苗,另一只手学习插秧的方式,小农夫们一个个面朝黄土背朝天,有序而忙碌地劳作着,大家忙得满头大汗。插秧结束了,一株株秧苗虽然有些歪歪扭扭,但孩子们却特别喜欢,欢呼雀跃地喊着:"我们插的秧苗最整齐!""耶,我们太厉害了!"(见图2-4-1、图2-4-2)

▲ 图2-4-1 播种、育苗　　　　　　　　▲ 图2-4-2 移栽秧苗、插秧

（三）收获分享、感受快乐

孩子们克服了害怕与恐惧，消除了担心和焦虑。种植水稻活动结束后，老师引导孩子们把移栽、插秧的劳动过程和体验、感受与收获，以劳动日记的方式记录下来并分享交流。

> 幼儿1：种水稻真不容易啊！我们准备了好久，今天终于种好了！
> 幼儿2：我感觉太累了，现在腰很酸！
> 幼儿3：虽然脚脏脏的，但是我觉得插秧很好玩。水田的泥软软的很舒服！
> 幼儿4：一开始我插秧的时候秧苗总是浮起来，菜农伯伯提醒我是因为我插得太浅，于是我又试了一下，像握笔一样，用手指的力量把秧苗插到土里。
> 幼儿1：秧苗插进泥土时要没过手掌，还要把土往中间拨，才能固定住。
> 幼儿2：多亏了菜农伯伯，我们才能成功完成插秧任务。
> 幼儿3：我们一起去感谢菜农伯伯吧！

（四）反思调整、优化策略

1.劳动目标的达成情况

教师顺应幼儿对水稻的兴趣，通过问题式讨论、开展调查、计划、分工、合作，完成了第一次水稻种植的劳动任务。活动中教师能以幼儿为主体，尊重幼儿劳动的独立性，全方位让"小农夫们"在真实的水田里，亲近自然、亲身体验、亲自劳动。幼儿对亲自参与晒种、选种、催芽、播种、拔苗、插秧的过程充满兴致、专注坚持。他们克服害怕的恐惧心理，借助多渠道信息，获取关于水稻种植的相关知识经验，不断提升劳动合作能力，增强劳动的意识。通过劳动充分激发热情，初步体会到种植的辛苦和不易，体验劳动的艰辛和乐趣。

2.下一阶段的推进思路与策略

一次餐后散步中，孩子们像往常一样在稻田旁活动着……忽然有人大喊："不好啦，不好啦！稻谷被偷吃了！"于是许多孩子们都围到稻田旁七嘴八舌地议论开了："我看到的是蜜蜂。""我觉得是被蚂蚁咬了。""老师，我发现是小麻雀偷吃的……"有孩子发现三五成群的小鸟正津津有味地偷吃稻谷呢！"到底是谁偷吃了稻谷？怎样做才能不让小鸟偷吃稻谷？"下一阶段教师将引导幼儿在关注水稻生长的同时，围绕幼儿关注的问题，针对"如何保护稻谷"与孩子们进行讨论。

探究二：守护稻田

（一）劳动探究、切身体验

问题讨论

> 问题：稻谷被偷吃了怎么办？怎样保护稻田？

角色体验一：农场小能手

幼儿1：这样可不行，要是越来越多的麻雀都来吃稻谷，那可怎么办呢？
幼儿2：其他的动物会不会也来偷吃呢？
幼儿3：那我们要赶紧行动起来，一起保护稻田！
幼儿1：经常来农场走走看看，一发现小鸟就要赶跑。
幼儿2：我们可以制作一个牌子，立在旁边。
幼儿3：做一个稻草人，让它站在稻田旁边。
幼儿4：小鸟很聪明的，会偷偷飞进去藏起来。
幼儿2：还可以放一些东西，用味道赶跑虫子。
幼儿3：我们把稻田围起来，这样小动物们就进不去啦！

支持与回应

① 丰富经验。孩子们通过咨询长辈、询问生态农场里的菜农伯伯、查阅图书资料，了解关于养护水稻的措施。

② 讨论制订。围绕着"用什么材料、怎么做、如何分工"三个问题，孩子们自由组合，分成五组：稻草人组、保护网组、围合组、驱虫水组、警示牌组。讨论制订"守护稻田"劳动计划。

③ 收集创设。亲子共同收集稻草、绳子等材料，班级创设劳动区。

劳动体验

孩子们和家人、老师、同伴一起收集准备，分组合作、认真专注地制作各种"神器"。

① 制作稻草人、驱鸟器组：收集旧衣物、稻草、水管支架、矿泉水瓶、光盘材料，利用捆绑、固定制作。

② 搭建保护网组：利用长条水管、铁丝网和驱鸟网，连接、穿杆、固定、悬挂。

③ 用绳子和袋子围起来：将环保袋和绳子串联，围合在稻田边，防止被踩伤。

④ 制作驱虫水组：将大蒜、辣椒水、苏打水、食盐和白醋进行称重、配比和组合。

⑤ 制作警示牌组：绘制简单明显的标识，提醒老师和小朋友关于稻田的养护知识。

看着稻田在守护行动中经过长期的精心照料和严密的保护下长势大好，缀满谷粒，孩子们开心极了，脸上露出满意又自豪的笑容，快乐的笑声弥漫农场（见图2-4-3、图2-4-4）。

▲ 图2-4-3 制作警示牌、搭建保护网

▲ 图2-4-4 围合稻田、制作稻草人

（二）收获分享、感受快乐

在守护行动开展后，教师组织孩子们以个人讲述、小组表述、图片展示对比、视频分享等多种形式展开"守护稻田行动"分享交流活动。

> 问题：劳动中你有什么发现？哪一种方法更适合？你有什么感受？
> 幼儿1：水稻长得这么好，我觉得我们想的办法都不错！
> 幼儿3：驱鸟网这个方法很好，小鸟没办法飞进稻田了！
> 幼儿2：但是我看到保护网有的地方出现了"漏洞"，我们要赶快把洞洞补好。
> 幼儿2：我觉得驱虫水太少了，因为我看到了叶子上还是会有一些小洞洞。
> 幼儿3：我发现挂上警示牌以后，大家更清楚要怎么照顾水稻了。
> 幼儿4：刚开始稻草人插在稻田里会倒下来，于是我们一起用力把它插进泥里。
> 幼儿1：虽然制作驱鸟器要很久，但是制作完挂在稻田旁边，心里很开心！
> 幼儿4：我们小组合作，有的拉网，有的用扎带和扭扭棒固定，配合得很好。

（三）反思调整、优化策略

1. 劳动目标的达成情况

在每天的观察、记录中，幼儿体验着水稻成长的力量和生长的规律。通过观察记录的回顾与分享，幼儿的观察力越发敏感，很快发现水稻被麻雀"偷吃"后，幼儿表现出积极的劳动态度，围绕"如何保护稻田"调动自身经验，调查讨论解决问题的方法，运用"劳动计划"合作，讨论需要的材料，进行人员分工，并以表格、图画的形式记录主要过程和关键步骤。在交流劳动照片、记录表、日记和故事等形式中，讨论反思劳动中的优点、不足及其原因，共同回顾守护稻田行动中的经历和收获，不断调整和优化劳动活动的场地、内容和开展方式，幼儿自信心和积极性增强了，真正动手、动脑，劳心劳力，学会在活动中观察，在问题中思考，在行动中解决，在劳动中成长。

2. 下一阶段推进思路与策略

水稻长势大好，即将进入成熟期。孩子们发现稻穗变得金灿灿、"压弯了腰"，有的稻谷露出了白白的大米，他们又开始议论"水稻什么时候成熟了？什么时候可以收成？用什么工具收割水稻……"下一阶段教师将为幼儿创造亲近自然、走近稻田的机会。关注幼儿的收割经验，了解他们的兴趣点和好奇的内容，以体验割水稻活动为切入点，以问题驱动幼儿结合自身的生活经验和观察基础进行猜想、假设、讨论、思考和比较。通过视频学习、选择使用劳动工具、邀请农场菜农以及家长助教现场讲解示范收割水稻的方法，在体验中，增强对劳动工具使用的意识。

探究三：收割水稻

（一）劳动探究、切身体验

问题讨论

> 问题：你知道怎样收割水稻吗？需要哪些工具？需要注意什么？
> 幼儿1：可以用自动收割机。

幼儿2：稻田这么小，机器是进不去的。
幼儿3：用农场工具屋里的剪刀剪掉，用双手拔下来，用耙子、铲子、锯子试试。
幼儿2：我想要戴上手套，用镰刀把水稻割下来。
幼儿3：收割水稻时要用手抓紧水稻。
幼儿2：收割的时候要弯着腰，背朝天，割水稻的根部。
幼儿3：大家一起合作，齐心协力。
幼儿1：割水稻的动作要标准、熟练，我们可以先练习一下。
幼儿4：还要准备箩筐、推车、扁担、推车，用来装水稻、运水稻。
幼儿3：收割前我们要穿好装备，全副武装！
幼儿1：使用工具时要注意安全，才不会受伤。

支持与回应

① 观看学习。师生通过观看农民收割水稻的相关视频进行观察学习，了解多种收割水稻的方法。

② 寻找工具。参观学园生态农场的工具屋，寻找、选择适合进行水稻收割的工具。

③ 准备材料。幼儿选择合作伙伴，准备相应的收割工具和用具。

劳动体验

开始收割稻田里的水稻了，孩子们按照收割计划，穿上反穿衣、雨鞋、戴上手套，带上各种收割工具进入稻田。一会儿我们听到孩子们说："老师，我们人太多了！""我的手太酸了！""老师，剪刀把水稻都剪坏了！"经过一番劳动后，在教师的提醒、帮助下，很快孩子们又开始合作着、忙碌着、收割着……

劳动时间结束了，教师和孩子们围在稻田旁，看见一大片还没有收割完的水稻和四处掉落的稻穗，教师问："为什么没有收割完？怎样收割会更快、更干净？"经过讨论，孩子们提出要请生态农场里的伯伯来教大家收割的方法。孩子们在现场看见农场伯伯在稻田中一只手抓住一把水稻，另一手用镰刀往水稻的根部割，连续、快速，很快就把水稻割好了。于是孩子们学习着使用镰刀收割水稻，通过多次的尝试，一次比一次上手，孩子们齐心协力，水稻装满了各个箩筐！（见图2-4-5、图2-4-6）

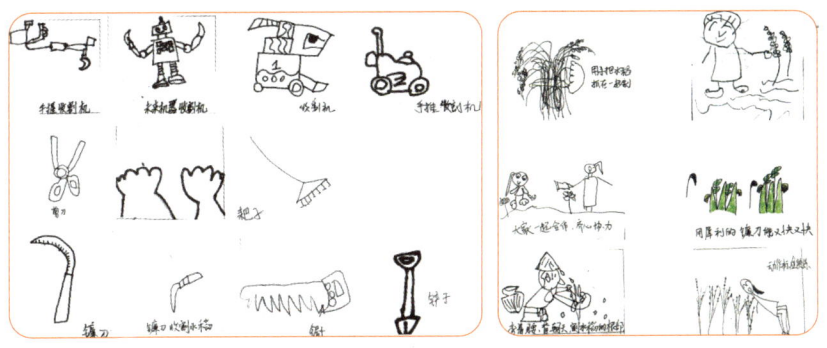

▲ 图2-4-5 收割水稻的工具、收割水稻的方法

▲ 图 2-4-6　水稻收割进行时

（二）收获分享、感受快乐

收割结束后，教师利用视频回顾、照片分享、劳动日记分享等形式，与孩子们复盘本次收割活动的完整过程，通过对比发现、记录、交流使用不同工具收割的感受和劳动的成果。

> 问题：你是和谁一起合作的？用了哪些工具？感觉怎么样？
> 幼儿1：我是和我们组的桐桐合作的，我们一个人抓着水稻，一个人用锯子割。
> 幼儿2：我试过用剪刀剪水稻，太慢了，而且很难剪。
> 幼儿3：用绳子不合适，水稻会受伤。
> 幼儿4：用手拔水稻比较费力，怎么都拔不动……
> 幼儿1：收割水稻太累了，割一把要很久！
> 幼儿2：割水稻好好玩！我以前都没有试过。
> 幼儿4：我们班很厉害，一起合作收割了一大筐的水稻。
> 幼儿3：我感觉很热，身上有点痒，刺刺的。
> 幼儿2：好辛苦啊！我今天回家可以多吃一大碗饭！
> 幼儿4：我割了很多把水稻，割水稻一点儿也不难！

（三）反思调整、优化策略

1. 劳动目标的达成情况

幼儿愈发喜欢接触自然，喜欢在充满野趣的农场里种植劳动，对参与收割水稻活动的积极性高、目的性强、坚持性久，他们对"收割水稻的工具的选择和使用"产生兴趣，结合自身的生活经验和观察基础进行猜想、假设，商量讨论，通过不断观察比较、亲自操作，根据劳动对象找到最适宜的劳动工具。幼儿收割水稻后通过记录和分享，对比使用不同工具的感受。在教师的有效支持下，在寻找、尝试、比较不同工具收割的过程中，幼儿与同伴、成人的分工合作里有效拓展水稻收割的知识经验。在收割水稻中孩子们不怕脏、不怕累，感受亲眼看见水稻生长、收割粮食的喜悦，培养了爱劳动的良好品质，体会粮食的来之不易。

2. 下一阶段推进思路与策略

水稻收割结束后将进一步追踪、发现幼儿的兴趣点，挖掘可以拓展延伸，融合语言、科学、艺术的活动，多形式、多渠道地开展，继续提供劳动实践机会，支持幼儿亲身体验拔稻谷、晒稻谷、打谷子的过程，构建幼儿对于水稻的完整经验，梳理幼儿形成独一无二的劳动故事，留下师幼在生态农场种植劳作的珍贵照片和美好回忆。

活动成果　畅享水稻

"收割的稻谷和稻草，可以做什么？"孩子们提出了这样的问题，于是大家又七嘴八舌地议论起来。

> 幼儿1：割完水稻，我们可以一起晒稻谷。
> 幼儿2：和朋友一起晒稻谷。
> 幼儿3：稻谷变成大米后，我们可以做寿司、米汉堡。
> 幼儿4：可以用稻谷做种子，用米粒做各种实验。
> 幼儿3：稻草可以制作稻草人，编篮子、稻草帽。
> 幼儿4：稻草晒干后可以用来烤地瓜。
> 幼儿2：稻草还可以给小猪取暖，制作小猪的稻草屋。

水稻收割结束后，教师持续关注幼儿对于水稻种植活动的兴趣点和疑问，挖掘可能产生的教育契机。关于水稻活动的体验和展示部分，教师为幼儿创设了多种亲身参与体验的机会，拟创设"水稻博物馆"，内容涵盖：

① 展示幼儿收割与种植水稻使用的工具和农具。

② 结合幼儿劳动计划、劳动日记制作"稻香"活动展板，帮助幼儿回顾水稻种植全过程的劳动场景和经历。

③ 剪辑整理幼儿种植水稻的劳动视频，再现劳动场景，分享水稻种植方法，肯定幼儿的劳动态度、劳动智慧、劳动品质、劳动能力。

④ 让幼儿亲身体验筛谷、晒稻谷、剥稻谷，将收获的大米进行烹饪、品尝等，构建幼儿对于水稻种植与收获的完整经验。

⑤ 创设美劳区，让幼儿与同伴进行稻草、稻谷的艺术创作，进行艺术展。

⑥ 发布"水稻博物馆"通告，家园携手，宣传农耕知识文化、劳动的价值与意义（见图2-4-7、图2-4-8）。

▲ 图2-4-7　打谷子、晒稻谷　　　　　　　　▲ 图2-4-8　煮米粥

活动反思

① 幼儿层面。南京师范大学虞永平教授这样说：幼儿园之"园"的本意就是种植的地方

和娱乐的地方，种植应该是幼儿园的应有之义。这是因为种植不是成人的需要，而是儿童的需要，因为关注生命是儿童的天性。《指南》的科学教育中提到："引导幼儿关注和了解自然、科技产品与人们生活的密切关系，逐渐懂得热爱、尊重、保护自然。"幼儿走近"稻田"，从选种、育苗、插秧到收割，在直接感知、亲身体验、实际种植水稻中学会扦插、捆绑、分苗、插秧、养护、收割的多种方法，找到解决问题的方法，提升制订计划、逻辑思维、反思调整等多方面的综合能力，积累通过多种途径获得劳动知识和技能的经验。深切地感受到劳动体验的喜悦和快乐，珍惜粮食的来之不易和"粒粒不可浪费"，养成坚持不放弃、亲近自然、热爱劳动的良好品质。

② 教师层面。虞永平教授在《用全收获的理念开展幼儿园种植活动》一文中强调指出："全收获的'全'应是多层次、多方面、多主体，种植不只是让幼儿有收获，不只是获得食物。"我们的种植活动应更综合、更多样化，带给幼儿更多的经验。教师及时抓住幼儿的兴趣点，顺应幼儿的好奇心提供真实场景，让幼儿在生态农场中种植水稻。始终以幼儿的发现为问题的导向，准确把握种植劳作课程的实施，注重幼儿的实践，针对发现的问题，运用多种途径帮助幼儿调整劳动计划，完善劳动过程，给予支持回应，与幼儿一起思考。提供劳动日记分享成果，梳理技能和方法，培养劳动意识，促进劳动能力的提升。让幼儿成为一名爱劳动、知劳动、会劳动的小主人。

③ 活动层面。该活动利用学园生态农场和家庭教育资源给予幼儿进行有关水稻的各类调查、在家同步收集材料的支持，为幼儿提供间接经验，帮助幼儿找到借助书本、网络、成人学习，获取各种信息的途径，解决劳动中的问题。同时，家长与教师通过切实参与到幼儿园教育活动中，也不断提升自己种植方面的经验与能力，收获到的不仅仅是理论知识，还有丰富的情感体验，增进了亲子、师幼、家园的三方情感，幼儿能获得更充分、更富有个性的发展。

我们深信大自然就是活教材，种植劳作活动是幼儿重要的学习内容，是培养幼儿生活和劳动等技能，亲近自然的情感，以及科学探究兴趣的重要途径。劳作将慢慢成为幼儿日常生活的一部分，让我们一起留住心中那颗种子，用心浇灌，让它生长、绽放、硕果累累，让孩子们在种植乐园里玩出快乐的童年！

角色体验二：作坊小技师

一、活动简介

作坊小技师体验式劳动是幼儿在园内厨艺、陶艺、木工、传统工艺、建筑等工艺劳动体验区，自主选择小技师角色，展开"浸入劳动场馆——自主计划——工艺体验——形成工艺作品——分享劳动成果——反思调整"等过程的工艺劳动。在这里，幼儿认识小技师的不同劳动工具，熟悉各种小技师的劳动流程和方法。在体验中感受小技师的劳动智慧和技法，发展劳动技能、提升工艺审美水平，涵养不怕困难、精益求精的工匠精神。

（一）活动背景

工艺劳动凝结着中国工艺的智慧，在历史的长河中，我国的食品、木制品、陶制品等工艺都有着令人赞叹的成就。随着幼儿对工艺劳动的兴趣激发和深入探究，幼儿园深入挖掘晋江市县域内建筑、陶瓷、木工、食品工艺的深厚文化底蕴，创设工艺劳动体验馆，引导幼儿扮演厨艺小技师、陶艺小技师、木艺小技师、建工小技师、传统工艺师等角色，体验厨艺、陶艺、木工、传统工艺、建筑等工艺劳动，从而从小传承大国工匠精神，提高小技师的劳动能力。

（二）环境创设

作坊的环境创设可以参照图 3-1-1 至图 3-1-10。

▲ 图 3-1-1　生活体验馆（一）

▲ 图 3-1-2　生活体验馆（二）

▲ 图 3-1-3　陶艺体验馆（一）

▲ 图 3-1-4　陶艺体验馆（二）

▲ 图 3-1-5　木工体验馆（一）

▲ 图 3-1-6　木工体验馆（二）

▲ 图 3-1-7　传统工艺馆（一）

▲ 图 3-1-8　传统工艺馆（二）

▲ 图 3-1-9　建筑体验馆（一）

▲ 图 3-1-10　建筑体验馆（二）

角色体验二：作坊小技师

（三）活动目标

"作坊小技师"体验活动的目标如表 3-1-1。

▼ 表 3-1-1　"作坊小技师"体验活动目标一览表

年龄段	维度			
	劳动态度	劳动认知	劳动技能	劳动习惯
小班	1. 愿意参与小技师工艺劳动 2. 感受参与工艺品制作的快乐	1. 认识常见的小技师劳动工具 2. 了解小技师劳动的基本步骤	1. 学习使用小技师劳动工具，练习手部精细动作 2. 运用简单的技能进行工艺劳动	1. 在教师提醒下，能够遵守小技师劳动规则 2. 在教师提醒下，有帮忙整理工艺劳动场馆的意识
中班	1. 乐意参与小技师体验和创作活动，感受工艺作品的美 2. 感受多种工艺技师的高超技巧，愿意主动了解中华民族工艺文化	1. 了解小技师劳动工具的基本使用方法 2. 对自己的操作过程有一定的计划，懂得根据计划步骤进行工艺劳动	1. 熟练使用工具，并掌握基本的劳动技能和安全使用工具的方法 2. 能够根据游戏需求开展小技师劳动	1. 具有坚持完成小技师劳动的习惯 2. 养成分类整理劳动工具和材料的习惯
大班	1. 喜欢参与小技师劳动，并乐意将劳动成果运用到生活中 2. 在工艺劳动体验中产生自豪感，并懂得尊重生活中的各行各业劳动者	1. 了解工艺品的基本结构和创意制作的方法 2. 懂得运用思维导图计划自己的劳动过程	1. 能够根据设计图，合作或独立完成工艺品制作 2. 完成小技师制作体验活动，并能美化工艺品	1. 自觉遵守小技师劳动的安全规则 2. 能独立解决劳动中的困难，不断完善工艺品 3. 养成自觉整理材料和场地的习惯

（四）活动内容

我们依据《指南》精神和活动目标，结合幼儿各年龄段学习特点或发展水平，在与幼儿讨论商量的基础上确定活动内容，见表 3-1-2。

▼ 表 3-1-2　"作坊小技师"活动内容一览表

年龄段	作坊				
	生活体验馆	陶泥体验馆	木工体验馆	传统工艺馆	建筑工地馆
小班	★小小甜点师 水果沙拉 暖心汤圆 七夕糖粿	棒棒糖 毛毛虫 胡萝卜	工具作用大 桌子 椅子	木偶"兔子手偶" 剪纸"快乐剪纸" 刺绣"绕线小鱼"	马路 停车场 我们的幼儿园

（续表）

年龄段	作坊				
	生活体验馆	陶泥体验馆	木工体验馆	传统工艺馆	建筑工地馆
中班	春日饭团 鲜花饼 润饼菜	★快乐陶艺工 花蝴蝶 有趣的脸 创意杯子	小树 小猫 动物造型	木偶"纸袋木偶" 剪纸"小房子" 刺绣"卡通十字绣"	家乡的桥 世纪公园 幼儿园里的农场
大班	水晶桂花糕 海蛎煎 阿达子桂花奶茶	茶壶 恐龙王国 虎虎生威	★小木工建造记 奇怪的脸 小木剑 漂亮的房子	木偶"DIY 布袋偶" 剪纸"红砖古厝" 刺绣"团扇珠绣"	我们的小学 五店市 小猪的家

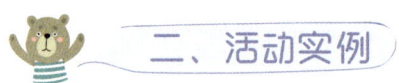

二、活动实例

小班 小小甜点师

思维导图

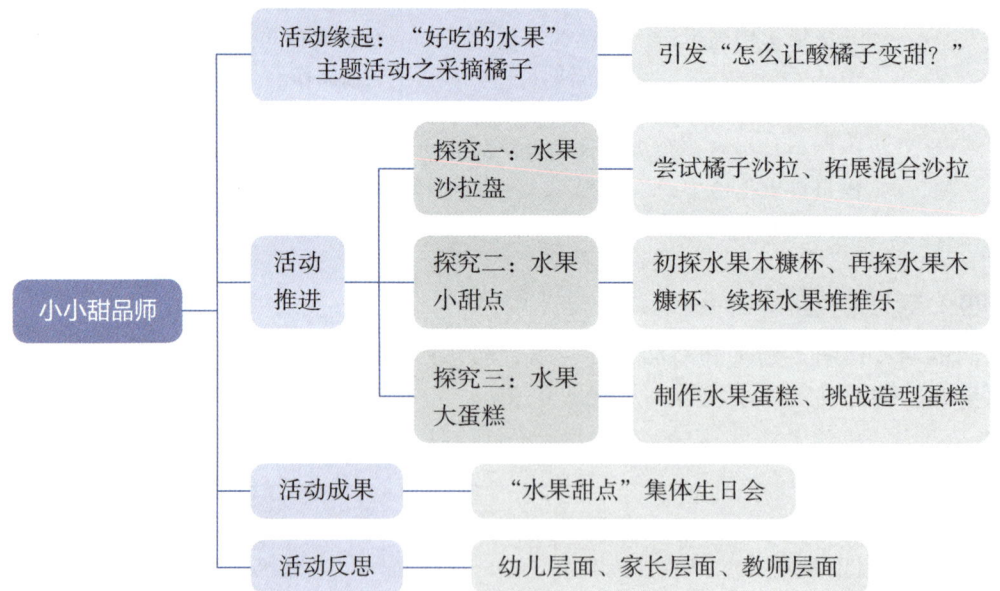

活动缘起

随着"好吃的水果"主题活动的开展，幼儿越来越关注幼儿园农场里果树的生长情况。

角色体验二：作坊小技师

一次户外游戏时，有一名幼儿发现挂在树上的绿橘子有一些已经变成了橙色，她激动地招呼同伴前来围观，大家激动不已，把鼻子往上凑，闻一闻，并纷纷讨论着橘子的味道，小手还上前摸了摸，跃跃欲试地想要采摘橘子。在大家的讨论和教师的支持下，几位幼儿先尝试用踮脚尖、起跳，后借助爬梯子采摘了一大筐橘子（见图3-2-1）。回到班级后，大家迫不及待品尝橘子的味道，品尝后，大家的脸上出现了奇怪的表情，原来，采摘下来的橘子是酸橘子（见图3-2-2）。于是，一场"让酸橘子变甜"的探究体验活动开始了……

▲ 图3-2-1　采摘农场里的橘子

▲ 图3-2-2　品尝酸橘子

活动推进

探究一：水果沙拉盘

（一）浸入角色、自主自选

幼儿特别喜欢自己采摘下来的橘子，但酸橘子却让大家不敢再次品尝，他们你一言我一语，开始讨论让酸橘子变好吃的办法。

> 问题：怎样让酸橘子变甜变好吃？
> 幼儿1：可以加糖，它就不酸了。
> 幼儿2：还可以加蜂蜜。
> 幼儿3：我妈妈在苹果里面加沙拉酱，很好吃。
> 问题：做沙拉需要准备什么呢？
> 幼儿1：要有沙拉酱。
> 幼儿2：要一个大碗。
> 幼儿3：还要用勺子给它拌一拌。

于是"橘子沙拉"的美食制作活动便在班级生活区开始了。

(二)劳动探究、切身体验

问题讨论

> 问题：制作橘子沙拉要先做什么，再做什么？
> 幼儿1：要先把橘子洗干净，再剥开。
> 幼儿2：需要用水果刀切一切。
> 幼儿3：还要放沙拉酱搅一搅。
> 问题：做橘子沙拉的时候要注意什么呢？
> 幼儿1：要小心，切橘子不能切到手。
> 幼儿2：要先把手洗干净。
> 幼儿3：要穿围裙，才不会弄脏自己。

支持与回应

① 提供材料和工具。初步讨论后，教师组织幼儿共同收集沙拉酱、水果盘、勺子、儿童菜板、儿童刀具、围裙、袖套、手套、口罩等材料和工具，为制作活动做好准备。

② 家园合作。教师将活动分享给家长，引导家长与幼儿讨论，再回到班级组织集体分享，帮助幼儿认识各种工具及其使用方法（见图3-2-3）。

③ 制作流程图。师幼梳理橘子沙拉制作步骤：穿戴围裙袖套——洗手、洗工具和橘子——把橘子剥皮掰瓣——把橘子切成小块——加入沙拉酱搅拌——收拾整理材料。教师指导幼儿通过涂涂画画的形式把水果沙拉制作步骤表征成流程图，并粘贴在生活区墙面供制作时参考（见图3-2-4）。

▲ 图3-2-3　收集材料和工具

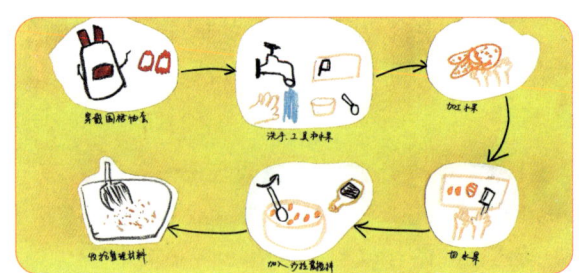

▲ 图3-2-4　绘制水果沙拉制作流程图

劳动体验

1. 制作橘子沙拉

幼儿按照步骤图制作橘子沙拉（见图3-2-5），在教师指导下，幼儿先穿围裙戴袖套，把小手、工具和橘子洗干净，接着将橘子剥皮掰瓣，再将橘子放在菜板上用儿童刀具切成小块，加入沙拉酱进行搅拌，最后收拾整理材料。沙拉完成后，幼儿激动不已地品尝（见图3-2-6），"好甜哦！""酸橘子变甜橘子啦！"大家迫不及待地把美食分享给同伴。初次动手制作橘子沙拉十分成功和有趣，使幼儿当"小厨师"的角色时更加有成就感。

▲ 图 3-2-5 制作橘子沙拉

▲ 图 3-2-6 共同品尝橘子沙拉

2. 制作混合沙拉

之后，幼儿从家里带来苹果、香蕉、草莓等水果，并讨论着要把水果混合搭配，制作口味更加丰富的水果沙拉盘。幼儿基于前期制作橘子沙拉的经验，按步骤开始尝试混合沙拉制作（见图 3-2-7、图 3-2-8），但在将水果剥皮、切成小块等加工环节时遇到了不少问题。

> 幼儿1：芒果的皮我剥不下来。
> 幼儿2：苹果太硬了，我切不下去。
> 幼儿3：水果块有的大、有的小。

于是，教师通过组织开展科学活动，引导幼儿了解各种不同水果的特点。同时，鼓励幼儿收集更多合适的加工工具，如削皮刀、模具、切割器等，让幼儿结合水果的特点自主选择工具加工。教师还请家长在家协助，从力度和技巧方面，教幼儿如何正确切不同类型的水果，给予幼儿足够的动手实践机会。

接着幼儿又开始收集芒果、蓝莓、西瓜等自己爱吃的水果，制作混合沙拉。他们先观察水果的大小、表皮等特点，识别需要选择什么工具，思考怎么加工。例如：蓝莓很小、不用切，芒果需要用削皮刀削皮，西瓜太大、需要大人协助切等。幼儿在成功突破了切水果难题后，制作了一盘盘丰富的混合水果沙拉，品尝时大家流露出欣喜的表情，更让他们越发地喜爱制作水果沙拉这一活动。成功使他们喜悦，日常生活中的水果美食品尝经验也引发了幼儿新的思考："水果还可以变成什么美食呢？"

▲ 图 3-2-7 幼儿费力切苹果

▲ 图 3-2-8 制作混合水果沙拉

（三）收获分享、感受快乐

教师协同家长，与幼儿观看制作"水果沙拉盘"的视频、照片、图画等，通过分享交流自己的劳动过程和结果，复盘劳动经验，加深劳动体验和感受。

> 问题：你喜欢制作水果沙拉吗？
> 幼儿1：做水果沙拉太好玩了。
> 幼儿2：我喜欢吃自己做的沙拉，很甜。
> 问题：在切水果过程中，你发现了什么？
> 幼儿1：我发现梨子很硬，要用力切下去。
> 幼儿2：葡萄很小，不用切。
> 幼儿3：西瓜又重又大，需要大人先帮忙切成小块，我再切。

（四）反思调整、优化策略

1. 劳动目标的达成情况

制作橘子沙拉，不仅解决了"酸橘子"问题，更激发了幼儿进一步探究水果沙拉盘的兴趣和欲望。通过多次的思考讨论—劳作实践—分享总结—再次实践，幼儿不断认识各种不同水果的特点，了解不同工具和材料的使用方法，懂得不同水果适宜的加工方式，锻炼手眼协调能力，练习洗、切、削等劳动技能，积累按照步骤一步步进行制作的经验，初步养成制作的卫生习惯，懂得材料收拾整理的劳动方法，品尝劳动成果，感受当"小厨师"的快乐。

2. 下一阶段推进思路与策略

水果沙拉盘的成功制作使幼儿获得成就感，他们的积极性和主动性逐渐高涨，乐于动手、动脑参与，不断实践劳作，不仅积累了水果沙拉盘的制作常识和方法，更体验到了劳动的乐趣。幼儿对于"小厨师"角色愈发感兴趣，在探索需求下，教师支持他们结合生活经验继续探索"水果还可以变成什么美食？"等问题，这也将提供更多机会和空间，让他们进一步探究制作水果甜点，锻炼动手操作能力。

探究二：水果小甜点

（一）劳动探究、切身体验

问题讨论

> 问题：水果还可以变成什么美食？
> 幼儿1：我爱吃水果饼干。
> 幼儿2：可以榨果汁。
> 幼儿3：水果木糠杯很好吃。

角色体验二：作坊小技师

经过讨论，幼儿说出了许多想尝试制作的水果美食，通过投票，水果木糠杯的票数居首，因此，大家便决定先制作木糠杯，并展开了相关的讨论（见图3-2-9）。

> 问题：制作水果木糠杯需要什么材料？
> 幼儿1：要有水果。
> 幼儿2：挤一点酸奶。
> 幼儿3：要用杯子装起来。

▲ 图3-2-9 投票选定制作水果木糠杯

通过共同观察甜点店买来的木糠杯、品尝木糠杯，幼儿了解到制作水果木糠杯需要水果、饼干碎、酸奶、木糠杯子等材料。在教师支持下，幼儿收集材料进行尝试。但在备料环节，即制作饼干碎的过程中，出现了新问题。

> 问题：怎么把饼干变成饼干碎？
> 幼儿1：用手捏一捏。
> 幼儿2：给它敲一敲。
> 幼儿3：可以像我奶奶一样，用棍子压一压。

支持与回应

① 收集材料。师幼共同收集食品封口袋、擀面杖等材料。

② 鼓励尝试。鼓励幼儿尝试多种碾碎饼干的办法，并动手操作，比一比谁的方法又快又好。

③ 梳理经验。组织幼儿分组制作饼干碎后交流，幼儿获得一致看法，他们认为将饼干装入食品封口袋，然后用擀面杖碾碎的方法能又快又干净地制作饼干碎（见图3-2-10）。

▲ 图3-2-10 想办法制作饼干碎

劳动体验

1. 初探水果木糠杯

收集了需要的材料，也解决了饼干碎的制作问题后，大家便开始了制作木糠杯活动。幼儿熟练地将各种水果洗净切成小块，然后摆好工具，将水果、酸奶和饼干碎组合装进木糠杯里。一杯杯水果木糠杯在他们手中诞生了，幼儿兴奋地向同伴分享自己的劳动成果，却发现大家制作出来的木糠杯不一样。有的木糠杯像甜品店买来的一样，是一层一层的；有的则一团黑一团白；还有的糊在一起。大家困惑不已："为什么我们不能像甜品店一样制作出好看又美味的木糠杯呢？"（见图3-2-11）

▲ 图3-2-11 甜品店的木糠杯（左）和自制的木糠杯（右）

问题：这两个木糠杯，哪里不一样呢？

幼儿1：右边那瓶酸奶和饼干碎混一起了，丑丑的。

幼儿2：一个木糠杯水果不能放太多。

幼儿3：要一层一层地放。

教师引导幼儿比较观察自己制作的木糠杯和甜品店里买来的木糠杯，共同发现制作中存在的问题，如没有分层加入食材、有的食材加入太多等。

2. 再探水果木糠杯

经过梳理反思失败的原因后，幼儿发现第一次制作木糠杯中存在的问题。因此教师适时请来开甜品店的家长助教，示范具体的制作步骤，帮助幼儿进一步了解木糠杯的正确制作方法，之后再次尝试制作（见图3-2-12、图3-2-13）。这一次的成品比之前更加成功，大家惊喜万分，有的幼儿还说："我吃过的推推乐也是一层一层的，下次可以做推推乐。"

▲ 图3-2-12 甜点阿姨来助教

▲ 图3-2-13 分层木糠杯制作成功

3. 水果推推乐

问题：什么是推推乐？

幼儿1：是一种小小的蛋糕。

幼儿2：推一下就出来了。

幼儿3：和木糠杯一样，也是一层一层的。

问题：推推乐里面你们想放什么呢？

幼儿1：推推乐要加点奶油。

幼儿2：我想加各种水果。

幼儿3：我想放彩虹糖。

基于之前制作木糠杯的经验，教师引导幼儿重点观察推推乐的特点，帮助幼儿梳理巩固制作推推乐的关键步骤，即要分层均匀加入适量食材。在明晰了推推乐的制作步骤后，幼儿开始动手尝试，他们先将奶油装入裱花袋，又将水果洗净切小块，接着使用模具将蛋糕胚印出一个又一个的小圆圈面包,然后拿来推推乐盒子开始一层一层加入食物组装(见图3-2-14)。这次的制作过程相对之前的更加顺利,但是由于幼儿第一次使用奶油材料,不懂得控制用量,容易将奶油洒掉,存在一些卫生问题,经过提醒,幼儿会有意识地进行调整。最后的水果推推乐成品非常成功,大家开心地品尝起来(见图3-2-15)。

▲ 图3-2-14 一层一层加入食材

▲ 图3-2-15 水果推推乐制作成功

(二)收获分享、感受快乐

> 问题:你们做的甜点美味吗?
> 幼儿1:我太喜欢了。
> 幼儿2:我也喜欢,我喜欢吃我自己做的。
> 问题:美味甜点是怎么做出来的呢?
> 幼儿1:加入自己喜欢吃的东西。
> 幼儿2:按步骤制作。
> 幼儿3:要先洗手再制作,讲卫生。

活动中,幼儿迁移生活经验,通过讨论,投票选定现阶段先制作水果木糠杯,在观察、品尝后发现初步的制作方法,并在动手实践中发现"木糠杯"失败的原因,尝试寻求解决问题的办法,在再次制作中能积极调整,之后又能将经验运用于制作推推乐。幼儿在每次劳动后品尝到自己的劳动成果,体验了劳动的快乐。

(三)反思调整、优化策略

1. 劳动目标的达成情况

在制作水果木糠杯中,幼儿通过尝试不同的制作饼干碎的方法,结合初步的比较观察,总结出最适合的方法,锻炼了压、捣、擀等劳动技能,也发展了动手动脑的探索精神。分层制作木糠杯和推推乐的过程中,幼儿学会了耐心和细致,理解了制作步骤的重要性。整个劳动过程充分体现了幼儿的主动性和积极性,幼儿在实践中不断尝试和改进,体现了良好的学习态度。教师的引导、鼓励及家长助教起到了重要作用,通过引导总结和具体示范,我们帮助幼儿巩固劳动技能,并在幼儿分享劳动成果和劳动经验中,进一步加深幼儿对劳动的理解和获得劳动成果的喜悦。

2. 下一阶段推进思路与策略

本阶段制作水果甜点的劳动实践，让幼儿在制作水果沙拉的经验基础上进一步提升了劳动认知和技能，也逐渐养成了爱劳动的好习惯。下一阶段我们将基于幼儿的劳动经验以及幼儿对水果甜点的兴趣和需要，进一步推进甜点制作的深入体验探究。

探究三：水果大蛋糕

（一）劳动探究、切身体验

一次吃自助餐的时候，幼儿园给每个班准备了一个蛋糕，孩子们围着蛋糕讨论起来："这个蛋糕很甜很好吃""这个蛋糕好大呀！""我和妈妈做过这种大蛋糕。"基于孩子们前期的经验，为了满足他们的好奇心和探知欲望，我们决定一起制作水果大蛋糕。

问题讨论

> 问题：水果蛋糕怎么做？
> 幼儿1：我吃过的水果蛋糕里有水果、奶油。
> 幼儿2：还有好几层的面包。
> 幼儿3：蛋糕很大，要大家一起做。
> 问题：做大蛋糕还需要什么工具呢？
> 幼儿1：要有一个会转的盘子。
> 幼儿2：要有抹奶油的工具。
> 幼儿3：还要有可以挤出奶油小花的袋子。

支持与回应

① 查阅资料。教师与幼儿通过上网查阅制作大蛋糕的视频，了解需要的材料和制作方法。
② 参观了解。参观幼儿园附近社区的蛋糕店，了解蛋糕的制作步骤。
③ 家长助教。邀请会制作蛋糕的家长入班助教，协助准备食材。

劳动体验

1. 制作水果蛋糕

在讨论制作水果大蛋糕所需的工具和材料后，小小甜点师们迫不及待地动手尝试（见图3-2-16）。他们三四人一组尝试合作制作大蛋糕，小心翼翼地拿起装着奶油的裱花袋，尝试着挤奶油，挤出来的奶油形状各异，有的像小花，有的像小虫，引得大家哈哈大笑。接着，他们铺上一层切割好的圆形蛋糕胚，继续挤一层奶油，并尝试抹平，又认真地把切好的水果块摆在奶油上，还不时地调整位置，想要摆出漂亮的造型。过程中孩子们也遇到了一些小困难，比如奶油涂抹不均匀、水果摆放不够美观、奶油没有抹平导致蛋糕倒塌等，但他们没有气馁，而是不断尝试调整。最后，大家制作出了一个又一个圆圆的蛋糕，尽管有的歪，有的不够美观，但大家还是为自己的劳动成果感到开心，并分享品尝。大家边品尝边悄悄地聊着自己的制作想

角色体验二：作坊小技师

法，"下次要小心一点，不让蛋糕倒塌""下次我要做三角形的蛋糕""我要用奥特曼装饰"等。

▲ 图3-2-16 合作制作蛋糕

▲ 图3-2-17 倒塌的水果蛋糕

问题：为什么蛋糕会倒塌？
幼儿1：因为太软了。
幼儿2：奶油没有抹平。

幼儿盯着倒塌的水果蛋糕发呆，一时之间不知道该如何解决这一问题。教师注意到幼儿遇到的问题，尝试与幼儿共同梳理"蛋糕倒塌"的失败经验，例如：重新调整奶油分布位置、调整水果布局等，最后总结出制作时要一层层加入奶油、蛋糕胚、水果，还要转一转蛋糕盘将奶油涂抹均匀等要点。

2. 挑战造型蛋糕

关于蛋糕的话题，孩子们开始有更多的想法，教师鼓励幼儿组成小组，把自己的蛋糕设想通过涂涂画画的方式表征出来，并通过微信群将设计图（见图3-2-18）分享给家长，邀请家长助教。

▲ 图3-2-18 小组蛋糕设计图

问题：你还想制作什么样的蛋糕？
幼儿1：我想制作三角形的蛋糕。
幼儿2：要把喜欢吃的葡萄和蓝莓摆在上面，会更好看。
幼儿3：要把我喜欢的爱莎公主小人放在蛋糕上做装饰。

在家长的帮助指导下，大家带上自己的蛋糕设计图，和小组成员围坐在一起，开始了创意制作（见图3-2-19）。他们有的切水果，有的抹奶油，进行了初步的分工合作。经过一番努力，一个个充满创意的蛋糕呈现在大家面前。有的用模具切出三角形、正方形、花朵形等不同形状的蛋糕胚，制作出了造型不同的蛋糕；有的在蛋糕上用好看的水果块进行装饰；有的在蛋糕上放上自己喜欢的奥特曼、小公主、小气球等小道具装饰；还有的做出了两层的蛋糕，家长和孩子们都惊喜万分（见图3-2-20）。

▲ 图 3-2-19　创意制作　　　　　　▲ 图 3-2-20　各种造型的水果蛋糕

（二）收获分享、感受快乐

幼儿在合作制作的过程中，小手不停地忙这忙那，嘴里也说说笑笑，传出来一些声音：

> 幼儿1：我的小手越来越厉害了。
> 幼儿2：我们要一起做。
> 幼儿3：我们做的蛋糕真好吃。

制作大蛋糕对于小班幼儿来说是一个大挑战。尽管有难度，但在家长的帮助下，孩子们大胆进行劳作体验，在制作中不断积极思考，尝试解决"蛋糕倒塌、奶油涂抹不匀"等问题，也能发挥想象力，尝试制作自己设计的蛋糕造型，同时，初步体验与同伴合作的乐趣。

（三）反思调整、优化策略

1. 劳动目标的达成情况

在大蛋糕制作过程中，幼儿能在家长指导下，与同伴初步合作设计不同的蛋糕形状和装饰方式，并通过动手尝试、不断调整，创造出独具特色的水果蛋糕，提升了幼儿涂、抹、叠、印、切、放等劳动技能，增强了同伴合作意识。在解决蛋糕倒塌、奶油涂抹不匀等问题中，幼儿积极动手，也懂得向家长、同伴及老师寻求帮助，发展了解决问题的能力，锻炼了耐心。活动后幼儿能积极参与整理，不浪费食材，萌发了爱惜粮食的情感。

2. 下一阶段推进思路与策略

小小甜点师们经过几个阶段的劳作体验，积累了较为丰富的甜点制作经验。下一阶段，我们将根据"生日派对美食"的需要，继续支持幼儿积累劳动知识、练习技能，拓展更多丰富的甜点制作活动。

活动成果　"水果甜点"生日派对

集体生日派对即将到来，幼儿最津津乐道的是关于美食的部分，幼儿讨论"生日派对上要准备什么美食？"这一话题，有的想要做水果沙拉到生日会上分享，有的希望能品尝到不同味道的水果甜点，有的提议在户外举办生日会邀请别班的好朋友来参加，有的想要结合班级"水果"主题进行布置等。于是，幼儿便分组行动制作美食，分成了水果沙拉组、水果甜点组、水果蛋糕组。之后,孩子们开始布置场地,把餐布铺到桌面上。场地布置完成后,大家小心翼翼地摆上各种美食,伴随着音乐、欢笑与分享,大家尽情地享受着集体生日大派对(见图3-2-21、图3-2-22)。

在生日派对的准备与开展中,师幼共同讨论了需要准备的美食和场地,教师引导幼儿分组制作美食、共同布置场地,不仅巩固了幼儿动手操作的劳作技能,也进一步发展了初步的合作交往能力,更让幼儿感受到了劳动的收获与意义。

▲ 图3-2-21 分组制作水果甜点

▲ 图3-2-22 "水果甜点"主题生日派对

活动反思

① 幼儿层面。幼儿通过制作"橘子沙拉"解决了"酸橘子"问题,由此进一步制作各式各样的水果沙拉,认识了不同水果的特点,懂得了简单工具的使用方法,锻炼了洗、剥、切、拌水果的技能。结合生活经验继续探索"水果还可以变成什么美食?"并拓展出了制作水果木糠杯、水果推推乐活动,锻炼了敲、擀、舀、抹、叠等技能,发展了观察材料和步骤、手眼协调完成制作的能力。自制大蛋糕的挑战中,幼儿了解蛋糕结构,感受造型美。生日派对中,分组制作多种水果西点,共同布置派对场地,集体品尝美食,分享劳动成果。在整个活动过程中,幼儿不仅通过直接感知、亲身体验和劳作实践构建劳动经验,促进劳动能力发展,更萌发了爱美食、做美食、惜美食的情感。

② 家长层面。家长在活动中作为幼儿劳动与学习活动的陪伴者、引导者和参与者,通过与教师的互动及分享幼儿学习过程,了解幼儿在每个阶段的发展与成长,支持幼儿收集做水果沙拉、甜点、蛋糕等所需要的材料,在幼儿需要时提供适当的帮助,引导幼儿丰富相关经验和技能,例如:认识不同水果的特点、了解不同工具的作用及使用方法、学习制作木糠杯的步骤等。家长鼓励幼儿持续进行劳作探索,并为他们的劳动能力和精神感到骄傲,增强幼儿的自信心和积极性。

③ 教师层面。教师是幼儿开展系列劳作活动的支持者、合作者、引导者。以幼儿遇到的"怎么让酸橘子变甜?"问题为导向,关注幼儿的兴趣与发展需要,支持幼儿贯穿浸润"小小甜点师"角色,围绕甜点制作的关键经验进行持续深入的劳动与探索。在活动中,教师引导幼儿掌握基本的劳动技能,帮助幼儿认识相关的知识经验并了解获取知识经验的途径,注重幼儿劳动习惯和态度培养,支持幼儿多方面收集材料,鼓励幼儿尝试思考解决遇到的问题,适时以多种方式灵活参与活动,推进深入开展。教师在活动中,不仅促进了幼儿劳动综合能力的发展,也实现了自身专业发展。

乐体验　爱劳动——幼儿园角色体验式劳动教育案例

中班 快乐陶艺工

思维导图

- 快乐陶艺工
  - 活动缘起：陶艺工的探索之旅——由陶瓷存钱罐引发的一系列陶艺体验
  - 活动推进
    - 探究一：陶泥的初体验 —— 寻找学园里的泥、探究泥土秘密
    - 探究二：陶艺工进行时 —— 为喜欢的陶艺投票、制作陶艺杯子
    - 探究三：小猪的陶瓷碗 —— 设计制作小猪碗、进行电窑烧制
  - 活动成果：陶瓷义卖会——讨论、设计、布置、爱心募捐
  - 活动反思 —— 幼儿层面、家长层面、教师层面

活动缘起

过生日是每个孩子生活中最盼望也是最快乐的事情。班级幼儿分享他们的生日趣事，不仅有美味大餐还收到了各种各样的生日礼物，其中有一个孩子分享的小猪陶瓷罐是他们最喜欢的。幼儿看到这个精美的小猪陶瓷储蓄罐，好奇它是怎样制作成的，也想试一试（见图3-3-1）。正好学园有个陶泥馆，教师组织幼儿一起欣赏陶艺展示架上的精美陶瓷艺术品和大班幼儿自制的陶艺作品，孩子们对各种各样的陶瓷作品充满兴趣，有着强烈的创造欲望，为此，跟随孩子们的兴趣，我们开启了陶艺工的探索之旅。

▲ 图3-3-1　幼儿分享陶瓷存钱罐

活动推进

探究一：陶泥初体验

（一）浸入职场、自主自选

> 问题：我们可以做一个陶艺品吗？
> 幼儿1：我们可以用美工区的彩泥做一个陶艺品。
> 幼儿2：不行，不是那样的泥。
> 幼儿3：是泥土做成的。

角色体验二：作坊小技师

问题：泥土从哪里来？
幼儿1：从地里挖的。
幼儿2：陶泥店买的。
幼儿3：幼儿园里面就有很多泥土。
问题：哪里的泥土适合来做呢？
幼儿1：田里的泥土可以做。
幼儿2：菜地里的土，黑黑的可以做。
幼儿3：我老家门口有红红的土，可以做。

（二）劳动探究、切身体验

问题讨论

问题：农场里的泥土能用来制作陶艺品吗？
幼儿1：我觉得可以，农场里的土加点水就变成软软的，和我们做的陶泥一样。
幼儿2：我觉得可以，我在老家的时候和哥哥用田里的泥做成过一个小碗。
幼儿3：我觉得不行，上次我们去农场割水稻的时候，踩下去脚都被泥粘住了，那些泥土会粘手上，做不出陶泥作品。
幼儿4：我觉得不可以，农场里的那些泥土太脏了，也可能有虫子和细菌。

支持与回应

① 丰富知识经验，师幼通过共读绘本《小泥人》，感知泥土和水的关系。
② 提供铲子、锄头、反穿衣等。
③ 收集泥土。带领幼儿带上工具，到农场寻找他们觉得合适的泥土，大家分别选择了田地、菜地、花圃等地方，通过铲、挖的方式收集一定数量的泥土（见图3-3-2）。

▲ 图3-3-2　幼儿在不同地方收集泥土

劳动体验

1. 探究农场里的泥

孩子们收集的泥土，湿度、硬度都不一样，怎么让这些泥土变得软硬适中呢？这成了孩子们接下来要思考和解决的问题。教师适时跟踪与指导，鼓励孩子们迁移生活中的经验，寻找解决的办法，并进行大胆尝试。

问题：你们遇到了什么问题？怎么解决？

（1）稻田组：我们挖的是稻田里的泥，它们都是一直泡在水里，太软了，不能捏陶艺作品（见图3-3-3）。

▲ 图3-3-3 调和稻田里的泥土

幼儿1：让它们在太阳下晒一晒，就会变得硬一点，再来做陶艺作品。

幼儿2：不行的，那要等好久，到那时其他组都做完了。

幼儿3：我在老家的时候，哥哥和我是用干的土加进去，让它变得干一点，我们再做小碗。

（2）菜地组：我们找到的土软软的，但是捏起来碰一下就散了（见图3-3-4）。

幼儿1：我们可以加一点点水，这样就会粘住。

幼儿2：对啊，我们玩沙的时候就是加水，它们就固定住了。

▲ 图3-3-4 调和菜地里的泥土

（3）花圃组：我们的土干干的、硬硬的，捏一下就碎了，做不了（见图3-3-5）。

▲ 图3-3-5 调和花圃里的泥土

角色体验二：作坊小技师

> 幼儿1：我们可以加一些水，让它变软。
> 幼儿2：像石头一样硬硬的泥要敲一敲，敲碎了再加水。

2. 泥土变变变

孩子们通过迁移自己玩沙、玩泥的经验，根据泥土的干湿程度适当加泥或加水，使之变成软硬较合适的泥土。接着他们开始尝试用这些泥土制作陶艺作品（见图3-3-6）。经过多次尝试，他们可以做出较为粗糙的作品，但是还是存在泥土太湿、作品容易开裂等问题。

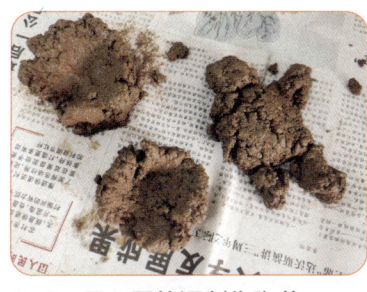

▲ 图3-3-6　用不同的泥制作陶艺

（三）收获分享、感受快乐

通过图片回顾的形式，幼儿分享劳动体验和劳动收获，评价劳动过程。

> 问题：农场里找到的泥土，适合用来做陶艺作品吗？
> 幼儿1：农场稻田里的泥太软了，要加很多很多的土进去，而且容易粘在手上。
> 幼儿2：菜地里的泥里面有好多的沙子和小石头，做出来的作品会裂开。
> 幼儿3：不适合，花圃里的这片泥土是红色的，很粗，干了就碎了。

孩子们纷纷发表自己的发现，最后他们一致认为农场里的泥土不适合用来做陶艺作品。

在孩子们亲身体验的基础上，教师出示农场里的土和专业陶土，引导幼儿看一看、摸一摸、比一比，分析梳理普通泥土不适合做陶艺的原因。原来农场里的泥土不适合制作精美的陶艺作品，因为普通泥土掺杂很多杂质、而且软硬度不一致；而专业的陶土质地比较细腻，软硬适中，制作陶艺作品要用专业的陶土，才可以做成一个光滑又漂亮的陶泥作品（见图3-3-7）。

▲ 图3-3-7　幼儿观察陶泥与普通泥土的区别

（四）反思调整、优化策略

1. 劳动目标的达成情况

在初次体验中，孩子们运用多种感官感知泥土的差异，积极思考，主动探究改变泥土湿度的方法，好奇好问，促进了自主学习能力。孩子们也从"泥很脏"不敢动手到乐在其中，提升了乐于参与动手操作的劳动兴趣。同时通过此阶段的探究，结合观察发现，幼儿通过查找、分享资料，从而科普陶泥知识，了解到普通泥土与专业陶土的差异，从中积累了观察与比较的劳动经验。

2. 下一阶段推进思路与策略

通过此阶段的初步探究，孩子们对陶泥活动充满兴趣，下一阶段教师将在幼儿兴趣的基础上，结合班级幼儿之前已有的捏、团、搓、压等陶泥技能，借助擀泥杖、刮刀、刻刀等陶泥专用工具，引导幼儿进行有主题、有计划的陶艺创作，从而成为一名合格的小小陶艺工。

探究二：陶艺工进行时

（一）劳动探究、切身体验

在了解陶泥和工具的基础上，孩子们即将开展陶艺制作。

问题讨论

> 问题：作为小小陶艺工，你最想做什么呢？
> 幼儿1：我想做只兔子，可以当摆件。
> 幼儿2：我想做个杯子，可以用来喝水。
> 幼儿3：我更想做一个碗，用来装菜喂小动物。

孩子们七嘴八舌地说着，于是我们决定以投票方式确定陶艺活动的内容。经过投票，孩子们最想做的陶艺是杯子，因为孩子们觉得杯子最简单也最实用（见图3-3-8）。

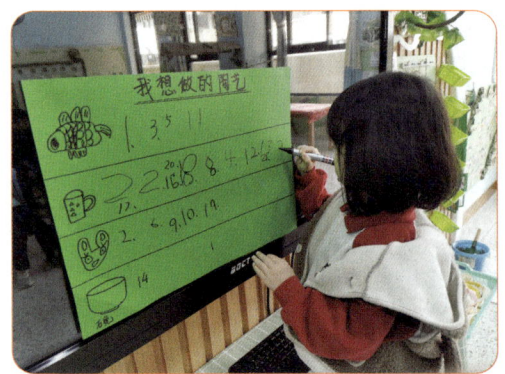
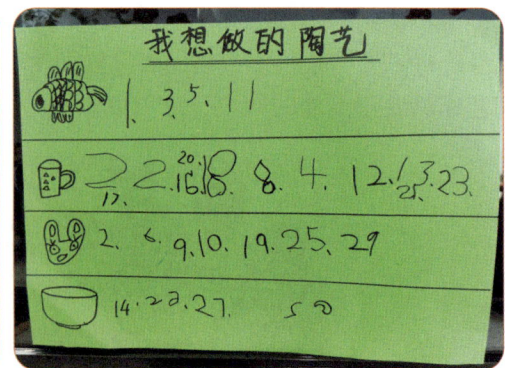

▲ 图3-3-8 幼儿投票

支持与回应

① 亲子陶艺体验。鼓励亲子利用周末时间到陶泥店体验制作陶艺，初步感知陶艺制作的基本方法和流程。

② 观赏观看。师幼通过图片、视频欣赏各种各样的杯子。组织幼儿到陶泥体验馆观看大班哥哥姐姐制作陶艺的过程。

③ 收集资料。教师收集整理陶艺制作的相关资料展示在班级，引导幼儿了解陶艺制作、上釉、烧制等相关制作技能。

劳动体验

1. 第一次制作杯子

> 问题：杯子要怎么做？
> 幼儿1：要用陶泥馆里的陶泥来做。
> 幼儿2：要先做杯子的杯身，再做一个把手，下面还要有杯底，水才不会漏出来。
> 幼儿3：我看到哥哥姐姐有做一层一层的杯子，我们也可以做那种杯子。

教师和幼儿一起认识了杯子的基本结构，包括杯身、杯底、杯把，以及泥条盘筑制作的方法，丰富相关经验后幼儿开始体验实践。孩子们穿上反穿衣，选择合适的工具，开始尝试制作杯子，但在制作的过程中很多幼儿出现了问题（见图3-3-9）。

> 幼儿1：我的杯子怎么一边高一边低？
> 幼儿2：我的泥条一直会搓断。
> 幼儿3：做出来的杯子太小了。

▲ 图3-3-9 没有成功的杯子

针对孩子们出现的问题，教师引导他们观察出现问题的杯子，讨论分析出现问题的原因，梳理正确制作的方法。

> 幼儿1：泥条不能搓成一边大一边小。

> 幼儿2：要先做杯子底，再盘泥条。
> 幼儿3：搓泥条的时候不能太用力。
> 幼儿4：盘的时候要注意调整杯子的大小。

通过梳理，孩子们了解到，制作杯子时，搓泥条的技能很关键，要用手掌心轻轻把泥团均匀地搓长，再绕着杯底进行泥条盘筑。为了让孩子们的技能、经验进一步巩固和延伸，班级美工区也同步投放了陶泥材料和工具，孩子们可以根据兴趣每天进行陶泥活动。

2. 修补杯柄

在第一次制作以及区域活动中积累的经验基础上，幼儿逐渐掌握了泥条盘筑的方法，能较为顺利地完成杯底、杯体的制作，最后再制作杯把。幼儿把制作好的杯子放在作品架上进行风干。风干后的杯子，有的杯把掉了下来。

> 幼儿1：是不是没有粘牢固？
> 幼儿2：可以用双面胶给它粘一下。
> 幼儿3：是不是可以抹点胶水呢？

幼儿有的用双面胶、有的用胶水、有的用陶泥尝试将杯把的两头与杯身进行粘合，但是没有过多久，杯把又掉下来了（见图3-3-10）。

针对这个问题，教师借助视频，让孩子们观看陶艺人制作陶泥的过程。在看视频的过程中，他们发现陶艺人用泥浆将陶艺品的部分与整体牢固地连接上。孩子们大受启发，他们提出可以用泥浆来修补杯把，在多次尝试下，幼儿成功将杯把修补完成（见图3-3-11）。

▲ 图3-3-10 杯把掉落

▲ 图3-3-11 修补杯把

▲ 图3-3-12 学习拉坯塑型

3. 拉坯

随着幼儿陶泥经验的丰富，班级几位幼儿提出"我们也想试试拉坯"的请求。但是拉坯机的使用对于中班幼儿来说还是相对比较难。再者，虽然学园老师有进行过专业陶泥培训，但是对于拉坯这一技能也较为生疏。为了不打击幼儿积极性，教师支持幼儿的这一想法，鼓励幼儿大胆尝试，同时加强自身拉坯技能的提升，以正确的方法带领幼儿到陶泥馆尝试使用拉坯机进行拉坯塑型（见图3-3-12）。

在多次尝试后，孩子们仍然没有成功，他们产生了一些疑问：

> 幼儿1：为什么陶泥不听话，总是甩出去？
> 幼儿2：怎么给杯子挖个洞？
> 幼儿3：转盘转得太快啦，要怎么控制它？

教师利用早谈时间，组织幼儿观看拉坯的视频，了解拉坯的方法。在区域时间教师采用一对一指导，让幼儿了解陶泥要放置在转盘的中间，用手握住搭圆，固定在转盘上，手心要保持一定湿度，从而明确步骤、拉坯的重点和技术难点。通过不断尝试、操作，幼儿逐步学会拉坯成型的基本方法，虽然作品还比较粗糙，但幼儿体验到了成功的喜悦。

4. 制作各种各样的杯子

随着擀泥杖、刮刀、刻刀等陶泥工具的运用，幼儿陶艺技能也不断提升，学会了手捏或者盘泥条、叠泥块，个别幼儿还学会手拉坯等制作杯子的方法，但是这阶段幼儿做杯子的造型比较简单。为了让幼儿欣赏造型不同的杯子，扩展相关经验，教师请幼儿带来他们喜欢的杯子造型，同时也借助网上资源收集各种不同造型杯子的图片。在欣赏中，孩子们纷纷表达了自己的想法，并画出设计稿（见图3-3-13）。

> 幼儿1：我想做一个爱心形的杯子。
> 幼儿2：我想做一个蝴蝶杯子。
> 幼儿3：我想做个兔子的杯子。

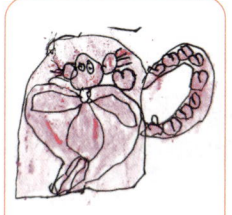

▲ 图3-3-13　幼儿设计的各种杯子

幼儿运用自己掌握的陶泥技法制作杯体，然后加上自己设计的元素，一个带着装饰的个性杯子就做好了（见图3-3-14）。

▲ 图3-3-14　幼儿制作各种杯子

（二）收获分享、感受快乐

> 问题：你们喜欢制作陶艺吗？
> 幼儿1：我以前有点不喜欢，我怕手会弄脏，现在我很喜欢。
> 幼儿2：我很喜欢，我还学会了拉坯，我觉得自己太厉害了。
> 幼儿3：我很喜欢，我还想做其他样子的杯子。
> 问题：在制作陶艺的时候，你发现了什么？
> 幼儿1：刚开始很难，我都做不好，但是好朋友会一直教我，我现在盘得很好。
> 幼儿2：那个拉坯太难了，我还是没学会。
> 幼儿3：我现在知道怎样把杯把手粘上去，让它不会掉下来了。
> 幼儿4：你的爱心杯太好看了，我下次也想做一个爱心杯送给妈妈。

通过制作杯子，孩子们由简单的团圆、搓长、压平等陶泥技能逐渐提升到捏塑成型、泥条盘塑、拉坯等技法，手部精细动作得到了很好的锻炼，最后设计的作品丰富多样，进一步感受到陶瓷的工艺美，也深深体验到劳动的快乐。

（三）反思调整、优化策略

1. 劳动目标的达成情况

孩子们通过亲身体验，大胆实践，学会互相帮助，总结和迁移别人的经验，进一步丰富了陶泥的知识经验，也进一步巩固了陶艺技能。他们在面对各种困难和挑战时，不气馁，持之以恒，积极参与，整个探究过程中幼儿不仅陶艺技能得到提升，更促进了学习品质及劳动品质的发展，同时也在陶艺制作中感受到劳动带来的快乐和满满的成就感。

教师能够关注个别幼儿需要，通过提高自身技能水平，提供足够的时间、空间、物质支持等，在幼儿最近发展区范围内，充分满足幼儿"拉坯制杯"的个性化需求，使其得到成功的体验，展现了师幼的共同成长。

2. 下一阶段推进思路与策略

经过一系列杯子陶艺活动，孩子们能较好地掌握陶艺的一些技法，但是对陶艺制作工序的了解还不够深入，缺乏烧制的经验，接下来教师将带领幼儿观察更多的陶艺品，进一步丰富幼儿陶艺制作的经验，让幼儿的陶泥真正变成陶瓷作品。

探究三：小猪的陶瓷"碗"

（一）劳动探究、切身体验

学园有四只猪宝宝诞生了，班级幼儿前往农场看望猪宝宝，他们想要送给猪宝宝一份礼物，于是回到班级展开讨论。

角色体验二：作坊小技师

问题讨论

> 问题：可以送给猪宝宝什么样的礼物呢？
> 幼儿1：可以送给它们衣服，我妹妹出生后，好多阿姨就是送小衣服。
> 幼儿2：不行，我看过一本书《动物绝对不能穿衣服》，动物穿衣服会不舒服。
> 幼儿3：我们可以给小猪送好吃的东西。
> 幼儿4：我们可以给小猪做个小碗。

支持与回应

① 实地考察。教师带领孩子们到农场观察小猪的家，重点查看猪槽的形状和大小。
② 丰富经验。通过视频、图片观看各种各样的碗，了解碗的外形和碗的作用。
③ 交流讨论。引导幼儿迁移制作杯子的经验，讨论碗的制作方法。鼓励幼儿合作讨论、设计小猪的"陶泥碗"（见图 3-3-15）。

▲ 图 3-3-15 幼儿设计的小猪"陶泥碗"

劳动体验

本阶段，幼儿已经掌握了一定的陶艺技能，师幼通过讨论，决定做一个专属小碗送给小猪们，孩子们开始根据设计稿制作小猪的"陶泥碗"。

1. 制作小猪"陶泥碗"

孩子们自发两两合作，制作陶泥碗，他们分工明确，有的制作碗底，有的制作泥条，互相配合盘泥，很快就做好了小猪陶泥碗（见图 3-3-16）。

▲ 图 3-3-16 小猪的碗破了

陶泥碗刚刚风干，孩子们就迫不及待地把它送到小猪家。结果发现碗太小了，四只小猪用一个碗的话，太挤了，吃不到。更糟糕的是，陶泥的碗被小猪啃坏了。孩子们将发现的问题认真记录下来（见图 3-3-17）。

▲ 图 3-3-17 记录小猪陶泥碗太小、被啃坏的问题

2. 重新设计小猪"陶瓷碗"

通过讨论，他们决定重新制作一个陶泥碗。

> 问题：这次制作小猪碗要注意什么呢？
> 幼儿1：小猪的碗要大一点。
> 幼儿2：小猪的碗要长长的、宽宽的，这样他们才能吃得到。
> 幼儿3：我们可以做两个大大的碗，这样就不会挤了。
> 幼儿4：还要去烧制一下，让碗变得更硬、更牢固，才不会被小猪咬坏。

于是他们重新开展制作。

根据所发现的问题，孩子们决定重新设计小猪陶瓷碗，他们再次进行小组讨论，设计适合小猪使用的陶瓷碗（见图 3-3-18）。

▲ 图 3-3-18 重新设计的小猪"陶瓷碗"

接着孩子们开始合作制作小猪碗。很快，新的小猪碗就做好了，他们将制作好的小猪陶瓷碗自然风干后，上釉（见图 3-3-19）。

▲ 图 3-3-19 重新制作小猪"陶瓷碗"

3. 烧制小猪"陶瓷碗"

因为陶瓷碗上次没有烧制，导致小碗被小猪啃坏了，这次，在教师带领下，幼儿参观了幼儿园陶泥馆的电窑，初步了解电窑的内部结构以及正确的使用方法，知道了电窑烧制流程和烧制时长。最后他们请老师帮忙将小猪陶瓷碗放进电窑进行烧制（见图3-3-20）。

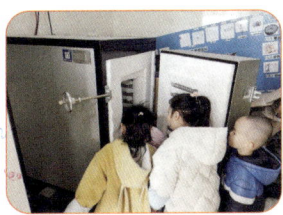

▲ 图3-3-20　幼儿在教师带领下一起烧制小猪"陶泥碗"

孩子们将做好的陶瓷碗再次送到农场给小猪们使用，检验他们的劳动成果，这次的陶瓷碗刚刚好，小猪们吃得可真开心！（见图3-3-21）

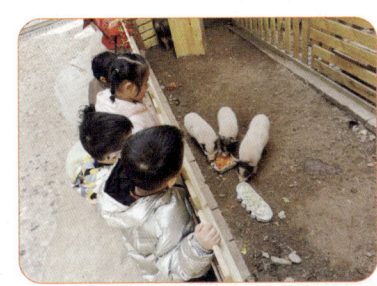

▲ 图3-3-21　幼儿再次把陶瓷碗送给小猪

（二）收获分享、感受快乐

师幼结合"小猪在用陶瓷碗吃美味的食物"视频，共同分享劳动体验和劳动收获。

> 问题：制作小猪碗，你们有什么收获呢？
> 幼儿1：我们小组一起做了一个很大的小猪碗，小猪们都能吃到饭，它们现在是最好的朋友。
> 幼儿2：小猪最喜欢我的碗了，我和小猪成好朋友了。
> 幼儿3：我们第一次做的碗被小猪咬坏了，第二次做的碗去烧制一下就很硬了。

幼儿通过总结第一次制作小猪碗的经验，了解陶艺劳动中"烧制"这一环节的重要性，重新调整了碗的大小，最后成功制成了小猪陶瓷碗。

（三）反思调整、优化策略

1. 劳动目标的达成情况

此阶段，孩子们萌发了给小猪送陶瓷碗的想法，说明他们有了一定的劳动思维，内心中建构了劳动服务于生活的意识，他们能够制订初步的劳动流程和计划，说明对陶艺劳动的经验已经在加深，孩子们也由个别捏塑转向小组合作完成。通过第一次遇到制作的小猪碗太小、容易坏的问题，他们能主动反思与调整，切身了解了陶艺中"烧制"这一环节的重要性。孩子们有着积极的劳动情感，能够动脑思考，解决劳动中遇到的困难，并且乐于挑战，克服困难，良好的劳动品质在幼儿心中萌芽。

活动中教师能及时对幼儿的设想做价值辨析，在幼儿提出给小猪做碗时，鼓励支持幼儿大胆创造，在第一次制作陶泥碗失败时，教师及时捕捉到价值点，让幼儿在失败中寻找原因、总结经验，鼓励幼儿再次制作，从而让幼儿成功地制作出坚固的小猪陶瓷碗。此次的经验更触发了幼儿不怕困难，积极应对失败，总结经验，深层次探索等良好的学习与劳动品质。整个活动不仅促进了幼儿劳动能力的发展，也促进教师观察与指导能力的提升。

2. 下一阶段推进思路与策略

通过近一学期的陶泥活动，孩子们在不断思考中推进，他们通过设计—制作—调整—完善，懂得了一定的劳动流程，技术也得到了很大的提升。同时随着陶艺活动的开展，孩子们的劳动成果不断产出，积累了一定的陶艺作品，在新年庙会到来时，教师引导幼儿开展劳动成果义卖活动，感受劳动服务于生活，体验劳动创造价值的成就感和幸福感。

活动成果　　陶瓷义卖会

利用新年庙会的契机，教师和孩子们讨论庙会摊位内容时，引导孩子们结合陶艺作品开设陶艺品摊位，这一建议极大地激起了孩子们的兴趣，他们听到自己的陶艺品可以卖钱，纷纷表示赞同。于是师幼共同整理、筛选出一批陶艺作品进行爱心义卖。"这些陶瓷要怎么卖？要卖多少钱呢？"成为孩子们讨论的话题。通过亲子到商场了解新年工艺品的摆放、定价、推销等内容，幼儿丰富买卖的经验，最后通过讨论提出了许多定价标准，他们决定根据作品大小、颜色种类、工艺的难度等进行统一定价，如：大的卖5元，小的卖3元，颜色多的卖5元，颜色少的卖3元，工艺难的卖10元，工艺简单的卖5元。义卖过程中，孩子们分工合作，有的对外推销，有的介绍产品，大部分作品都卖完了，义卖收入387.5元，孩子们决定把这些钱全部捐给需要帮助的困难群众。本次义卖活动中，幼儿能愉悦、自主地投入到自己的角色中，积极运用游戏语言进行对话，向别人介绍自己的作品，同时还能主动与同伴进行分工合作。不仅提高了幼儿的社交能力，切实培养了他们解决问题的能力，同时也丰富孩子们的社会实践能力，培养他们爱劳动、献爱心的良好品质，使他们深层次理解劳动的意义和价值（见图3-3-22）。

▲ 图3-3-22　热火朝天的义卖现场

活动反思

① 幼儿层面。通过"小小陶艺工"这个活动，幼儿从探秘"泥土"、了解"陶泥"、体验陶艺、制作小猪陶瓷碗到陶瓷义卖会等，在亲身体验中积极思考、大胆尝试，不断反思、

调整和改进，从而获得最直接、最真实的经验，丰富了制作陶艺的工序和工艺经验，从简单玩泥走向有主题的创意制作。活动中每个幼儿都能在自身发展水平的基础上，展开想象，创造性地做出杯子、小猪碗等生动有趣的陶瓷作品，从而发展动手操作能力、合作能力以及审美和创新能力，他们在充分体会劳动快乐的同时，将陶艺技能内化为自身能力的一部分，从中感受劳动的意义，提高了热爱劳动的意识，强化了劳动的幸福感和责任感，逐步养成热爱劳动的良好品质。

②家长层面。随着活动的开展，家长从旁观、被动到主动参与，他们了解了劳动内容的广度和深度，拓展了对劳动的认知，理解了劳动的意义，增进了亲子之间的情感，并在生活中进一步延伸。整个活动中，家长成了必不可少的支持者和参与者。

③教师层面。教师因势利导、因人而异，从孩子的兴趣出发，充分考虑中班幼儿的年龄特点和技能水平，以问题为导向，围绕关键经验，将劳动教育贯穿始终，循序渐进地推进幼儿劳动能力的锻炼和提升。

虞永平教授指出：劳动活动作为幼儿园课程的重要组成部分，应精心规划，努力设计，切实实施。"快乐陶艺工"活动的开展注重实践性、参与性、体验性，以陶艺劳动为载体，重点是有目的、有计划地组织幼儿参加体验，让幼儿动手实践、动脑思考、接受挑战、面对失败、磨炼意志，培养正确的劳动价值观和良好的劳动品质。同时本活动的开展始终将劳动教育与多领域结合，并联系生活，服务于生活。幼儿在寻泥、探泥中多感官感知泥土，了解泥土的特性，获得自然科学知识；在合作过程中促进了社会性发展；在欣赏、设计、制作陶艺中接受美的熏陶；在经验分享中提升语言表达能力；在制作小猪陶瓷碗过程中激发了爱护动物的情感。纵观整个活动，幼儿在泥土里学会思考，在指尖上创造美好，在体验中热爱劳动。

大班 小木工建造记

思维导图

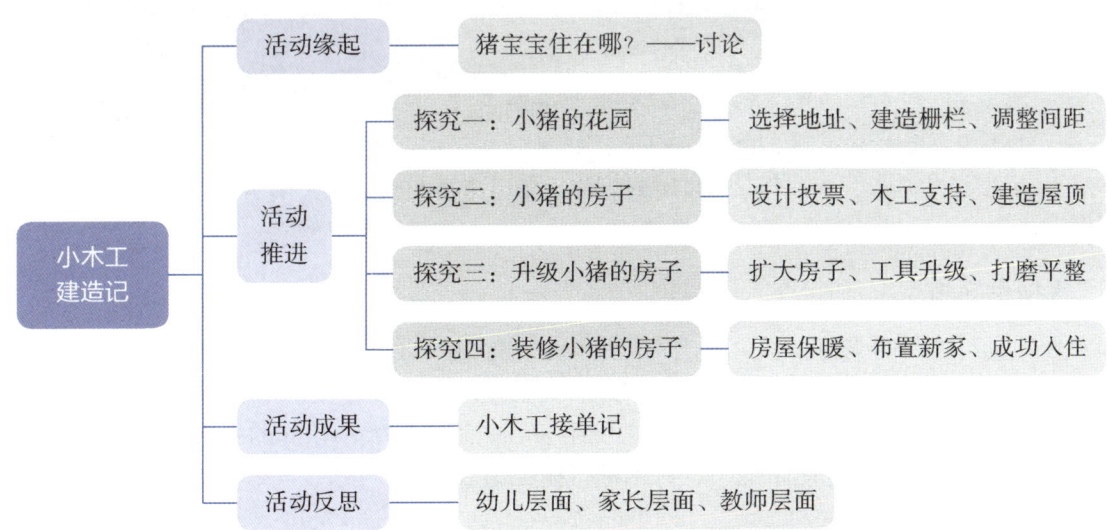

乐体验 爱劳动——幼儿园角色体验式劳动教育案例

小木工猪窝建造记

活动缘起

猪妈妈生了四只猪宝宝的消息轰动了整个幼儿园，孩子们纷纷讨论：刚出生的猪宝宝吃什么呢？要怎么照顾它们？大二班的孩子们则担心猪宝宝们在原来的房子里住不下，会太拥挤。他们来到了小猪家，看到猪妈妈正好带着猪宝宝们外出散步，突然有只猪宝宝掉队啦！孩子们着急了，大喊道："小猪，你要迷路啦！""妈妈找不到你会着急的。"但又不知如何引导猪宝宝回家。有小朋友提出："我们得给猪宝宝建个花园，以后它们在自己的花园里散步就不会迷路了。"于是，小木工们为了建造花园开始忙碌起来了。

活动推进

探究一：小猪的花园

（一）浸入职场、自主自选

为了给猪宝宝建造大花园，孩子们提出问题："要用什么材料来建花园呢？""建造花园难吗？""我们要怎么建？"热烈的讨论开始了。

> 问题：要用什么材料来建造花园呢？
> 幼儿1：可以用树枝，像搭架子一样就可以建好了！
> 幼儿2：要选择小羊家那种宽宽长长的木板才合适。
> 幼儿3：木工坊里就有一些长长的木板。

木工坊里有着一大批农场改造剩下的大小相同的木板，在观察小羊、小兔家之后，孩子们最终决定在游戏城的木工坊里，使用木板建造小猪的花园。

> 问题：小木工要注意什么问题？
> 幼儿1：到木工坊要穿围裙，避免木屑弄脏衣服。
> 幼儿2：要戴护目镜、手套、帽子，避免受伤。
> 幼儿3：需要分工合作。有的绘制图纸、有的选择材料、有的测量、有的组装固定。

支持与回应

① 工具与装备的支持。教师提供木工服饰、护目镜、手套、木板、钉子、锤子等工具，在小木工们了解木艺劳动的基本流程和工具的安全使用要求下，支持孩子的活动。

② 提供适宜的材料。幼儿初次尝试大型组装，教师提供大小相同的木板，在隐形中降低活动难度，重点引导幼儿使用锤子、钉子进行栅栏组装。

③ 知识经验的丰富。教师通过和幼儿回忆生活经验，实地考察小羊、小兔的家，从中获取建造花园的经验。

（二）劳动探究、切身体验

为了给小猪一家选择舒适的花园场地，班级孩子们组队前往农场进行实地考察，他们选择了猪窝门口和香蕉树下两个场地，进行讨论比较（见图3-4-1）。

问题讨论

问题：小猪的花园要建在哪里？
幼儿1：可以建在猪窝的大门边，那里是水泥地比较合适。
幼儿2：可是这样会堵住通道，我觉得不合适！
幼儿3：花园不仅要大，环境也要好。
幼儿4：香蕉树旁边的场地很大，而且环境好，最合适。

▲ 图3-4-1 小猪的花园选址

经过综合考虑场地、环境、空间等因素，孩子们最终决定将小猪的花园建在香蕉树旁边的空地上。解决了花园选址问题，孩子们又进一步围绕花园的建造方法进行讨论。

问题：花园要怎么建？
幼儿1：钉一些和小羊家一样的栅栏。
幼儿2：可以先钉栅栏，然后再把钉好的栅栏围着花圃，进行固定。

经过讨论，小组设计了小猪的花园效果图（见图3-4-2）。

孩子们将这个工程分为两个步骤，一是钉栅栏，二是在花圃周围固定栅栏。了解基本的思路后，幼儿开启建造花园的劳动项目。

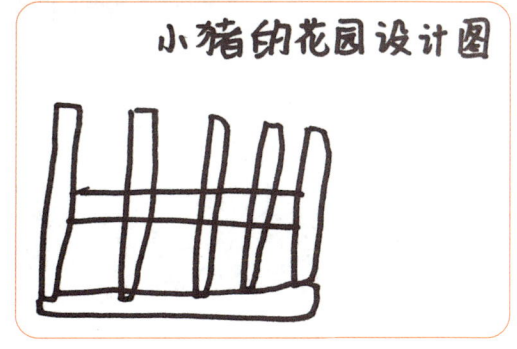

▲ 图3-4-2 小猪的花园效果图

劳动体验

1. 搭建栅栏

小木工们来到木工坊，拿着设计图，穿戴整齐，开始加工木栅栏（见图3-4-3）。大家排好木块，敲敲打打，钉好木栅栏，一起抬到小猪家，将其固定在香蕉树边。第二天，小木工散步时发现猪圈里多了一只小鸡，少了一只小猪，这到底是怎么回事呢？

乐体验 爱劳动——幼儿园角色体验式劳动教育案例

▲ 图3-4-3 加工木栅栏

问题：为什么猪宝宝离开了花园？有什么解决的办法？

幼儿1：因为木板之间的缝隙太大，所以猪宝宝可以跑出来，小鸡可以跑进去。

幼儿2：木板钉得太松了，小猪妈妈用力把木板推开，小猪就可以出去了。

幼儿3：要在有缝隙的地方增加木板，缩小栅栏的间距。

幼儿4：木板要钉得牢固一点。

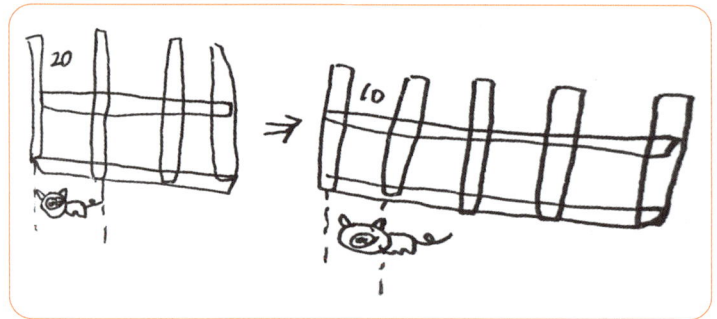

▲ 图3-4-4 调整栅栏间距

为了帮助幼儿了解猪宝宝离开花园的真相，教师调取了监控，并与幼儿在班级共同观看，最终确认小猪和小鸡都是从栅栏缝隙较大的地方通行的。幼儿开始分析原因，调整措施解决这一问题。教师鼓励幼儿运用数学经验，再次进行栅栏的调整和优化（见图3-4-4）。

2. 完善栅栏

讨论出办法后，孩子们找到了木工馆内的卷尺，开始测量画线、标注，确定栅栏之间的距离，根据标记点增加木块并进行固定。（见图3-4-5、图3-4-6）

▲ 图3-4-5 测距、画线　　　　　　　　　　▲ 图3-4-6 完善栅栏

间距适宜的栅栏完成了,在搬运栅栏的过程中,一位幼儿摸到栅栏的一边,突然缩回手说:"哎呀,被钉子划伤了。"这引起其他孩子们的重视,氛围紧张了起来。大家检查建造好的栅栏后发现,竟然是钉子突出来了。有一名孩子说:"这太危险了,我们都会被划伤,更何况是猪宝宝呢。"(见图3-4-7)

▲ 图3-4-7 扎人的钉子

问题:扎人的钉子怎么办?

幼儿1:用锤子反向敲,再用钳子拔出。

幼儿2:直接用锤子敲弯钉子尾部(见图3-4-8)。

问题:要如何避免这种情况再次发生?

幼儿1:选择合适的钉子(见图3-4-9)。

幼儿2:钉子的长度不能超出木块叠加后的厚度。

  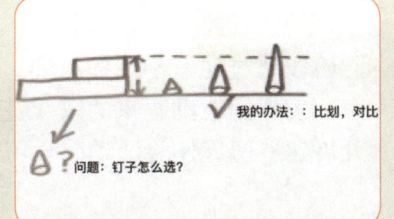

▲ 图3-4-8 压弯、拔出钉子　　　　▲ 图3-4-9 钉子的选择

孩子们开始返工,经过多次认真检查,他们将凸出的钉子更换、压弯。确保没有存在"扎人的钉子",就这样,安全的小猪花园建好了(见图3-4-10)。

▲ 图3-4-10 小猪的花园

(三)收获分享、感受快乐

小猪的花园建好后,孩子们看着小猪一家在花园玩耍,感叹道:"小猪们真幸福。"幼儿分享劳动日记时,他们提到:

幼儿1:小猪家的花园很大,但是我们一起合作还是建成了!

> 幼儿2：在制作花园栅栏时候，我学会了栅栏要有合理的间距。
> 幼儿3：不是所有的钉子都合适。
> 幼儿4：完成后要检查花园是否存在安全隐患。

活动中，孩子利用卷尺测量栅栏的间距，学会运用测量工具解决生活中的实际问题，并且能用数字、图画、图表或其他符号记录。

（四）反思调整、优化策略

1. 劳动目标的达成情况

幼儿看见小猪们没有自己的花园，激发了强烈的建造欲望，劳动情感得到满足。在劳动过程中，他们能用锤子瞄准钉，敲弯钉子，用钳子转取出钉子，建造过程中掌握"敲、搬、钉、夹"等木工体验的基本劳动技能和安全使用工具的方法。

2. 下一阶段推进思路与策略

此阶段通过建造小猪的花园，幼儿钉、锤的劳动技能有了很大的提升。在照顾猪宝宝的过程中，发现栅栏围起来的露天花园只适合散步和玩耍，不适合睡觉等问题。幼儿在下一阶段，开展建造房屋体验活动、学习正确使用锯子等方法。

探究二：小猪的房子

（一）劳动探究、切身体验

孩子们每天到小猪家观察，发现白天猪宝宝们经常在花园内摸爬滚打，但休息时猪宝宝和猪妈妈还是挤在小房子里，睡觉时特别拥挤，猪妈妈经常要跑到花园里睡觉。孩子们说："猪妈妈白天还得照顾猪宝宝，这样怎么能休息好。"大家心疼地看着猪妈妈，纷纷提出新的想法："要给小猪宝宝们再建造一间新房子。"

问题讨论

> 问题：要给猪宝宝们建造什么样的房子？
> 幼儿1：造圆形的房子，就和小猪的身子一样圆滚滚。
> 幼儿2：造方形的、有楼梯的小阁楼（见图3-4-11）。
> 幼儿3：造一栋大别墅。

▲ 图3-4-11 圆形、方形的房子

孩子们激烈地讨论着，尽情表达自己的想法。最后提出用投票的方式，并遵守"少数服从多数"的原则，最终决定给猪宝宝们建造大别墅，这栋别墅有着方形的屋子和三角形的屋顶（见图3-4-12）。

角色体验二：作坊小技师

▲ 图 3-4-12　猪窝设计图投票

支持与回应

① 家园社联动。根据幼儿需求，家园联动，让家长了解幼儿活动进程，带幼儿到社区询问并请教建筑工人，共同了解房屋的基本结构。同时，引导幼儿上网查找资料，帮助幼儿做好知识经验的准备。

② 寻求专业指导。幼儿在中班虽然已经积累了敲木片的经验，但技能掌握并不是十分娴熟。对于他们即将开展的木房子工程，需要有专业的人员进行技能指导，教师邀请木工伯伯进行指导，让幼儿学习锯木的正确方式，同时教师自身也通过查阅资料、技能练习，储备一定的知识，与幼儿共同进步。

劳动体验

1. 建造小猪房子

前期家园调查结束后，班级组织了经验分享会，共同了解房子的结构，梳理制作的方法。讨论分工后，幼儿开始建造小猪房子（见图 3-4-13）。幼儿在木工坊内选择木材，但是木材长短不一，需要锯木。孩子们尝试了用线锯进行锯木，但锯了一会儿后就表示："需要锯这么多的木条，要锯到什么时候？我的手实在是太酸了。"孩子们锯木技术和经验的不足，成了眼前的难题。

▲ 图 3-4-13　建造小猪房子

问题：如何掌握锯木的正确方式？
幼儿1：多吃饭，成为大力士。
幼儿2：木条应固定好，防止木条挪动影响锯木。
幼儿3：木工伯伯锯木非常轻松，请木工伯伯帮助我们吧。

结合学园资源，我们邀请木工伯伯入园指导。通过问、看、学，孩子们发现锯木也是大有学问的。他们了解到锯木时双腿要打开与肩同宽，锯子稍微倾斜；锯木力度要适宜，不能着急，一推一拉慢慢锯，才能确保平整并锯断木条（见图 3-4-14）。

幼儿跟着木工伯伯认真地学习，在多次练习后掌握了锯木的正确方法。大家激情澎湃："我们快开始吧，

▲ 图 3-4-14　学习锯木的正确方法

把小猪房子造出来。"就这样，幼儿开始用木条建造房子的四面墙。

2. 小猪房子的屋顶

虽然建造好了四面墙，但由于没有屋顶，孩子们产生了争议。"这看起来像箱子。""能住进去就是房子。""像房子，但又不怎么像。"孩子们纷纷表达自己的看法，最后通过集中讨论后决定，要给房子造个屋顶（见图3-4-15）。

问题：房子的屋顶怎么建造？
幼儿1：做一个三角形的屋顶。
幼儿2：用KT板折一下。
幼儿3：用树枝也可以试试。
幼儿4：树枝太难固定了，用木板架起来，比较牢固。

▲ 图3-4-15 建造小猪窝

教师与孩子们通过查阅书本、上网翻阅资料，进一步了解关于房屋的形态特征。孩子们通过讨论，决定用长木板进行拼接，建造一个三角形的屋顶。在和同伴认真专注、共同合作下，幼儿终于完成了屋顶的建造。

"我们的小猪房子有屋顶啦！"孩子们开心极了，并将自己建造小猪房子的故事以劳动日记的形式记录了下来（见图3-4-16）。

（二）收获分享、感受快乐

教师组织孩子们以个人讲述、图片视频分享等形式展开"建造小猪房子的感受"分享交流活动。

▲ 图3-4-16 幼儿劳动日记

问题：在建造小猪房子的过程中，你有什么收获？
幼儿1：建房子最难的是屋顶，我们讨论了很久才找到合适的材料。
幼儿2：我们是一起合作完成的。
幼儿1：木工伯伯教会我们锯木头的小窍门，锯子需要有点倾斜才更容易锯。
幼儿3：木工伯伯是最厉害的人，他的方法特别好用。
幼儿4：我累得满头大汗，但是我们成功了。

在建造小猪房子的过程中，孩子们的分工合作意识明显增强，他们在讨论比较中确定了小猪房子的款式、屋顶的材料，意识到了如果只有一个人，完成这项工程是非常艰难的，同伴的合作情谊愈发深厚。在学习锯木经验时，幼儿除了技能上的提升，还和木工伯伯逐渐亲近起来，觉得他是大家学习的榜样，对木工伯伯的情感也更加深厚。

（三）反思调整、优化策略

1. 劳动目标的达成情况

在"投票确定设计—寻求技术支持—合作建造屋顶"的过程中，幼儿能够清楚房屋的基本结构，并根据设计图进行建造。在锯木条遇到困难时，幼儿能大胆表达、提出需要技术支持、专注学习，掌握了"锯"木条的劳动技能。在交流"劳动体验"时，孩子们对自己建造的小猪房子表示满意，获得了成功的体验，并懂得尊重生活中的各行各业劳动者。

2. 下一阶段推进思路与策略

此阶段，幼儿对于建造猪窝有着浓厚的兴趣，能够在通力合作下成功建造出小猪房子，但是根据教师的判断，这栋房子的大小并不适用于小猪一家。下一阶段教师将支持幼儿通过测量、比较等方法继续探索木房子大小与小猪居住需要的关系，引导幼儿建造能够真正为小猪一家所用的木房子。

探究三：升级小猪的房子

（一）劳动探究、切身体验

孩子们搬运建好的小猪房子往农场里安置后，却发现这座房子并没有得到猪宝宝们的青睐。"快进去呀，怎么猪宝宝不进去？""太挤了，它的兄弟姐妹好像进不去。"孩子们挠挠头，着急地跺起脚（见图3-4-17）。

▲ 图3-4-17 小猪房子太小

> 问题：小猪房子太小，集体入住困难，怎么办？
> 幼儿1：一共有四只猪宝宝，一起住太挤了。
> 幼儿3：猪妈妈的家和我差不多高，我们造的房子只到膝盖。
> 幼儿2：我们把木条锯得太短，需要更长、更宽、更大的木板。
> 幼儿4：那我们得升级小猪房子，建造更大的房子。

支持与回应

① 梳理总结，分享经验。通过同伴间的互相交流、经验分享，教师用谈话的方式，帮助幼儿总结小猪房子不适合居住的原因：木板太小、小猪数量多。通过讨论，大家决定升级小猪房子。

② 集中教学，丰富经验。在交流讨论中，孩子们频繁地提到更长、更大。那到底多长、多大呢？教师安排了自然测量的活动，帮助幼儿丰富测量经验。鼓励幼儿运用相关的经验解决多大多小的问题，支持孩子用多种方式测量小猪房子的大小。

③ 工具升级，提高效率。劳动工具是影响劳动成果的关键因素，学园木工坊的工具大多较为传统，幼儿使用起来虽然能够发展动作技能，但是需要花费极大的时间。教师认为工具的迭代，能够帮助幼儿感受科技的进步，将时间节约出来，让幼儿更有深度地探究。于是教师向幼儿园里申请投放电锯，助推幼儿接触先进的劳动工具。

劳动体验

1. 小猪的大房子

> 问题：多大的猪窝才适合小猪？
> 幼儿1：我们用尺子量一下。
> 幼儿2：可以用卷尺量。
> 幼儿3：可以目测，和我的身高对比下。
> 幼儿1：要比四只小猪的身形加在一起还要大。

在猪妈妈的房子面前，幼儿比划高度进行对比，拿测量工具进行测量，最终确定了小猪房子的大小，他们挑选更厚、更长的木块，结合材料的更换，重新制订建造计划，开始造小猪的大房子。（图3-4-18至图3-4-20）

▲ 图3-4-18　和身高对比　　▲ 图3-4-19　用尺子量　　▲ 图3-4-20　卷尺测量

2. 木工工具升级

木块变大后锯木的难度加大，幼儿锯木时都显得笨重，进展缓慢。"这么锯，要锯到什么时候？"有的幼儿开始抱怨了起来。

> 幼儿1：我们可以分工合作，加快锯木效率。
> 幼儿2：有的人可以画线，有的人可以锯，锯累了交换。
> 幼儿2：要是幼儿园有电锯该多好。

学园支持幼儿在活动中的需求，根据幼儿需要提供电锯，并让幼儿在木工伯伯的帮助下使用，锯木速度进展迅速，很快大家就锯出一大捆长短一致的木条。（见图3-4-21、图3-4-22）

▲ 图 3-4-21　学习使用电锯　　　　　　　▲ 图 3-4-22　锯出长短一致的木条

3. 打磨优化小猪房子

加快锯木速度后，大家开始组装固定。面对即将造好的房子，孩子们兴奋得拍起手。"这里摸起来尖尖刺刺的，虽然不会受伤但是并不舒服。"幼儿对比粗糙面和光滑面后发现，粗糙的部分大多是被锯子锯过的切口。

> 问题：木条的切口如何变平整？
> 幼儿1：贴上防撞条。
> 幼儿2：用透明胶带将粗糙部分包起来。
> 幼儿3：用锉刀和打磨纸，可以打磨平整。

学习锉刀、打磨纸的使用方法和作用后，幼儿知道用锉刀、打磨纸来回拉动的方法可以修整粗糙的面和锯子锯出的痕迹。孩子们运用新技能和方法开始新的尝试，"哇，这些木头真的变平整光滑了呢！""猪宝宝住进去一定很安全。"（见图 3-4-23、图 3-4-24）

▲ 图 3-4-23　打磨　　　　　　　▲ 图 3-4-24　牢固安全的猪窝

（二）收获分享、感受快乐

看到升级版的小猪房子建好后，幼儿回顾整个活动，分享了感受。

> 幼儿1：建造房子原来不是想要多大就造多大，要学会测量。
> 幼儿2：原来做小木工要学会很多的本领，要会测量、固定、锯木、组装，一点都不简单。
> 幼儿3：这一次在木工伯伯的帮助下，我们试着使用电锯，小心操作，锯木条的

> 速度变快了。
>
> 幼儿4：用锉刀、打磨纸还能把木条磨得很光滑。

通过这次的劳动体验，孩子们完成了小猪房子的升级优化，他们学会用测量的方法验证大小，感受物体大小与空间的关系，制作出大小适宜的小猪房子；同时幼儿接触了电锯、锉刀等新的劳动工具，感受到了科技与速度的关系，也能够正确安全地使用工具，对劳动工具有进一步的感知。在打磨的过程中，幼儿表现出了足够的耐心和细心。

（三）反思调整、优化策略

1. 劳动目标的达成情况

幼儿面对小猪房子太小的问题，能够积极主动地进行测量，商议重新制作的办法，说明此阶段，幼儿在面对劳动过程中的困难时有主动解决的意识，并且乐意不断完善自己的作品。从劳动过程来看，幼儿分工合作配合度更高，在使用新的劳动工具时，他们既能大胆尝试也能注意安全，劳动安全意识也有提升。

2. 下一阶段推进思路与策略

教师聚焦对孩子们的观察，及时抓住幼儿的兴趣点，有效捕捉学习契机。在建造小猪房子的过程中，幼儿自主发现，建造猪窝的大小需考虑猪宝宝们的身形。他们提出问题，发表意见。面对幼儿的求助，教师有效回应，提供技术支持。下一阶段将根据幼儿的需求，鼓励他们继续探索，建造更加实用、牢固、美观的小猪房子。并引导幼儿关注小猪房子的屋顶没有密封等问题，继续优化完善。

探究四：装修小猪的房子

（一）劳动探究、切身体验

猪宝宝们住进了牢固安全的猪窝，但在这段时间里，孩子们发现猪宝宝在新家的居住率不高，这是为什么呢？孩子们一同询问农场伯伯后才知道，冬天天气冷，有时会下雨，并不暖和。农场的风一吹，孩子们也直哆嗦："这么冷，难怪猪宝宝们不愿意住。"但孩子们还是迫切地希望猪宝宝能住进他们建造的新房子里，大家该怎么办呢？

问题讨论

> 问题：小猪房子要如何防雨保暖？
> 幼儿1：贴报纸，将风挡住。
> 幼儿2：但是下雨，报纸淋到雨就破了。
> 幼儿3：用木板封住。
> 幼儿2：还是用稻草吧，防风也能透气，用木板封住房子太闷了。

角色体验二：作坊小技师

幼儿1：但稻草淋雨会渗水。
幼儿4：蔬菜大棚的透明袋能够防水，我们可以试试用透明袋。

支持与回应

① 材料支持。教师创设材料百宝箱，与幼儿共同收集稻草、各种款式的防水布和防水袋，满足幼儿对不同材料搭建屋顶的探索需求，让幼儿从中选出最适宜的材料进行屋顶的升级。

② 丰富经验。在班级阅读区投放关于房屋建造的科普绘本，让幼儿通过查阅，不断地丰富建造房子的经验。

劳动体验

1. 装修小猪家

为了让猪宝宝尽早住进舒适的猪窝，幼儿自发成立装修小组，仔细观察房屋，在统计所需要的稻草和防水塑料袋的数量后，他们便开始动手装修了。为了防水，幼儿用透明袋将房子的三个面封住，在屋顶铺上稻草，他们选择使用胶带、毛根、双面胶等不同的材料进行加固。但被风一吹，防水袋和稻草就容易掉落，在不断尝试过程中，幼儿最终选择了"扎带"固定，成功地将这些稻草和防水塑料袋牢牢地固定在了房屋框架上。经过加工，装修工程竣工了（见图3-4-25、图3-4-26）。

▲ 图3-4-25　统计数量

▲ 图3-4-26　保暖防水的猪窝

2. 给小猪搬家

猪宝宝们开始愿意住进舒适的房子里，在里面吃饭睡觉，可惬意了。"猪宝宝搬新家，这可得好好庆祝一番。"孩子们提议。

问题：搬新家需要做哪些准备？要如何庆祝呢？
幼儿1：我搬新家时，看到妈妈打了许多气球挂在门上。
幼儿3：搬新家要将房子里里外外打扫干净。
幼儿2：可以挂上红灯笼庆祝。
幼儿3：绑一些拉花彩带，像庆祝派对那样。

为了满足幼儿帮助小猪搬新家的愿望，教师在班级创设了百宝箱，让幼儿从家里、幼儿园搜集彩带、拉花、灯笼等材料，并选择一个合适的日子与幼儿共同为小猪的新家进行了装饰和布置（见图3-4-27）。大家将收集来的材料绑、贴、挂在猪窝上，喜气洋洋地迎接猪宝宝们入住新家。孩子们经常到农场里喂养猪宝宝，和猪宝宝在花园里玩游戏。

▲ 图3-4-27 布置小猪的新家

（二）收获分享、感受快乐

大家克服重重困难，终于迎接猪宝宝入住新家，孩子们脸上洋溢着笑容。教师引导孩子们将建造小猪房子的劳动过程和体验、感受与收获，以劳动日记的方式记录下来并分享交流：

> 幼儿1：这个房子很暖和，不会漏雨也不会透风。
> 幼儿2：太好了，猪宝宝们不会再拥挤了。
> 幼儿3：我们应该是幼儿园里最厉害的小木工了！
> 幼儿4：老师，你知道吗？我现在锯木头真的非常快！
> 幼儿2：我现在可以制作更多木工作品了。

在劳动日记记录的过程中，家长为我们的活动点赞，孩子们特别兴奋，自豪地和家人分享了建造猪窝的整个过程，他们的自豪感油然而生，自信心得到了很大的提升。

（三）反思调整、优化策略

1. 劳动目标的达成情况

此阶段，幼儿不仅关注到建造猪窝的基本框架，还考虑小猪居住的实用性。面对猪窝透风漏雨的问题，也能结合自身生活经验进行迁移，懂得增强保暖防雨工作，思维的灵活性得到发展。在建造接近尾声时，幼儿能对房子进行布置，增添搬新家的氛围。猪宝宝在房子里开心地生活，孩子们的建造成果真正服务于幼儿园的小动物，他们从木艺劳动体验中产生了浓厚的自豪感。

2. 下一阶段推进思路与策略

木工活动是持续创造的过程，涉及建造的劳动成果是否能得到合理运用，能否在生活中真实运用等问题。孩子们在劳动体验中逐步解决这些问题，让小猪的新家既实用又美观，在体验中幼儿对完善作品有着强烈愿望，充满信心，也有足够的能力去尝试和实践，相关木工劳动技能得到锻炼和发展。在下一阶段教师将及时捕捉孩子的探究兴趣和需要，面向幼儿园各班级，通过接收订单的方式，让幼儿更加直接地感受木工劳作在生活中的极大作用，推进劳动体验深度进行。

活动成果 小木工接单记

看到猪宝宝住进大二班孩子们建造的猪窝里，其他班级的孩子们都投来羡慕的眼神。

> 幼儿1：哇，大二班的木工好厉害！
> 幼儿2：猪宝宝好幸福。
> 幼儿3：真希望我们的鸽子也能有新家住。

听到大家的赞许，大二班的小木工们决定开始承接订单，通过小组讨论，绘制"接收订单流程图"，供大家下单定制所需要的木制品（见图3-4-28、图3-4-29）。

▲ 图3-4-28 接收订单流程图

▲ 图3-4-29 接收订单

▲ 图3-4-30 建造门窗

▲ 图3-4-31 验收完工

接收大九班的订单后，小木工们开始根据订单图纸建造鸽子的家。在木工伯伯的技术指导下，大家合作建造网格门窗。孩子们合作将铁网格固定在木条上，里里外外地进行固定，最后装在木头房子上（见图3-4-30、图3-4-31）。

完成后进行验收，大九班的孩子们纷纷表示感谢："你们是幼儿园里最厉害的小木工。"

新订单来了。大六班的孩子们在农场照顾兔宝宝，大家讨论着："兔宝宝的生活太乏味了。""不然造个秋千吧。"（见图3-4-32）建造秋千需要有横梁、支架、绳子、座椅等。准备好材料后，小木工们继续忙碌起来（见图3-4-33）。

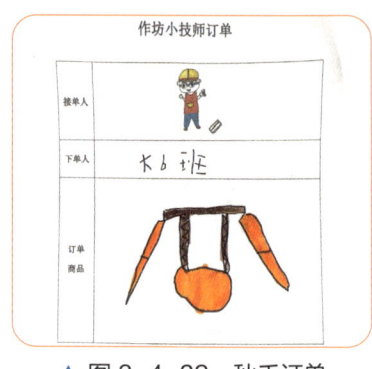

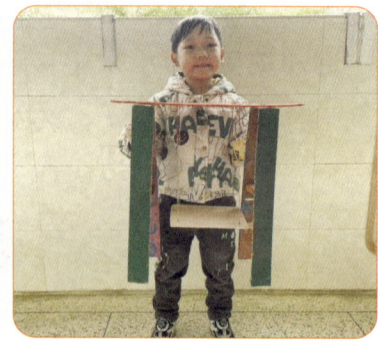

▲ 图3-4-32　秋千订单　　　　　　　　▲ 图3-4-33　建造秋千

兔宝宝家里多了一道亮丽的风景线。大家纷纷鼓起掌："太赞了，真的好厉害。"看着大家脸上洋溢的笑容，孩子们也开心地笑了起来。

活动反思

① 幼儿层面。孩子们能够大胆尝试，钻研探索。自主选择适合木工的工具，钉、锯、磨、等木工技能得到提升，动手能力得到发展。在升级小猪房子的过程中，遇到困难及时反思、相互商量，愿意对活动中的困难进行挑战和突破，学习的坚持性、交往的社会性和语言表达能力不断提升，能用自己的符号进行记录，前书写能力得到发展。在活动中感受学习和创造的乐趣，将劳动成果运用到生活中，体验到劳动创造所带来的幸福感，增强了责任意识。

② 家长层面。良好的家园合作为幼儿提供更好的教育资源。家长对学园劳动教育非常认同，主动参与到各项劳动活动中，协助指导幼儿开展小木工劳动，借此增进亲子情感，促进幼儿更充分、更富有个性地发展。

③ 教师层面。《纲要》中指出：教师应该支持孩子们富有个性和创造性的表达。尊重孩子的意愿，以儿童为主体，让孩子成为游戏的主人。教师及时捕捉幼儿兴趣，将因小动物需要而生发的劳动内容转化成劳动机会，推进幼儿劳动体验。教师观察与指导能力得到提升，作为观察者，能善于观察、分析幼儿，发现问题适时介入和引导。能捕捉孩子们的兴趣和需要，发现有价值的资源和线索，顺应孩子们天性，展开形式多样、丰富有趣的劳动内容。

劳动来源于生活，孩子们的劳动体验存在于孩子们的生活、行动之中。此次活动，在小木工的体验中，劳动内容具有完整性、整合性、适宜性和可操作性，活动不仅丰富了幼儿劳动教育的材料库，还为提升幼儿的木工技能提供扎实保障。

角色体验三：服务小达人

一、活动简介

服务小达人体验式劳动是幼儿在小天鹅游戏城中，通过模拟和体验"医生、售货员、交警、理发师"等不同的角色并服务劳动，以问题为导向，通过"浸入角色—劳动探究—收获分享—反思调整"四种模式不断螺旋上升递进，促进深度浸入，充分体验和探究，丰富生活经验，幼儿从角色扮演转向了角色担当。

（一）活动背景

随着幼儿游戏体验的丰富，我们追随幼儿脚步，从兴趣出发，和幼儿一起打造生活中常见的角色体验馆，创设了戏剧中心、消防队、快递站、小天鹅机场、鲜花坊和小医院等多个主题体验场馆。幼儿在不同的游戏体验馆，扮演不同的角色，体验服务行业的劳动内容。

游戏中幼儿能逐步使用"游戏计划书"做好劳动计划，利用"游戏日记""劳动记录单"，交流分享劳动过程，不断充实劳动新经验，获取劳动新成果，在"服务工作"的反思、分析、解决问题的过程中深化劳动体验。游戏促进幼儿深入了解所体验角色的职业任务，获得"小达人"劳动的成就感，锻炼了解决问题、克服困难、坚持、尊重劳动者及珍惜劳动成果等良好品质，助推服务劳动技能和认知、语言、社会、科学、艺术等综合能力的提升。

（二）环境创设

"服务小达人"活动的环境创设可以参照图 4-1-1 至图 4-1-17。

▲ 图 4-1-1 育婴坊（一）

▲ 图 4-1-2 育婴坊（二）

▲ 图4-1-3 小天鹅剧场（一）

▲ 图4-1-4 小天鹅剧场（二）

▲ 图4-1-5 航空馆（一）

▲ 图4-1-6 航空馆（二）

▲ 图4-1-7 小天鹅甜品店（一）

▲ 图4-1-8 小天鹅甜品店（二）

▲ 图4-1-9 鲜花坊（一）

▲ 图4-1-10 鲜花坊（二）

角色体验三：服务小达人

▲ 图 4-1-11 消防队（一）

▲ 图 4-1-12 消防队（二）

▲ 图 4-1-13 儿童医院（一）

▲ 图 4-1-14 儿童医院（二）

▲ 图 4-1-15 小天鹅快递站（一）

▲ 图 4-1-16 小天鹅快递站（二）

▲ 图 4-1-17 交警大队

（三）活动目标

"服务小达人"体验活动的目标如表 4-1-1。

▼ 表 4-1-1 "服务小达人"体验活动目标一览表

年龄段	维度			
	劳动态度	劳动认知	劳动技能	劳动习惯
小班	1. 愿意参与服务行业的角色体验活动 2. 对角色体验活动感兴趣，体会自我服务的自豪感，萌发尊重劳动者的情感	1. 初步了解角色劳动职责，大胆模仿角色行为，增强角色意识 2. 懂得遵守游戏常规，初步学习履行角色职责	1. 在教师的指导下，能按意愿选择和学习分配角色 2. 在教师的指导和鼓励下，初步学习与同伴进行角色分工和合作	1. 在教师的指导下，初步学会收拾游戏材料，初步养成爱护材料习惯 2. 养成自己动手穿衣、吃饭的习惯

（续表）

年龄段	维度			
	劳动态度	劳动认知	劳动技能	劳动习惯
中班	1. 主动参与主题场馆中的角色体验活动，萌发劳动意识，感受角色扮演的乐趣 2. 爱护游戏材料，懂得尊重他人的劳动成果，激发尊重劳动者的情感	1. 了解各主题场馆中的服务职业分工，明确各岗工作人员的职责 2. 进一步丰富游戏情节和劳动经验，学习履行角色职责	1. 初步能按计划开展各角色的劳动 2. 能模仿各岗工作人员的劳动行为，使用各种角色道具	1. 遵守劳动游戏规则，学会分类收拾游戏材料 2. 养成整理收拾游戏场地的习惯
大班	1. 积极参与服务职业主题场馆的角色体验活动，体验与他人分工劳动的快乐，懂得尊重劳动者 2. 乐于为他人服务，体会为他人服务带来的自豪感	1. 明确各岗工作人员的职责及分工 2. 丰富主题体验内容，拓展其他职业主题和情节，会履行角色的职责	1. 比较熟练地使用劳动工具，能根据角色的工作职责自制相关玩具，并合作解决角色体验中遇到的困难 2. 能根据实际游戏情况调整游戏计划，并记录	1. 养成主动帮助他人的习惯 2. 养成自觉整理游戏场地、保持卫生的习惯

（四）活动内容

依据《指南》精神和课程目标，结合幼儿各年龄段学习特点与发展现状，与幼儿商定"服务小达人"劳动的相关活动内容，见表4-1-2。

▼ 表4-1-2 "服务小达人"活动内容一览表

年龄段	场馆								
	育婴坊	鲜花坊	理发店	甜品店	交通体验馆	消防体验馆	剧场体验馆	儿童医院	航空体验馆
小班	★照顾小宝宝	送你一朵花	小小理发师	小天鹅甜品店	小交警本领大	灭火啦	出发吧，小司机	我是小医生	坐飞机去旅游
中班	娃娃家趣事	有间花店	托尼老师的一天	美味甜品出炉啦	小司机奇遇记	消防救援真勇敢	★剧场里的大世界	爱心医院	空乘服务我能行
大班	趣玩娃娃家	花艺师的幸福时光	彩虹理发店	小小外卖员	★快递员成长记	紧急救援	绚丽灯光师	儿童医院趣事多	飞机场里的那些事

角色体验三：服务小达人

思维导图

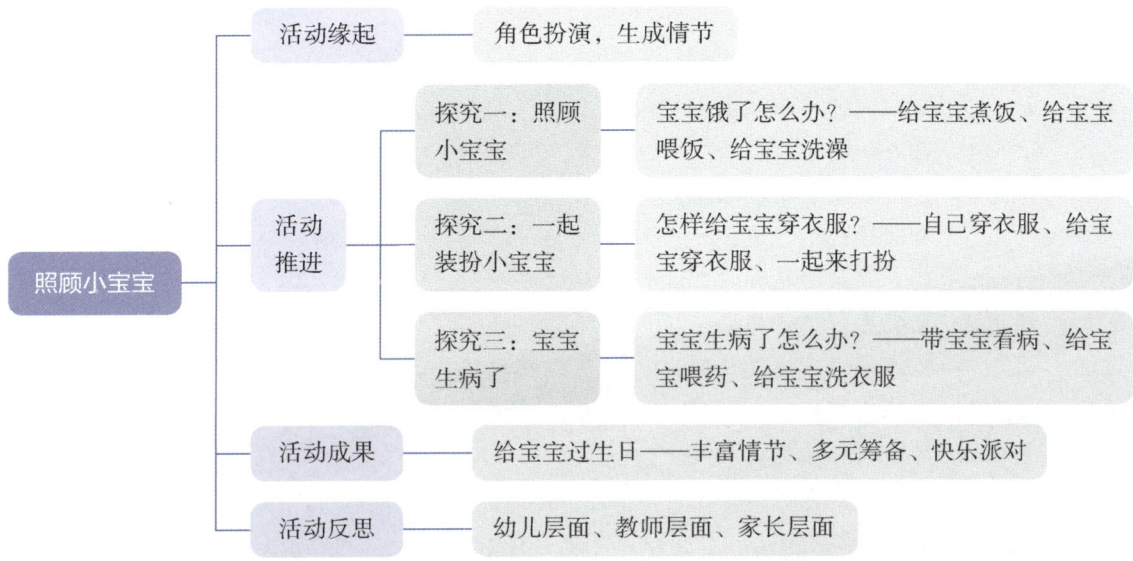

活动缘起

娃娃家中，幼儿正在玩具柜里选择自己喜欢的材料给宝宝做饭，有的在煮饭，有的围着宝宝泡奶粉，玩得不亦乐乎。照顾小宝宝是小班幼儿最喜欢的游戏之一，他们喜欢模仿爸爸妈妈等家人的行为，像大人一样照顾宝宝，母婴体验馆的游戏活动热闹起来了。教师及时助推，问大家："怎样照顾小宝宝？""怎样给小宝宝打扮？""宝宝生病了又该怎么办？"跟随幼儿兴趣，教师调整支持策略，引发幼儿不断丰富游戏情节，稚趣的宝宝照顾"小宝宝"的游戏不断生发。

活动推进

探究一：照顾小宝宝

（一）浸入职场、自主自选

娃娃家游戏开始了，教师引导幼儿在母婴体验馆里转一转、看一看，和幼儿聊一聊：今天你想做什么？幼儿提出想开展照顾宝宝的角色游戏，他们提了自己想要扮演的角色：爸爸、妈妈、哥哥姐姐、爷爷、奶奶。孩子们开始在材料框里拿自己喜欢的材料，不一会儿，桌子上摆满了各种厨具、仿真蔬菜水果，地上散落着一些宝宝的衣服用具。在厨房里，有几个孩子在煮饭，有几个孩子正在给宝宝泡奶粉，大家快乐地忙碌着。

（二）劳动探究、切身体验

妈妈正推着宝宝在家里散步，绕了两圈后，她突然弯下腰，对宝宝说："宝宝你怎么哭了？哦，我知道了，你是肚子饿了。"说完赶紧叫来奶奶和爸爸："奶奶、爸爸快来呀，宝宝肚子饿啦。"孩子们围在一起看着宝宝讨论起来。

问题讨论

问题：宝宝饿了怎么办？
幼儿1：宝宝应该吃奶。
幼儿2：对，他爱吃妈妈的奶。
幼儿3：还有奶粉。
幼儿4：还可以吃水果蔬菜。
幼儿3：有时候他们跟我们吃一样的食物。
幼儿1：对，我弟弟也爱吃跟大人一样的东西。
幼儿2：宝宝可以吃米饭。
幼儿3：我妈妈说我也是小宝宝，我可以吃很多东西。
幼儿2：不能吃糖果。
幼儿1：对，我爸爸说吃糖不好。

孩子们议论开了，边交流边拿食物给宝宝吃，还开心地说："先吃我这块蛋糕。""不不，得先喝奶。""你也吃点青菜吧，吃完青菜喝点汤。"

游戏后，教师组织讨论并小结："宝宝年纪小，以吃奶为主，长大一点就可以慢慢吃你们刚刚喂的东西。小宝宝到底应该吃什么东西呢？你们回家后问问爸爸妈妈，再来告诉大家吧。"

支持与回应

① 教师以观察者、引导者的身份参与其中，在孩子们生成游戏情节"宝宝饿了"时，给予孩子们充足的讨论时间和思维碰撞的机会。

② 家园配合，教师引导幼儿回家以后采访爸爸妈妈，验证猜想，并帮助孩子们总结提升经验。

劳动体验

1. 给宝宝煮饭

妈妈和奶奶开始在厨房忙碌起来，一个人铺桌布，一个人煮饭（见图4-2-1）。奶奶说："要多吃青菜。"说完，她到洗碗池洗了西蓝花、西红柿和小白菜，放到平底锅里炒了起来。"肉肉多吃一点，才能长得高高。"只见奶奶一边切肉一边说。"我妈妈说每天都要吃鸡蛋……"奶奶拿起鸡蛋熟练地打蛋、煎蛋。不一会儿，餐桌上摆了满满一桌的食物。

2. 给宝宝喂饭

奶奶煮完饭说："今天宝宝很乖，我煮了西红柿炒蛋给宝宝吃。"说完，端了两个碗给妈妈。吃之前妈妈还不忘提醒宝宝："小心烫哦。"只见她拿起汤勺和碗，一口一口地喂宝宝吃饭，吃完饭后再喂宝宝喝几口汤,宝宝吃得饱饱的(见图4-2-2)。吃完饭,妈妈先去洗碗,奶奶推着宝宝出去散步。

▲ 图4-2-1 给宝宝煮饭

▲ 图4-2-2 给宝宝喂饭

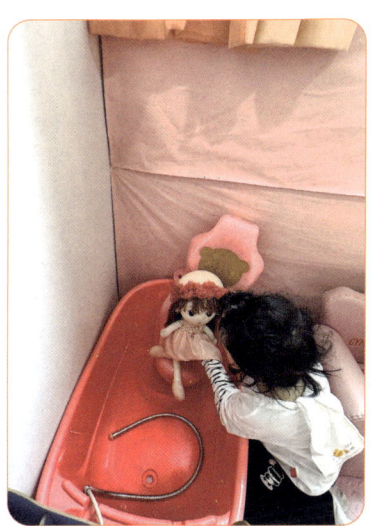

▲ 图4-2-3 给宝宝洗澡

3. 给宝宝洗澡

孩子们喂宝宝吃完饭后,一个孩子嘟囔道:"宝宝吃得全身都是米粒,我们给她洗澡吧。"(见图4-2-3)

> 幼儿1:快把宝宝抱过来,宝宝洗澡水放好啦。
> 幼儿2:洗快点,不然小宝宝会着凉的。
> 幼儿3:先来给宝宝洗头发吧,要抹上洗发水搓一搓。
> 幼儿4:你给宝宝洗头发,我来给宝宝洗身体吧。

孩子们一边说着一边把宝宝放进浴缸里,拿着洗发水、沐浴露,用喷头淋了一下宝宝的头和身体,在宝宝的头上、肚子上一顿揉搓,接着把宝宝抱到桌子上。

> 幼儿1:不对,我们这样洗澡不对,没洗脸。
> 幼儿2:对,全身都要洗。

孩子们又手忙脚乱地忙碌着。

(三)收获分享、感受快乐

娃娃家的爸爸、妈妈、姐姐、爷爷、奶奶角色都忙得不可开交,看来,照顾宝宝可不是一件简单的事。回班级后,教师和孩子们一起讨论游戏情况。

> 问题:看来你们都很喜欢玩娃娃家游戏,今天你扮演了什么角色?都做了些什么呢?
> 幼儿1:今天我当妈妈,我喂宝宝吃饭,还给宝宝洗澡。
> 问题:你是怎么给宝宝洗澡的呢?
> 幼儿1:我先给宝宝洗脸,再洗头、洗身体,还洗了胳肢窝。
> 教师:你真棒,这样宝宝肯定洗得很干净!

幼儿2：我是奶奶，我今天给宝宝煮饭。

问题：你是怎么煮的？

幼儿2：我先洗青菜和肉，再切一切，炒一炒，还给宝宝做了西红柿炒蛋，宝宝很爱吃。

幼儿1：宝宝吃饭得慢慢吃，我用汤勺一口一口地喂他，还拿汤给他喝。

幼儿3：我今天当爷爷，看完报纸，还帮忙打扫了家里。

幼儿4：我还给宝宝洗衣服，我洗得很干净⋯⋯

孩子们在游戏中体验劳动，为了照顾宝宝他们需要花费不少精力，但他们一点儿也不觉得劳累和辛苦，仍然非常专注于照顾宝宝的各种行为中。游戏结束后，教师将照顾宝宝的方法梳理成板块张贴在母婴体验馆（见图4-2-4）。

▲ 图4-2-4　照顾宝宝

（四）反思调整、优化策略

1. 劳动目标的达成情况

幼儿生成的活动其实也就是他们生活的反映，如宝宝饿了吃什么，怎样给宝宝煮饭、洗澡等，幼儿在现实生活中有一定经验，但是较不完整，因此教师利用家园合作的形式帮助幼儿丰富认知，同时提供了绘本引导学习，通过多种途径提高幼儿的自理能力和为他人服务意识。

2. 下一阶段推进思路与策略

在幼儿学习给宝宝洗澡、给宝宝穿衣服时，遇到不少困难，为此教师将给幼儿提供实践的机会，提高他们的劳动技能。

探究二：一起装扮小宝宝

（一）劳动探究、切身体验

问题讨论

问题：怎样给宝宝穿衣服？

幼儿1：洗完澡啦，宝宝吃饱饱、洗完澡舒舒服服的。

幼儿2：还要帮宝宝穿衣服呢。

幼儿3：可是，我不知道要怎样帮宝宝穿衣服。

一名幼儿反复翻动着衣服，怎么穿都穿不进去（见图4-2-5）。

角色体验三：服务小达人

教师：发生什么事啦？
幼儿1：我想给宝宝穿衣服，但穿不进。
教师：为什么穿不进去？
幼儿2：好像是弄反了。
教师：你怎么知道呢？
幼儿3：要看有没有标志。
幼儿2：对，有线露出来就是穿反了。

▲ 图 4-2-5　幼儿给宝宝穿不进去衣服

支持与回应

① 讨论交流。大部分幼儿在家都是家长帮忙穿衣服，缺乏练习，因此教师继续追问，引导幼儿区分衣服正反面，并给予正确示范。

② 以大带小。请中班的幼儿到班级，带领小班幼儿练习穿衣，也组织小班幼儿到中班观摩学习，了解穿衣服的正确方法。

③ 记录表征。引导幼儿区分衣服正反面：正面有图案，反面有标签，并进行记录和标注（见图 4-2-6）。

④ 家园联系。请家长在家指导幼儿独立穿衣，掌握穿衣的简单方法。

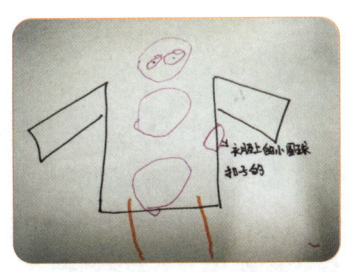

▲ 图 4-2-6　幼儿表征

劳动体验

1. 自己穿衣服

教师进一步提出问题：怎么才能把衣服穿对、穿得整齐呢？孩子们七嘴八舌地说开了，分享着自己知道的方法。

幼儿1：衣服上有图案的是前面，领子上有标签的是后面。
幼儿2：有扣子的那一面要穿在前面。
幼儿3：衣服上有拉链和口袋的也是前面。
教师：要怎样穿衣服呢？
幼儿1：先把衣服从头上套进去，再把手从袖子里伸出来。
幼儿2：有拉链的，拉链对齐再拉上来就可以了。
幼儿3：先把衣服敞开，双手伸到袖子里，再扣上扣子就穿好了。

幼儿的讨论，验证了他们穿错和不会穿的原因在于实践得少，通过教师的示范操作、哥哥姐姐的帮助练习和家园联系，孩子们逐渐掌握穿衣服的技巧（见图 4-2-7）。

2. 给宝宝穿衣服

孩子们好不容易学会了给自己穿衣服，他们开始迫不及待地要给宝宝穿衣服：先是区分衣服的正反面，接着把衣服摊开，将宝宝的手套进袖子、小腿套进裤脚，扣好扣子和粘好魔术贴，宝宝的衣服就穿好啦！（见图 4-2-8）

▲ 图 4-2-7 幼儿自己练习穿衣

▲ 图 4-2-8 幼儿给宝宝穿衣

3. 一起来打扮

孩子们在学会帮助宝宝穿脱衣服和鞋袜后，对自己仪容仪表的要求也提高了。有家长说，孩子每天都会选择好自己想穿的衣服和鞋袜，提前安排好自己想戴在头上的头饰等。每天孩子们入园后都会到班级的全身镜前打量一下自己，他们会在意今天穿的衣服好不好看，穿的鞋子酷不酷，他们在穿搭衣服的基础上，也开始打扮起来。所以教师在娃娃家外面的柜子里投放了相应的材料，鼓励孩子们自主选择材料进行打扮（见图 4-2-9 至图 4-2-15）。

▲ 图 4-2-9 串珠

▲ 图 4-2-10 帽子

▲ 图 4-2-11 眼镜

▲ 图 4-2-12 发夹

▲ 图 4-2-13 头箍

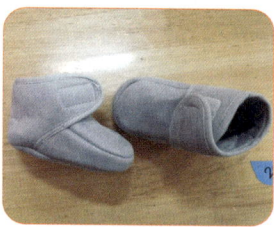
▲ 图 4-2-14 鞋子

▲ 图 4-2-15 袜子

幼儿使用丰富多样的材料进行操作，他们能串大大小小的珠子，自制发箍、手链、项链、发夹等。给宝宝穿好衣服鞋袜后，幼儿会帮宝宝也戴上好看的首饰。还会给自己和朋友及宝宝涂护手霜、抹润肤露、涂指甲油等，既打扮宝宝也打扮朋友和自己（见图 4-2-16 至图 4-2-18）。

角色体验三：服务小达人

▲ 图 4-2-16　给宝宝抹润肤露

▲ 图 4-2-17　戴眼镜

▲ 图 4-2-18　涂指甲油

（二）收获分享、感受快乐

教师：今天你们玩得很开心，你们学会了什么新本领？发现了什么有趣的事？
幼儿1：我今天学会了给宝宝穿衣服。
幼儿2：我也会给宝宝穿衣服了。
教师：这可不是一件容易的事啊，你能教教其他小朋友吗？
幼儿1：把有图案的那一面穿在前面，有标签的那一面穿在后面。
幼儿2：还要把宝宝的手和腿套进袖子和裤腿。
幼儿3：最后扣上扣子或者把魔术贴粘起来就穿好了。
幼儿3：我学了很久，总算给宝宝穿上衣服了，太难了。
教师：穿好衣服后，你们还玩了什么？
幼儿1：我串了项链，给自己和宝宝戴上，好漂亮。
幼儿2：太阳太晒，戴上墨镜就不怕晒。
幼儿3：我还给宝宝抹香香。
幼儿4：我给宝宝做了指甲，我们要一起出去逛街……

孩子们向同伴分享着今天的趣事，回味无穷。

（三）反思调整、优化策略

1. 劳动目标的达成情况

教师提供机会让幼儿亲身体验，先是认知正反面，接着练习穿衣服，掌握自己穿衣服的办法后再练习给宝宝穿。在发现孩子们有打扮需求后，教师及时提供材料支持幼儿游戏。在游戏前后，幼儿的生活自理和服务意识被激发，通过装扮自己和宝宝，他们在精神上获得满足，在劳动中也更积极主动，幼儿劳动的自主性、积极性得到一定的提高。所以孩子们玩得特别开心。

2. 下一阶段推进思路与策略

为了支持幼儿接下去的游戏，教师提供低结构化的材料，如饮料罐、包装盒、纸筒、冰棒棍和多种材质纸张、布料等，激发幼儿的想象力，让他们在游戏中引发新的玩法和情节。

探究三：宝宝生病了

（一）劳动探究、切身体验

问题讨论

> 问题：宝宝生病了怎么办？
> 幼儿1：宝宝怎么啦？
> 幼儿2：头痛。
> 幼儿3：那我们带宝宝去看医生。
> 幼儿4：打针就会好的。
> 幼儿2：也可以吃药。
> 教师：去哪里看医生呢？
> 幼儿3：要去医院看。

支持与回应

① 回顾生活经验。教师引导幼儿回顾"生病了怎么办？去哪里看医生？"帮助幼儿将生活经验迁移到游戏中。

② 提供游戏材料。教师在娃娃家提供低结构材料，为幼儿接下去的游戏情节提供物质支持。

劳动体验

1. 带宝宝看病

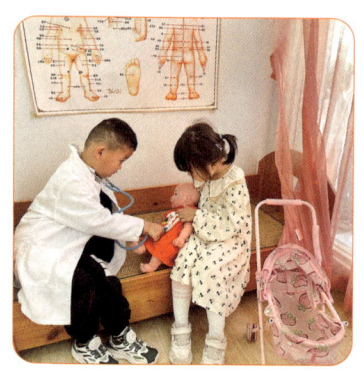

▲ 图4-2-19 医生就诊中

> 幼儿1：医生，我的宝宝说头痛！
> 医生：你把宝宝抱给我，我先给宝宝量一下体温。（说着医生拿了一根冰棒棍，当成体温计，他甩了甩冰棒棍，夹在宝宝腋下，过一会儿拿起来看了看，紧接着拿起听诊器，听一听宝宝的前胸。）（见图4-2-19）
> 医生：糟糕！宝宝发高烧了！
> 幼儿1：那怎么办？
> 医生：要给宝宝抽血，还要给宝宝打针，对了，回家后记得喂药。

说完，"医生"为宝宝抽了血，给宝宝用针筒打了一针，并拿出一瓶药递给妈妈，再摸了摸宝宝的额头。

角色体验三：服务小达人

医生：好了，退烧了，你们带宝宝回家休息吧。

2. 给宝宝喂药

一行人带着宝宝回家后，爸爸、妈妈、奶奶分工细心地照顾宝宝，爷爷说要去买玩具来给宝宝玩，奶奶正给宝宝泡奶，妈妈抱着哄宝宝睡觉。奶奶一会儿就拿着一碗药递给妈妈说："宝贝喝了药就会好。"妈妈拿起汤勺一口一口地喂宝宝喝药（见图4-2-20）。

幼儿1：宝宝乖乖喝药，病马上就好了。
幼儿2：药好苦，呀！宝宝怎么吐了？把衣服都弄脏了。

▲ 图4-2-20 妈妈喂药中

3. 给宝宝洗衣服

幼儿1：宝宝，没关系的，妈妈帮你擦一擦。
幼儿2：我们把宝宝的衣服脱下来洗一洗吧！

孩子们的游戏过程充满想象：给宝宝喂完药，宝宝不断咳嗽，还呕吐，弄脏了衣服。妈妈拿纸巾擦污渍，奶奶赶紧把宝宝身上的衣服脱下，并拿来脸盆、搓衣板、刷子、凳子，将衣服全部浸湿后放在搓衣板上，开始一下一下地刷，等洗好了，再将衣服夹起晾晒。

（二）收获分享、感受快乐

游戏结束了，孩子们恋恋不舍地一边摆弄着材料，一边收玩具，回班级后，他们迫不及待地想和其他伙伴分享娃娃家里的趣事。

问题：宝宝怎么了，你们是怎么照顾他的？
幼儿1：宝宝生病了，我带宝宝去看医生。
问题：医生是怎么做的？
幼儿1：医生给宝宝量体温，发现宝宝发热了。
幼儿2：医生给宝宝打针，还拿了药。
幼儿2：我们给宝宝喂药的时候他很不舒服，还吐了。
问题：宝宝吐了怎么办呢？
幼儿1：我拿纸巾把脏东西都擦掉。
幼儿2：我给宝宝洗衣服去了。

问题：衣服要怎么清洗呢？

幼儿2：拿工具，先把衣服打湿，搓搓搓，衣服就洗好了，还要晾起来才会干。

幼儿3：我看到衣服洗得干干净净的……

教师引导幼儿将刚才的游戏画下来，张贴在班级的游戏板块，将这有趣的游戏瞬间与其他人一同分享。

（三）反思调整、优化策略

1. 劳动目标的达成情况

幼儿因为有生病的经历，所以有了生活经验，他们在游戏中能迁移生活经验，比如："医生"会用冰棒棍代替体温计进行体温测量，知道简单的看病步骤，其他幼儿在游戏中遇到问题时，如医院人多、如何进行后期的护理工作等，懂得运用经验动脑筋解决问题，所以幼儿玩得特别开心、特别逼真。

2. 下一阶段推进思路与策略

在接下来的游戏中，幼儿提出要给宝宝过生日的想法，教师和幼儿一同制订游戏计划，引导每个角色确认自己的任务，同时从幼儿的需求出发，一起创设环境、准备材料，让幼儿自主推动游戏发展。

活动成果　给宝宝过生日

孩子们在座位上兴奋地讨论起了今天的游戏计划。

幼儿1：爸爸，宝宝要过生日了，我们给他举办一个生日派对吧！

幼儿3：好啊，可是要准备什么？

幼儿2：要有一个好吃的大蛋糕，我喜欢草莓味的！

幼儿4：还要有气球。

幼儿1：对对对，还要戴生日帽、唱生日歌。

幼儿2：我最喜欢收礼物。

幼儿1：还可以邀请好朋友来。

幼儿5：那我应该做什么呢？

孩子们纷纷说着自己要做的事情，妈妈负责做饭，姐姐准备蛋糕，爸爸打扫房间、布置场地，奶奶打电话邀请好朋友……

教师：那我们行动起来，大家开始筹备生日会吧！

▲ 图 4-2-21　幼儿准备食物

1. 准备食物

妈妈认真挑选食物，准备蔬菜、水果等，选好后开始清洗、切、炒、摆盘等，姐姐忙着准备蛋糕（见图 4-2-21）。

2. 布置场地

爸爸到美术馆找来礼物盒，挨个往里面装东西，为宝宝的生日会准备礼物，还到童年小铺购买了大大小小颜色不同的气球、桌布，准备布置宝宝家。

3. 邀请客人

奶奶正坐在椅子上给朋友打电话，邀请他们来参加生日派对。

孩子们一番忙碌下来，为宝宝家布置了多彩的气球，桌上铺着漂亮的桌布，摆放着可口的蛋糕和美味的饭菜，桌子下方还有爸爸准备的礼物以及生日帽，看起来有趣极了。孩子们唱起生日歌，拍着小手，笑得合不拢嘴，十分温馨。

> 幼儿1：记得插蜡烛哦。
> 幼儿2：吹蜡烛吹蜡烛！
> 幼儿1：我给大家切蛋糕，你一块，我一块。
> 幼儿3：真是太好吃啦！
> 幼儿2：还有我们要送给宝宝的礼物，宝宝一定很喜欢。
> 幼儿1：生日派对真是太好玩啦！
> 幼儿3：下次我也要举办生日派对，邀请大家来参加！
> 幼儿2：我会给你准备礼物的！
> 幼儿4：你要记得邀请我哦。

孩子们期待着下一次的生日派对。

职业体验活动

活动反思

① 幼儿层面。在"照顾小宝宝"的游戏过程里，幼儿的各项能力都得到了发展。一是劳动意识和劳动技能方面。对于小班的幼儿来说，"劳动意识"从"自我服务"开始，学会自理，再到小班中后期开始有了"为他人、集体服务"的劳动意识。幼儿在一次次为宝宝喂奶、穿衣、打扮、洗澡、照料中无形培养了自身的劳动技能，同时也增强了自身的劳动意识。二是游戏水平方面，幼儿之间不再只是平行游戏，他们开始与其他馆区进行联动交流；能做到熟练使用不同的工具材料，以物代物行为频繁出现，在教师的帮助下也开始解决矛盾冲突，向联合游戏发展。三是社会交往方面，孩子们从只关注自己的角色到开始关注他人的角色行为，能进行友好对话，提高社交能力，推动游戏情节。

② 教师层面。教师作为观察者、引导者，跟随孩子经历全过程。教师从幼儿的兴趣及自身生活经验出发，通过观察和模仿，用语言、动作、表情创造性地再现生活场景。充分利用了幼儿园母婴体验馆的资源，让幼儿在亲身体验和实际感知中丰富生活经验，通过问题引发—共同讨论—经验提升—掌握技能—生成情节等，推动游戏进程。

③ 家长层面。"照顾宝宝"作为最典型的角色游戏，离不开家长的合作共育，如幼儿在

游戏中扮演角色、理解角色，与最亲密的爸爸妈妈或其他家庭成员互动。无形中幼儿认知和理解了这些角色，增进了家庭成员之间的情感交流。幼儿生活自理能力的培养不是一蹴而就的。游戏中，孩子们从最初自我服务经验的缺失到丰富相关经验、动手练习操作、自发劳动创造，孩子们的自我服务意识都有了很大的提高，充分发挥家园合作效益最大化。

中班　剧场里的大世界

思维导图

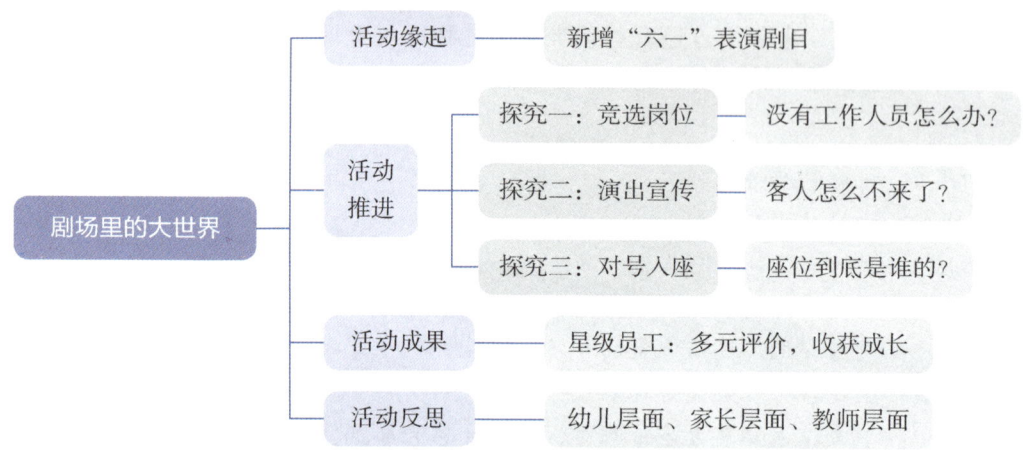

活动缘起

"六一"节要到了，有孩子提议："老师，下个月就是'六一'儿童节了！今年我们要表演什么呢？"教师接过幼儿的话题："你们有什么想要表演的节目吗？都说一说。"幼儿三五成群地讨论着，有些幼儿还走到了表演区翻看已有的服装和道具，说着"这个好，那个好"……他们七嘴八舌地讨论着，脸上满是期待和向往的神情。

活动推进

探究一：竞选岗位

对于"六一"表演剧目的地点，孩子们各有各的想法，有的说要去小天鹅公园开音乐会，有的说要到戏剧中心演出，还有的说要到大操场的滑滑梯下面表演。大家意见不同，当天轮值小班长说："投票决定吧！"全班幼儿都同意了这个办法，教师说："你们来投票，我来统计票数。"全班投票一致决定继续排练《小兔子过生日》《美好的一天》，并将《三只小猪盖房子》作为班级的新剧目排练，演出地点定在戏剧中心（见图4-3-1）。

▲ 图4-3-1　幼儿剧目投票

角色体验三：服务小达人

（一）浸入职场、自主自选

戏剧中心里已有若干舞台、道具、角色服装等，可是，谁来做小演员呢？谁来帮忙做道具呢？许多幼儿纷纷自荐，但是演职人员数量少，不够分配是个问题。

> 幼儿1：这么多小朋友是没办法全部当演员的。
> 幼儿2：是呀，而且光有演员也不行。
> 幼儿3：还需要大家扮演不同的角色，游戏才有办法进行。
> 幼儿4：或者我们大家可以轮流当工作人员呀！

于是幼儿开始讨论起来。

（二）劳动探究、切身体验

为了让幼儿更了解剧场相关的演职人员，丰富知识经验便于后续活动推进，教师和幼儿进行了一次大调查"我的剧场我做主"（见图4-3-2）。

> 问题：需要哪些演职人员？
> 幼儿1：需要演员、主持人、售票员。
> 幼儿2：经理也是非常重要的，所有人都要听安排。
> 幼儿3：不止这些呢！如果没有人搬道具，就不能演出，所以还需要道具师。

幼儿在教师的引导下围绕调查问卷"我的剧场我做主"进行先小组后班级的分享和梳理，对演职人员有了一定的认知经验。最终，幼儿以绘制思维导图、小组讨论和集体投票的形式制定了"剧场演职人员一览表"（见图4-3-3）。

剧场演职人员确定了，但是每个人要做什么呢？幼儿对工作人员的分工和职责进行了再次探讨。

▲ 图4-3-2 我的剧场我做主

▲ 图4-3-3 剧场演职人员分工

> 问题：我们要做什么？
> 幼儿1：我知道，演员负责演出，主持人需要报幕。

> 幼儿2：售票员是卖票的，灯光师要打灯，化妆师要帮演员化妆。
> 幼儿3：经理要做的事情可多了，要招揽客人，还要教演员表演，看大家工作有没有认真。
> 教师：是的，每个工作人员都是负责不一样的事情。大家一起合作才能完成演出。

支持与回应

1. 问卷调查

教师通过发放调查问卷"我的剧场我做主"，帮助幼儿丰富经验，了解剧场演职人员有哪些岗位，并集体分享问卷调查表。

2. 绘制思维导图

引导幼儿以绘制思维导图、小组讨论和集体投票的形式制定"剧场演职人员一览表"，进一步确定岗位工作职责，帮助幼儿提升角色认知。

劳动体验

1. 设计竞选表

幼儿在竞选表中以绘画的形式画出了自己的特长、会演的剧本和想要当小演员等的理由。

> 幼儿1：我喜欢当演员，因为演员可以化漂亮的妆，而且我能记得听过的故事台词，大家选我哦！
> 幼儿2：我喜欢的故事有很多，《三只蝴蝶》《三只小猪盖房子》我都会，选我，我会很认真表演的。
> 幼儿3：每次我都会很认真地演出，我当主持人特别棒。
> 幼儿4：我胆子小，妈妈说要多上台胆子就会变大，请大家给我锻炼的机会吧。

2. 明确角色职责

幼儿能依据已有经验表达对"剧场工作"的理解，大家对经理、售票员、主持人、演员都比较熟悉，但是对灯光师、道具师缺乏经验，教师以回答思维导图的形式帮助幼儿归纳和整理相关角色职责（见图4-3-4）。

> 经理：负责剧场管理，分配所有人员的工作，发放工资，负责宣传。
> 售票员：负责售票和售卖零食。
> 主持人：开始的时候报幕，结束时引导观众离场。
> 灯光师、道具师：帮忙打灯光、搬道具。

很多幼儿都想选同一个角色，并且都有合理的竞选理由。孩子们根据已有"投票表决"的经验，主动提出"大家都来选一选"的办法，每个人都有投票权，通过投票的方式选出每个岗位的工作人员，等大家熟悉工作内容后，再进行轮岗（见图4-3-5）。

▲ 图4-3-4 角色职责

▲ 图4-3-5 幼儿投票

3. 应聘上岗

幼儿通过投票的方式确定了自己的工作岗位，通过思维导图了解具体工作内容，在游戏前幼儿应聘上岗，制作相关角色道具，布置游戏场地，等等。终于，剧场开始营业了，引来许多观众上前观看演出。

探究二：演出宣传

小剧场顺利营业了一段时间后，演员在演出上态度有些散漫，因为演出前的等待时间过长，有时售票员、主持人都没有事情可以做，观众越来越少，小剧场的生意变得冷冷清清。轮值经理职位的幼儿还尝试到隔壁的美甲店吆喝："快来看演出哦，很好看。"但是效果并不明显，教师便及时组织幼儿开展关于剧场客流量的讨论。

（一）劳动探究、切身体验

问题讨论

问题：客人怎么不来了？
幼儿1：因为有时候客人还没来，演员都坐着等。
幼儿2：花店里有好吃的鲜花饼和花茶，剧场里都没有，所以客人不想来。
幼儿3：演员声音太小了，观众听不懂，而且都没有节目单看。
教师：谁来分享好办法？
幼儿1：在没有客人的时候，可以出去帮忙宣传或者整理道具。
幼儿2：演员也可以装扮自己，先换服装和道具呀！
教师：要让更多的人知道剧场有好看的节目，所以我们需要宣传大使，谁想当呢？

经过小组讨论，大家一致推选让经理兼任宣传大使，负责对外宣传剧场演出剧目、优惠活动等等。

> 问题：怎么宣传呢？
> 幼儿1：经理可以安排大家帮忙，比如有的画宣传单，有的贴宣传单，有的做海报，有的招待客人，经理拿传单宣传。
> 幼儿2：这个办法不错，我们可以制作一些宣传单，给客人介绍今天我们演什么。
> 幼儿3：还可以做剧本，客人看了我们的剧本后，说不定都想来看表演呢！

支持与回应

1. 小组讨论

根据幼儿在游戏中出现的问题，教师在游戏结束后及时引导幼儿观看游戏视频，提出游戏中存在的问题，小组进行讨论，商量解决办法。

2. 丰富经验

教师针对幼儿提出的解决办法，请家长帮忙，利用周末时间带领幼儿进商场、超市、电影院等体验线下宣传活动，丰富幼儿宣传的相关经验。鼓励担任经理的幼儿带着小组制作的海报走出去吆喝，让其他幼儿帮忙张贴宣传海报、向客人介绍剧本等，引导幼儿在下一次游戏时可以尝试更多宣传方式。

3. 提供材料

给幼儿提供物质材料方面的支持，如设置百宝箱，里面放有纸张、马克笔、"小蜜蜂"、彩带、剪刀、胶带、小零食等，供幼儿进行自主选择游戏材料以便于及时处理游戏中出现的问题。

劳动体验

经过讨论，幼儿选择以下四种方法宣传，分别是制作演出剧本和海报宣传单、外出进行宣传、花车巡游宣传。

1. 制作演出剧本

幼儿手绘剧本（见图4-3-6），可是剧本做好了，没人知道怎么办呢？如何吸引观众来观看呢？

2. 制作海报宣传单

这时，便有幼儿提出，要制作海报宣传单来吸引观众，海报宣传单上标注演出的内容、观众可以享受到的服务等（见图4-3-7）。海报宣传单有了，可是观众依旧很少，怎么办呢？只见身为经理的幼儿戴上"小蜜蜂"大声吆喝着……

3. 外出进行宣传

幼儿在剧场增加了美味的小零食供客人品尝，比如小饼干、爆米花、软糖等。"好看的演出，只需要一块钱就可以看哦！""今天演出的是《三只小猪盖房子》，这个故事很有趣，大家快来看！"经理一边向路过的客人介绍演出内容，一边送小零食给客人试吃。原来，做好的剧本、海报宣传单没有效果的原因是大家没有外出宣传！这个办法实在太妙了！于是，没有客人的时候，或者演出还没开始的时候，剧场演员就出去帮忙宣传、整理个人形象或者整理服装道具（见图4-3-8）。

幼儿制作了剧本、海报宣传单并外出进行宣传，剧场的客流量有了一定的提升。在游戏结束后教师与幼儿一同讨论，幼儿提出可以像迪士尼花车巡游一样，围绕幼儿园的小天鹅广场巡游宣传，这样说不定生意会更好。这个办法得到了班级幼儿的赞同。

4. 花车巡游宣传

幼儿将制作好的花车带到剧场，演员们学着迪士尼人物的模样，把自己装扮一番，有的坐在花车上，有的站在花车的两边，围绕着小天鹅广场进行巡游，吸引了许多的观众（见图4-3-9）。他们和路过的观众打招呼、拍照合影，大声地将演出的时间、地点、剧目告知来往的观众，由此一来，剧场的演出场场座无虚席，宣传效果翻倍。

▲ 图4-3-6　幼儿自制剧本

▲ 图4-3-7　幼儿自制海报宣传单

▲ 图4-3-8　幼儿外出进行宣传

▲ 图4-3-9　幼儿进行花车巡游宣传

（二）收获分享、感受快乐

1. 分享劳动体验和收获

问题：今天你出去宣传了吗？你是怎么做的？你感觉如何？

幼儿1：我今天到人多的地方宣传，我把剧本给客人看，向他们介绍今天演出的剧目，而且还送了他们一些小零食，最后有两个人来剧场观看。

幼儿2：今天我当演员，在客人还没来的时候，我就先整理物品、自己化妆，都没有坐在那边休息。

剧场经理：通过花车巡游，今天来剧场的客人明显多了很多，售票员和演员都有点忙不过来了。

2. 师幼小结劳动经验

幼儿在剧场职业体验劳动中不断认识自己，发现了自己的劳动能力，并且遇到问题能够自主讨论、提出解决方案并且执行，在执行的过程中积极学习新的劳动技能，进行多方宣传，体验"推销"，一起为剧场的生意而努力，同时在剧场工作中培养了自己的组织能力。幼儿的每一个角色在工作中分工明确，有条不紊，是贴心的服务者，也是有责任心的好帮手。"一条龙"式的服务在每一次的游戏开展过程中，让幼儿的劳动体验更完整：对职业认知更为全面，对职业职责更为明确，职业体验式劳动更主动积极。

（三）反思调整、优化策略

1. 劳动目标的达成情况

教师在游戏的推进过程中，从生活准备的不同板块引导幼儿养成生活和卫生习惯，增强自理能力、自我管理和参与劳动的意识等。在游戏前，教师引导幼儿主动整齐地摆放游戏物品，充分全面的游戏准备环节帮助幼儿养成管理、收拾物品等初步的劳动习惯。

2. 下一阶段推进思路与策略

本阶段在自制剧本、海报宣传单和积极外出宣传的过程中，幼儿不怕困难，能够自主讨论、解决问题，具有良好的劳动积极性，劳动态度有了一定提升，下一阶段将继续培养幼儿的劳动技能。

探究三：对号入座

经过"走出去"的宣传，在每一个演职人员的一同努力之下，剧场的客人变多了，游戏时间几乎座无虚席，每位幼儿都满心欢喜地期待游戏的开始，幼儿还会在游戏前积极制订游戏计划书（见图4-3-10）。

▲ 图4-3-10 幼儿制订游戏计划书

（一）劳动探究、切身体验

问题讨论

突然剧场里传来一阵争吵的声音："这是我的座位！""我先坐这里的！""明明是我先来的，是你占用了我的座位。"原来观众席里因为座位出现了争吵（见图4-3-11）。演员们无心表演，经理赶紧跑到观众席询问事情的来龙去脉。

> 问题：座位到底是谁的？
> 幼儿1：这里的座位没有号码，大家都随便坐的，就很容易吵架。
> 幼儿2：我和妈妈看过《熊出没》电影，买票的时候可以选择座位再买票。
> 幼儿3：对对，我也有看过，第一格楼梯就是一排，第二格楼梯就是第二排。

角色体验三：服务小达人

> 剧场经理：如果座位被选走了，就打钩，这样大家就不会买到同样的位置，我们也可以把座位都贴上号码，再让大家选择自己喜欢的位置（见图4-3-12）。

▲ 图4-3-11　观众起冲突

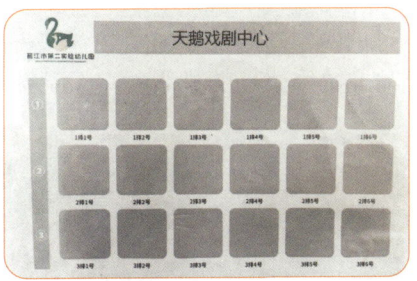
▲ 图4-3-12　座位图

支持与回应

1. 家园合作

为了丰富幼儿对于座位号的经验，教师通过家园合作，邀请家长带领幼儿外出体验观影，并请家长帮忙录制外出看电影的视频，帮助幼儿进一步了解购票、检票、观影等流程，幼儿可以更直观地了解电影院的座位分布。

2. 收集票根

收集幼儿进影院观看电影的票根，引导幼儿观察电影票上的数字与电影院座位上号码的对应关系。

3. 讨论绘制

教师结合幼儿经验与幼儿共同讨论并绘制座位图，提供卡纸、马克笔、胶带等，供幼儿制作后张贴到椅子上，并鼓励幼儿自主选择座位。

劳动体验

1. 制作座位号

混班游戏开始前，经理找来美工纸，分配给剧场工作人员，开始写座位号。细心的服务员把号码一个一个贴在座位上："让每个座位都有了号码才能开始营业。"

当第一位观众入场后，大家便遇到了一个难题："怎么知道1号座位是谁的呢？"反应快的幼儿说："还得做门票，上面的号和座位号一样。"于是剧场暂停营业，经理重新拿了一些颜色不一样的纸张。但是应该怎么编号呢？是应该从左到右还是从右到左呢？这时有去过电影院的幼儿说是从前往后数，但是并不知道具体是从左边往右边数还是从右边往左边数，经理说道："就从左往后依次数1，2，3，4，5……可以吗？"其他幼儿纷纷点头。工作人员们一起制作门票（见图4-3-13），由于花费了一些时间，等到正式营业时，剧场的门口已经被观众围得水泄不通了。

2. 新增安检员

售票员反映，观众都不排队买票，导致售票处很吵闹，售票员会更忙碌，在卖票和查票的过程中也更容易出错。

> 幼儿1：不排队的话，我们都不知道谁买了什么。
>
> 幼儿2：可以有一位工作人员来提醒。
>
> 幼儿3：我觉得插队的观众应该不卖票给他！

在幼儿的讨论中，新增加了一个角色——安检员，安检员负责检票、一对一带领观众找到所在的位置和维持售票处的排队秩序（见图4-3-14、图4-3-15）。

▲ 图4-3-13　幼儿制作门票

▲ 图4-3-14　安检员核对座位号

▲ 图4-3-15　安检员一对一引导观众入席

3. 新增保洁队

剧场的生意十分火爆，观众们不仅可以观看演出，还可以享用美味的小零食、好喝的饮料，观众们的观影体验得到提升。但是每每演出结束，观众离场后，总是能看到地上掉落的爆米花、零食外包装袋、用完的纸杯等，没有人做卫生。在游戏结束后，经理把这个问题提出来，大家一起讨论。

> 幼儿1：可以让安检员帮忙做卫生？
>
> 幼儿2：我今天检票、核对座位都没有休息过，没有办法兼顾卫生打扫工作。
>
> 幼儿1：客人太多了，我们其他的工作人员也都很忙碌。
>
> 剧场经理：既然大家都这么忙碌，那我们像电影院一样，增加保洁队吧！在演出结束后，由保洁队来帮忙打扫卫生，你们觉得可以吗？

有了保洁队以后，每次演出结束，保洁队的队员会及时出现，帮忙把地板上的垃圾捡起来，把桌椅复原，等等，让剧场快速变得干净整洁。

（二）收获分享、感受快乐

1. 分享劳动体验和劳动收获

> 问题：今天的游戏你们有遇到什么问题吗？
>
> 剧场经理：今天可紧张了，有两位客人起了小争执。

角色体验三：服务小达人

幼儿1：是呀，他们因为座位是谁的吵了起来，还好经理及时赶到，不然我们都不知道该怎么办。

教师：你们是怎么处理的呢？

幼儿3：我先让客人不要生气，询问了他们为什么吵架，原来是因为一个座位坐了两个人的问题，后来我们想出了好办法——制作了门票和座位号，大家都能找到自己的位置了。

幼儿1：我们讨论新增加了一个角色，专门检票。

幼儿2：我觉得经理做得很好。

幼儿3：我也觉得，因为我们很快帮观众解决了问题。

幼儿4：我觉得有座位号和门票很重要，而且应该要弄一个提醒的牌子。

2. 师幼小结劳动经验

本阶段剧场游戏过程中，幼儿体会到了没有规则的不方便，因此，教师鼓励孩子们讨论、制作座位号、制订规则并自觉遵守。教师发现幼儿能够清楚地明确角色职责，及时帮助观众解决矛盾，并且和同伴及时讨论解决的方案，一起制作座位号和门票，既有交流又有合作。活动中，幼儿发展了社会性并体验了劳动中的交流合作，不断提高劳动技能。

（三）反思调整、优化策略

1. 劳动目标的达成情况

中班幼儿的规则意识还是较弱，因此可以提供发现、想象和创造的机会，引导幼儿发现游戏中的问题，针对问题讨论、制订规则，并要求幼儿在游戏中遵守规则，这样，幼儿的劳动技能有明显提升。

2. 下一阶段推进思路与策略

本阶段在幼儿的努力下，剧场活动设置了门票和座位号，新增了两个游戏角色——安检员和保洁队，顾客能够自觉排队，游戏有序了不少。幼儿的社会性、创造能力和解决问题的能力在角色劳动中有了很大的提升，作为工作人员的幼儿也获得了多方面的劳动体验。

活动成果　星级员工

一次游戏小结的时候，有一位演员被同伴发现"表演动作没有做到位，客人都发现了"。

为了让幼儿学会对角色行为评价，懂得同伴互评，教师联系家长，利用周末时间带幼儿逛商场、进餐厅，体验被服务的感觉，提前丰富相关经验（见图4-3-16）。

怎样得到客人的好评呢？幼儿说："可以像餐厅一样，发好评表，给了五星好评说明服务得很好。"

1. 演员评价表

于是幼儿对演员开始了演出评价。在表演谢幕时，演员会拿出"演员评价表"给观众进行评价（见图4-3-17、图4-3-18），观众需要对每一个演员进行评价，如果发现演得不够好的，可以直接和工作人员提出，每当幼儿得到客人为他打上的"笑脸"时，都会忍不住向教师和同伴"炫耀"自己的劳动成果。这也让幼儿的"工作"充满了动力和期待。

▲ 图 4-3-16 幼儿进餐厅体验星级服务

▲ 图 4-3-17 观众为演员进行评价

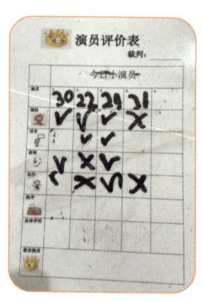
▲ 图 4-3-18 演员评价表

2. 演员互评

除了"演员评价表"外，小演员们在演出结束后，会进行内部会议，互相为自己的小搭档进行点评，观众和搭档合起来好评最多的，就能成为星级员工（见图 4-3-19 至图 4-3-21）。

▲ 图 4-3-19 演员内部会议互评

▲ 图 4-3-20 演员分享自己的评价表

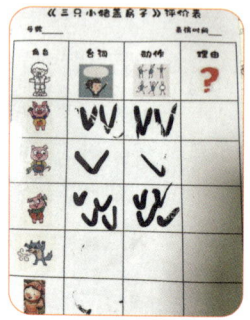
▲ 图 4-3-21 演员互评表

在实施劳动教育的过程中，教师注重合理评价，关注幼儿在劳动中的表现，避免幼儿劳动教育功利化、说教化等倾向。本次活动采用幼儿自评、集体评价相结合的方式，请幼儿说说自己的劳动表现，将幼儿参与劳动的图片在班级中展示，服务结束请客人进行评价。得到五星好评的幼儿能在劳动体验中获得劳动自豪感和愉悦感，认同自己的劳动表现或劳动成果。

本阶段幼儿的劳动观念有了一定的改变，幼儿发现在劳动的过程中，不是简单地完成岗位工作即可，而是希望劳动能够得到别人的认可，从而提升劳动技能。幼儿的角色意识更强烈，能够尊重劳动者，体会劳动者的不易，同时也从自我服务过渡到为他人服务，如演员一开始只需要装扮自己，到后面演员在空闲时会帮助剧场进行物品整理，在演出结束后，征询观众意见，填写"演员评价表"。在劳动过程中幼儿也更加注重细节。

活动反思

① 幼儿层面。通过亲身体验各种职业，从他人的角度出发来点评自己的劳动，形成正确的劳动观念，具备基本的劳动能力，更为重要的是幼儿亲身参与，感知生活并反映生活，生活即学习，学习即劳动，幼儿获得了身心融合发展。在这场角色游戏的过程中，小演员诞生记、竞选工作人员、自制座位号与海报等活动引导幼儿承担了适当的劳动任务，劳动技能如打扫游戏场地、售票、引导入座等得到进一步提升。在游戏前后，教师鼓励幼儿自主收、取游戏

物品，分担劳动任务，帮助其养成热爱劳动、尊重劳动者、珍惜劳动成果的品质。

②家长层面。在本次活动中，家长参与班级课程的次数增加，积极性也提高。从参观剧场、认识剧场到收集演出服装和道具，带领幼儿进电影院观看演出，进餐厅、商场体验商家服务，家长为丰富幼儿活动经验发挥着重要的作用。期间，家长增加了与幼儿之间的相处时间与学习机会，也更加深入了解幼儿园的劳动课程及蕴藏的教育意义。

③教师层面。本案例通过幼儿游戏前自主竞选岗位、自主选择职业，让幼儿体验了剧场中的经理、演员、售票员、灯光师、服务员等职业角色。在游戏开展推进的过程中，幼儿在学习，教师对于剧场相关知识的储备也不断增加。教师引导幼儿制定评价表，从多元角度收获了客观的劳动评价，不断地优化评价体系，提升了幼儿的劳动合作力和掌握关键劳动技能的能力。教师将六一儿童节和园本课程"小天鹅游戏城"结合，开展"剧场小主人"职业体验式劳动系列活动，这也调动了教师自身多领域融合教学的能力。

大班 快递员成长记

思维导图

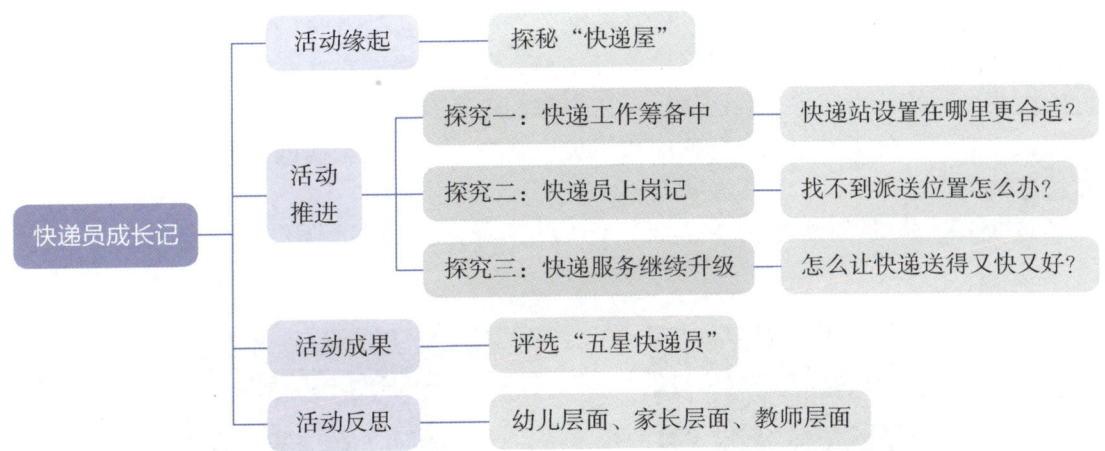

活动缘起

中午孩子们到轮胎公园散步，惊奇地发现"快递屋"里堆满了老师们的快递，他们对快递充满了好奇。之后，越来越多的小朋友围在一起，他们观察着快递箱上的信息，七嘴八舌地讨论着，很快孩子们萌发了为老师送快递的想法，并且决定在幼儿园成立快递站，用于整理、放置快递，小小快递员们正式上线啦！

活动推进

探究一：快递工作筹备中

在快递游戏开始前，教师了解到幼儿对快递已有粗浅的认识，但是对快递服务认知经验不足，于是教师与家长形成劳动共育共识，利用周末的时间带领幼儿走进社区"菜鸟快递站"了解快递,增加对快递服务流程、角色、职责的认知,为幼儿浸入职场、进行劳动探究做好铺垫。

(一)浸入职场、自主自选

问题:快递这么多,我们要把快递站设置在哪里更合适呢?
幼儿1:可以在航空体验馆旁边的空走廊,那里还没有游戏区。
幼儿2:那里刚好离老师办公室很近,给老师们送快递也很方便。
幼儿3:老师的快递这么多,我们需要在四楼找一个比较大的地方建一个快递站放快递。
幼儿4:五店市体验馆旁的走廊也很合适。
教师:对于快递站的选址大家的意见不一样,这可怎么办呢?
幼儿1:老师,我们可以去四楼看一看吗?再投票来给快递站选址。
教师:这个办法很好,我们一起去试一试吧!

为了探究"适合快递站的场地",幼儿与教师一起出发实地考察(见图4-4-1、图4-4-2)。"航空馆外的走廊是小乘客下飞机后的必经之路,快递站设置在这,可能会影响航空馆小乘客们的游戏。"幼儿说道。"我们发现五店市旁的走廊有很大的场地,还有很多木柜子可以放快递,离老师办公室也很近。"大家兴奋地说着自己的发现。根据实地考察的情况,孩子们对快递站场地进行投票(见图4-4-3)。

经过统计,大部分幼儿认为五店市体验馆旁的走廊更适合作为快递站的场地(见图4-4-4)。

▲ 图4-4-1 考察航空馆走廊

▲ 图4-4-2 考察五店市旁选址

▲ 图4-4-3 快递站选址投票中

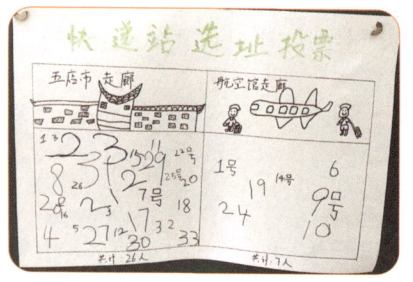
▲ 图4-4-4 选址投票结果

角色体验三：服务小达人

于此，幼儿开始化身小小快递员，投入到快递站的筹备工作中……

（二）劳动探究、切身体验

问题讨论

> 问题：选好了位置，我们还可以准备些什么呢？
> 幼儿1：得有一些桌子、椅子，我们能坐下来做事情。
> 幼儿2：还要有晾衣架，可以挂快递员的衣服、帽子。
> 幼儿3：能不能有一些可以记录的纸和笔，以及小筐、胶带这些工具呢？
> 幼儿1：这些材料班级都有呢！
> 幼儿4：我们家还有些拆快递留下的纸箱，可以带来快递站包装快递。
> 教师：我们一起收集材料布置快递站吧！

支持与回应

① 提供材料。为了让快递站材料的准备更充分，教师为幼儿提供了学园桌椅及班级表演区闲置的晾衣架用于创设快递站环境，并从网上采购快递员工作服及包装快递胶带、标签、剪刀等工具。另外教师收集了旧电脑、生活报纸、气泡膜、快递纸箱等，更好地创设情境。

② 家长资源。教师借助家长资源、社区资源，引导幼儿与家长利用放学时间进社区快递站，了解快递站环境、工作流程、工作人员的工作情况，丰富相关经验。

劳动体验

1. 布置快递站场地

"我们一起去五店市旁的快递站布置场地吧！""好啊！"大家纷纷同意，他们成群结队地走到快递站。

> 幼儿1：你们看这里真的很空旷，什么都没有呢！我们一起搬一些桌子和椅子来给工作人员用吧！
> 幼儿2：哪里有多余的桌子呢？
> 幼儿3：班级的桌椅都在使用，得问问老师放桌椅的仓库在哪里。

在教师的指引下，幼儿来到了仓库。

> 幼儿1：桌子和椅子那么重，我们两个怎么拿出来呢？
> 幼儿2：大家跟我走，我们一起搬桌子。

孩子们跟随着他来到仓库，一起帮忙搬桌椅（见图4-4-5）。有的孩子把桌子的桌角对着地上的线摆得整整齐齐，椅子也整齐地摆放好；有的孩子从班级表演区搬来了晾衣架，并挂上网购的快递员工作服；有的拿来小筐和班级采购的胶带切割器，在桌子上放上牌子并标注理货区、打包区（见图4-4-6）；有的把从家里搬来的快递箱叠放整齐。慢慢地，功能区门牌、电脑、剪刀、胶带等物品也一一配齐，快递站布置完工了（见图4-4-7）！由于快递站离小天鹅游戏城很近，孩子们决定给它取名为"小天鹅快递站"（见图4-4-8）。

▲ 图4-4-5　齐心协力搬桌椅

▲ 图4-4-6　摆放桌面物品

▲ 图4-4-7　小天鹅快递站布置完成

▲ 图4-4-8　快递站外环境

2. 分配任务

小天鹅快递站布置完成后，幼儿搬起一个个快递箱开始准备送快递。可是，"快递要怎么送呢？""快递站有哪些工作人员？"等问题一一浮现。

> 幼儿1：我家附近有菜鸟快递站，我经常跟爸爸妈妈去拿快递，你们可以去参观。
> 幼儿2：我家有一本书《小小快递员的一天》，讲的是快递员是怎么工作的，我们拿来看就知道了。

讨论后，幼儿与家长利用周末参观了快递站，幼儿在家和父母查阅资料并将绘本带来分享，大家了解到快递站的工作角色包括：出单员、打包员、理货员、快递员，他们各有分工，相互合作（见图4-4-9～图4-4-12）。为了让快递的劳动体验更有序，幼儿来到美工区剪剪、画画并制作角色牌，还穿上帅气的快递员工作制服，为派送做好准备。

角色体验三：服务小达人

▲ 图 4-4-9　出单员

▲ 图 4-4-10　打包员

▲ 图 4-4-11　理货员

▲ 图 4-4-12　快递员

（三）收获分享、感受快乐

1. 分享劳动体验和劳动收获，评价劳动过程

> 问题：这次快递工作准备中，你们有什么感受或者收获呢？
> 幼儿1：我们设立了自己的快递站，动手制作了角色牌，我们太厉害了！
> 幼儿2：原来快递站要做的事有这么多，快递叔叔们真辛苦。
> 幼儿3：我们小组发现打包快递有点难，快递大，搬起来很重，但是我们都坚持下来了。

2. 师幼小结劳动经验

针对"寻找合适的快递站地址"与"物品准备"两个问题，幼儿通过与同伴协商、布置场地、动手自制角色牌等，完成了快递站选址与物品准备，为快递员上岗奠定了基础。

（四）反思调整、优化策略

1. 劳动目标的达成情况

为了区分角色分工，幼儿使用工具自制角色牌，学习使用报纸、胶带切割器、剪刀等工具包装快递，习得了包装的劳动技能。在学习搬运快递时更是用小小的力气搬运着一个个大大的快递箱，幼儿不怕困难、坚持不懈的良好劳动品质得到了提升。

2. 下一阶段推进思路与策略

为了让幼儿体验实际操作，接下来快递员们会正式出发送快递，教师也将继续与幼儿讨论派送中发现的问题，思考解决问题的方法，在快递劳动体验中提升幼儿劳动素养。

探究二：快递员上岗记

快递站场地与角色分工已准备就绪，快递员们也迫不及待要投入到快递服务派送工作中啦！让我们一起来看看：快递员们身边又发生了什么有趣的故事呢？

（一）劳动探究、切身体验

问题讨论

> 问题：找不到派送位置怎么办？
> 幼儿1：找不到位置可以找老师问问路。
> 幼儿2：可以看门牌号，再走进去问问就知道老师在哪间办公室。
> 幼儿3：我认识字，四间办公室门牌上写有"大""中""小""园"，是老师的办公室和园长妈妈的办公室。
> 幼儿4：门牌上有些字我们看不懂，我们也可以自己给办公室编号。
> 问题：怎么编门牌号呢？
> 幼儿1：第一个数字是代表楼层数，一楼第一间就是101。
> 幼儿2：可是我们班级没有数字门牌。
> 幼儿3：我们可以在美工区做门牌。

支持与回应

① 经验支持。教师与幼儿共同探究数学规律，复习了数序的数学知识，欣赏了生活中的门牌图片，了解了如何制作门牌等，为下阶段劳动体验提供经验支持。

② 材料支持。在美工区，教师提供了画笔、万通板、绳子等物品，支持幼儿自制门牌、绘制地图。

劳动体验

1. 自制门牌

快递员们派送时找不到位置怎么办呢？"我们可以在美工区制作门牌！"孩子们找来了美工区的剪刀、绳子、万通板和彩泥，开始制作门牌。

> 幼儿1：要将板子对齐门的长度，剪下来才刚刚好。
> 幼儿2：门牌还得编上数字呢，四楼的第一间，就是401啦，接下去就是402……

为了让门牌更加醒目,孩子们选择使用彩泥进行制作,并锻炼搓、团、按等劳动技能(见图 4-4-13)。完成后,幼儿与教师利用中午散步时间将门牌挂在了办公室门口。一间间办公室门上被挂上了色彩鲜艳、数字清晰的门牌,这下快递员们就可以准确地将快递送达了(见图 4-4-14)。

2. 绘制地图

虽然送快递的车队已经迫不及待了,但是快递员的三轮车却迟迟不出发,幼儿说:"我不记得路线,怕把快递给送错了。"于是,幼儿与教师再次利用中午散步时间到游戏城熟悉快递路线,并寻找教师办公室的门牌号。同时,为了让快递员开车时也能看着地图,孩子们还绘制了四楼平面图(见图 4-4-15),将"导航"用胶带贴在小车上,这样快递员找不到位置时,就可以看着地图找(见图 4-4-16)。一辆辆快递车配上了"导航",派送快递再也不用担心找不到位置了。

▲ 图 4-4-13 自制门牌

▲ 图 4-4-14 悬挂门牌

▲ 图 4-4-15 绘制四楼平面图

▲ 图 4-4-16 增加"导航"

(二)收获分享、感受快乐

1. 分享劳动体验和收获

派送快递结束后,教师鼓励幼儿以劳动日记的形式,表征并记录派送中遇到的问题,引导幼儿在游戏日记中分享分工合作制作门牌、悬挂门牌的方法,请幼儿在学园升旗仪式馆区播报中以讲述和视频播放的形式,与弟弟妹妹分享游戏中劳动的体验。

2. 师幼小结劳动经验

针对快递员遇到的"找不到派送位置"的问题,教师与幼儿共同梳理出三个方法。一是绘制四楼平面图，二是将派送路线画成"导航"，三是分工合作制作门牌号。孩子们在游戏中会发现问题，也学会了思考解决问题的方法，孩子们为自己能够动手解决问题感到快乐，并得到了来自家长、老师、同伴和弟弟妹妹的肯定。

（三）反思调整、优化策略

1. 劳动目标的达成情况

小小快递员临近上岗却遇到快递配送的"目的地路线不熟"的大难题。在教师的支持下，孩子们在区域中与同伴共同动手自制并悬挂门牌，游戏目的性更加明确。另外他们还懂得了运用已有的数学经验解决问题，提升了劳动能力。教师也鼓励幼儿学看"导航"确定派送目的地，更明确了派送服务之间的关联性，同时也增加了幼儿对快递工作的角色认识，提升了角色职责和"职业"意识。

2. 下一阶段推进思路与策略

经过游戏推进，幼儿逐步熟悉快递流程与工作职责，但是快递站也收到了顾客们的反馈，如快递送得太慢，快递员不敢与顾客交谈等，这可怎么办呢？下阶段教师将和幼儿一起完善快递服务细节，让服务持续升级！

探究三：快递服务继续升级

快递派送并非一帆风顺，但在孩子们的努力下问题都一一克服了。然而快递派送服务也收到了顾客"送得太慢了""都不回答我的问题"等反馈。

（一）劳动探究、切身体验

问题讨论

> 问题：怎么让快递送得又快又好？
> 幼儿1：选择有车厢的小货车。
> 幼儿2：把车骑得快一点，就能快点送到。
> 幼儿3：也可以和好朋友一起出发，互相加油打气！
> 幼儿4：还要大胆回答顾客的问题。

孩子们积极地讨论，还学说起常见的文明用语，希望能得到顾客的肯定。

支持与回应

① 观看视频。为了提升服务，教师与幼儿通过共同观看生活中快递员派送快递的工作视频，丰富游戏经验。

② 鼓励交往。创设积极的语言环境，引导幼儿学说角色间常见的对话，如"请问××在吗？""这是您的快递，请查收"等，增加角色间的互动。

③ 增设快递车。增加三轮车、小货车等车辆，丰富派送车的类型，增设的红色小货车容

量更大，可以装下更多的货物，也提升了派送速度。

劳动体验

1. 提升派送速度

孩子们一起来到骑行区，大家发现："红色小货车有车厢，拿上来当快递车吧。"他们齐心协力把红色小货车拉到小天鹅快递站（见图4-4-17、图4-4-18）。

送快递的车种类增加了，有黄色三轮车、红色小货车。孩子们开心地说："红色小货车的车厢很大，一次可以装很多的快递。"有了多种派送车，快递员还加快骑车的速度，大大提高了派件速度与效率！（见图4-4-19）

▲ 图4-4-17　出发骑行区寻车　　▲ 图4-4-18　拉来红色小货车　　▲ 图4-4-19　小货车派送快递

2. 礼貌服务

孩子们在游戏开始时选择了同伴（见图4-4-20），他们一起出发，互相加油打气。幼儿在派送过程中会先看快递单再询问，还主动使用文明用语与同伴和老师对话，比如"老师您好，这是您的快递，请签收""期待下次为您服务"。老师接过快递后纷纷感谢，快递员们露出灿烂的笑容，他们的礼貌服务得到了肯定（见图4-4-21）。

▲ 图4-4-20　结伴同行　　▲ 图4-4-21　给老师送快递

（二）收获分享、感受快乐

1. 分享劳动体验和劳动收获

> 教师：顾客对你们的服务感觉怎么样呢？你们是怎么做的？
> 幼儿1：快递很快送达了，顾客笑眯眯地接过快递。
> 幼儿2：我和好朋友一起送，我们回答了顾客的问题，顾客还说"谢谢"。

幼儿3：其实和顾客交谈也不难。

幼儿4：我感觉我们越来越厉害了。

2. 师幼小结劳动经验

针对顾客反馈的配送速度慢、文明礼貌的问题，教师和孩子们一起讨论和思考，梳理出三个办法：增加派送车的类型，提高载货量；学会使用文明用语，大胆与别人交谈；同伴合作，大方得体回答顾客的问题，从整体上提升了快递服务的质量。

（三）反思调整、优化策略

1. 劳动目标的达成情况

在游戏中，幼儿明确了快递员的工作职责，遇到了问题也能积极投入，而且喜欢思考问题，如"快递站要准备什么呢？""找不到派送位置怎么办？"等。幼儿在快递站角色体验中萌生了为他人服务的劳动意识，不断提高派送速度，学习打包整理等劳动技能，坚持不懈、持之以恒的劳动品质得到了培养。同时在游戏中他们也更愿意大胆地展现自己，在劳动中收获了自信与成就感。

2. 下一阶段推进思路与策略

每位快递员工作都很认真。"谁的服务最棒？顾客最喜欢哪个快递员？为什么呢？"带着这些问题，教师将和幼儿共同评选出"五星快递员"。

活动成果　　五星快递员

1. 设计"五星评分表"

经过集体讨论，孩子们选择了用"打星"的方式评选"五星快递员"。可是要怎么设计评分表呢？有孩子提出："我们可以把工作人员的工作内容画下来，再让顾客去打星评价。"他们围成一圈讨论着每个工作人员的职责，有的负责画，有的负责剪贴（见图4-4-22），五星评分表绘制成功啦（见图4-4-23）！

▲ 图4-4-22　合作设计五星评分表

▲ 图4-4-23　绘制五星评分表

2. 创设"五星快递员评选墙"

"评分表做好了，那评选墙要放在哪里呢？"孩子们又发现了新问题。他们取来万通板、剪刀、笔等工具，用剪刀把板裁剪成需要的大小，先各自写下姓名贴，再用胶带张贴在板上。

游戏后，孩子们把自己所获的星数用数字、图案表征的方法记录在评选墙上（见图4-4-24至图4-4-26），并运用数学方法进行分类、统计，五星快递员花落谁家便一目了然。

▲ 图4-4-24 制作五星快递员评选墙

▲ 图4-4-25 记录所获星级

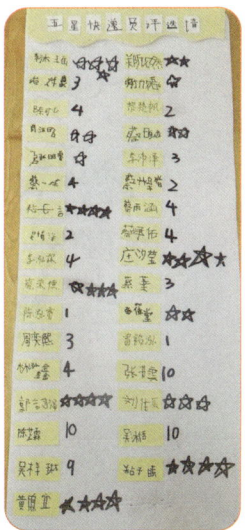
▲ 图4-4-26 五星快递员评选墙

为鼓励幼儿在游戏中投入并专注快递服务游戏，教师与幼儿还一起为五星快递员制作了五星奖牌（见图4-4-27、图4-4-28），以榜样激励孩子们，并对其劳动成果给予正面的评价。获得"五星快递员"的幼儿接过奖牌的时候，脸上露出幸福的笑容，大家都觉得劳动真快乐（见图4-4-29）。

▲ 图4-4-27 设计奖牌

▲ 图4-4-28 五星奖牌

▲ 图4-4-29 颁奖

活动反思

① 幼儿层面。"快递派送"源于幼儿生活经验，跟随幼儿兴趣。在快递服务游戏中，幼儿收获了满满的劳动成果，也获得了劳动技能的提升。在活动中幼儿强化角色认知，丰富角色行为，更学会用发现的眼光肯定自己和他人的劳动成果，分享劳动经验。特别是游戏后的评价中，通过师幼评价、幼幼互评的形式增加了幼儿对劳动职责的感知，以及为他人服务和同伴合作的意识，劳动情感得到了满足。

② 家长层面。在游戏推进中，家长资源也发挥了重要的作用。从参观菜鸟快递站、认识快递到收集快递纸箱、查阅书籍资料，都丰富了幼儿的知识经验和游戏物质材料。特别是在家园合作的过程中，亲子相处的时间变多，这增进了亲子情感，也让家长更了解幼儿园的劳动课程蕴藏的教育意义。

③ 教师层面。在课程开展前，教师对"物流行业"的具体内容知之甚少，在游戏开展中师幼知识储备不断增加，"小天鹅快递站"是师幼共同学习的过程和载体。在活动开展中教师以幼儿为本，时刻观察留意幼儿游戏表现和游戏需要，推动活动进行，帮助经验提升，但是也存在些疑惑，比如，如何思考"角色游戏体验"与"劳动教育"之间的关联。相信在接下来"服务小达人"课程的实践中，教师也会不断学习。

角色体验四：班级小老师

 一、活动简介

班级小老师体验式劳动是以幼儿最为熟悉的班级作为劳动体验的场域，根据幼儿的兴趣、经验、需求与实际水平，通过角色扮演班级小老师（含教师、保育老师、保健医生等保教人员）的劳动体验，支持与引导幼儿以分享交流、亲身体验、合作协商、动手探究来解决日常生活问题，满足幼儿自我服务和服务他人及集体的愿望，树立主人翁精神，从而养成爱劳动、会生活、乐成长的劳动精神。

（一）活动背景

教师、保育老师和保健医生是幼儿在幼儿园最熟悉和亲密的伙伴。根据幼儿的发展需要，除了创设温馨自主的班级环境外，十大角色体验馆、八大户外活动区等游戏场域都是幼儿体验劳动的良好场所。孩子们可以通过扮演保教人员感知不同角色的工作内容，在一日生活中提升生活自理能力，形成"自己的事情自己做、他人的事情帮着做、集体的事情抢着做"的劳动观念，养成自我服务和服务他人的良好习惯，体验保教人员工作的艰辛与不易，进而增强责任感与成就感，萌发爱老师、爱班级、爱幼儿园的归属感。

（二）环境创设

"班级小老师"活动的环境创设可以参照图 5-1-1 至图 5-1-8。

▲ 图 5-1-1　班级活动室

▲ 图 5-1-2　劳动区（大扫除的工具）

角色体验四：班级小老师

▲ 图 5-1-3　书包柜　　　　　　▲ 图 5-1-4　生活自理区

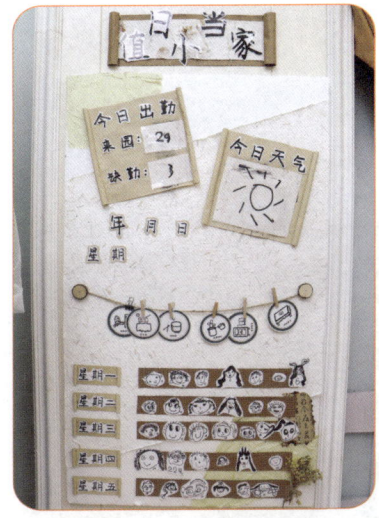

▲ 图 5-1-5　值日生墙面　　　　▲ 图 5-1-6　自然角

▲ 图 5-1-7　小天鹅游戏城（一）　　▲ 图 5-1-8　小天鹅游戏城（二）

（三）活动目标

"班级小老师"体验活动的目标如表 5-1-1。

▼ 表5-1-1 "班级小老师"体验活动目标一览表

年龄段	维度			
	劳动态度	劳动认知	劳动技能	劳动习惯
小班	1. 愿意参与自理劳动 2. 会亲近教师，喜欢上幼儿园	1. 知道自我服务的内容 2. 懂得自我服务的方法	1. 掌握生活自理的基本方法，如穿脱衣服、独立进餐、盥洗等 2. 能表达自己在劳动中的想法	养成自己的事情自己做的劳动习惯
中班	1. 喜欢参与值日生工作，树立劳动光荣的意识 2. 喜爱班级、教师与同伴，体验教师的艰辛	1. 知道值日生的职责，清楚值日生的工作内容 2. 认识常见的劳动工具，了解其使用方法	1. 学会擦、扫、夹、粘等劳动技能，手的动作较灵活协调 2. 能较清楚地表述自己的劳动感受，尝试评价劳动成果	1. 养成与同伴分工合作的值日习惯 2. 养成整理分类玩具和劳动工具的习惯
大班	1. 愿意为集体做事，积极参与、承担馆区的管理与任务 2. 在群体活动中积极、快乐，具有初步的归属感	1. 了解馆区管理人员的职责 2. 掌握有效打扫的方法和步骤	1. 能制订劳动计划，能运用不同的劳动工具整理、打扫馆区 2. 主动与同伴合作推介馆区，为馆区提供服务 3. 能评价劳动成果并提出建议	与同伴协商解决劳动过程中遇到的问题，养成定期打扫的劳动习惯

（四）活动内容

依据《指南》精神，结合课程目标和幼儿各年龄段学习特点或发展特点，我们与幼儿商定"班级小老师"劳动的相关内容，见表5-1-2。

▼ 表5-1-2 "班级小老师"活动内容一览表

年龄段	内容	
	自我服务	服务他人、集体
小班	嗨！排队啦 自己的事情自己做 好好吃饭	可爱的芦丁鸡 小角落大世界 ★学当小老师
中班	"筷"乐成长 一起"趣"整理 餐后刷牙不可少	★小小值日生 小蚂蚁，大探索 我最爱的农场值日
大班	小书包大能量 时间小主人 整理小书包	★我的馆区我做主 新绘本怎么整理？ 玻璃清洁大作战

二、活动实例

小班 学当小老师

思维导图

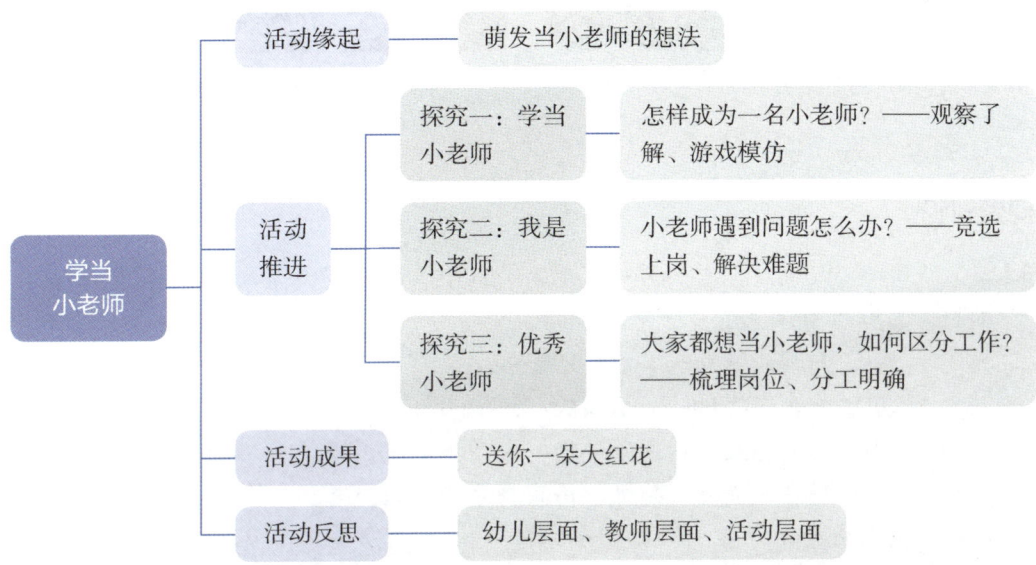

活动缘起

经过一个阶段的幼儿园生活，班上的幼儿开始乐此不疲地模仿着教师的一言一行，争先恐后地扮演起老师来。有的会提醒大家要坐坐好，有的会提醒小朋友不要插队……这种自然而然的行为，让我们感受到小班幼儿对"老师"这个角色有着好奇与满满的模仿欲望。为了追随幼儿的兴趣，我们开启"学当小老师"的奇妙之旅。

活动推进

探究一：学当小老师

（一）浸入教室、自主自选

小班幼儿度过了开学初期的入园焦虑后，经常笑嘻嘻地探着小脑袋观看或者模仿老师在做的事情。区域游戏中，有的幼儿会要求其他幼儿坐坐好，跟着他一起念童谣，学起老师上课的模样（见图 5-2-1、图 5-2-2）。其他幼儿也想当老师，为了满足角色扮演的需求，我们设置了角色游戏区。

▲ 图 5-2-1 幼儿模仿老师上课

▲ 图 5-2-2 幼儿模仿老师念童谣

（二）劳动探究、切身体验

问题讨论

问题：怎样成为一名小老师？
幼儿1：小老师要能够自己穿衣服。
幼儿2：小老师要懂得排队，不插队。
幼儿3：小老师要会教小朋友做早操、玩手指游戏。
幼儿4：要会唱歌、跳舞、画画、讲故事才能成为小老师。
小结：要想成为小老师，就要有各种本领。

支持与回应

① 通过问卷调查、集中谈话等活动，从环境布置、小老师要做的工作等方面，师幼共同梳理出角色区的游戏内容。

② 通过创设角色游戏区，教师提供相应的材料，让幼儿在区域中进一步扮演，体验模仿的乐趣。

③ 通过观看视频《老师的一天》和日常生活中对老师的观察，让幼儿对老师一天的工作有了更深刻的了解（见图5-2-3、图5-2-4）。

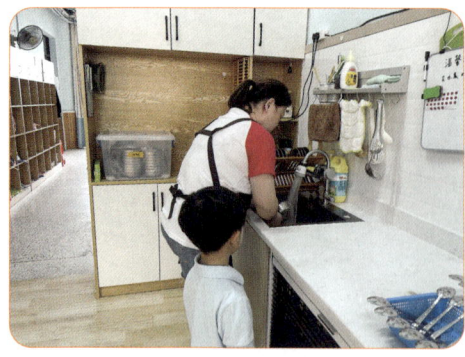
▲ 图 5-2-3 幼儿观察老师的工作

▲ 图 5-2-4 幼儿观看《老师的一天》视频

劳动体验

"我是小老师"角色区域设置后，孩子们每天都争先恐后来到游戏区进行游戏。瞧！佳佳正模仿着老师的样子，有模有样地带着其他小朋友学本领（见图 5-2-5）。小老师双手叉腰，表情认真地说："小朋友们，今天我来教你们唱歌哦！"然后，小老师清了清嗓子，开始唱起来："一闪一闪亮晶晶，满天都是小星星。"小朋友们围坐在小老师周围（见图 5-2-6），眼睛亮晶晶地看着小老师，跟着小老师一起轻轻地哼唱。小老师一边唱，一边还做着可爱的动作：一会儿摆摆手，一会儿晃晃脑袋。

▲ 图 5-2-5　小老师教小朋友学本领

▲ 图 5-2-6　小老师提醒小朋友坐好

（三）收获分享、感受快乐

"老师，你教我'小白上楼梯'的手指游戏。""老师，我昨晚跟妈妈一起学习了一首儿歌，我今天可以当小老师教给小朋友。""今天我很开心，因为我当小老师发现小朋友跟我一起坐得很整齐……"

从幼儿的言谈举止中，教师发现"学当小老师"这一游戏内容，让幼儿在学习上变得更加积极主动，但小班幼儿对当"小老师"的体验基本来自模仿，能与师幼共同生活的事件紧密联系，感受到老师的工作内容，但体验还不深刻。

（四）反思调整、优化策略

1. 劳动目标的达成情况

幼儿在游戏中扮演"小老师"，能初步感受到教师的工作内容，有初步的角色意识。小班幼儿喜欢模仿教师的各种本领，对他们自我服务、生活自理起到了促进作用。

2. 下一阶段推进思路与策略

幼儿对成为小老师需要具备的能力有了初步的了解，游戏中也遇到了一些问题，下一阶段我们将根据幼儿现阶段游戏情况继续推进"学当小老师"游戏区活动，鼓励幼儿表达分享，并通过角色扮演体验和在生活中操作实践，提高他们的自理能力。

探究二：我是小老师

（一）劳动探究、切身体验

问题讨论

经过一段时间模仿小老师的角色体验后，在日常生活中我们经常听到幼儿的一些"小报告"。明明："老师，点名的时候凯凯一直说话。"峰峰："老师，排队的时候玉玉一直乱跑！"佳佳："老师！晴晴喝水的时候，弄得满地都是！"乍一听，这是幼儿争相告状的日常片段，再深思，实则是幼儿已经萌发了一些"小老师"的意识。教师迅速抓住这有价值的时刻，将问题抛回给幼儿："那要怎么办呢？"

> 问题：小老师遇到问题怎么办？
> 幼儿1：可以提醒他们要坐好。
> 幼儿2：可以让小老师来管他们。
> 幼儿3：不小心把水洒了，要告诉老师去擦干，以防有人滑倒。

幼儿在一日生活中自我服务的主动性和自理能力都有了提高，萌发了争当小老师的念头。大家都想当小老师，这要怎么办呢？

支持与回应

① 教师在幼儿提出问题的时候，鼓励他们大胆表述自己的想法，满足幼儿当"小老师"的愿望。

② 通过家园共育的形式，家长与幼儿共同制作播报稿，支持幼儿竞选班级小老师的想法。

劳动体验

三位小老师上岗后，在排队、洗手等环节中经常能看到他们忙碌的身影，他们常常提醒其他幼儿"手要在水池甩一甩""排队要站好""吃饭不能说话"。在三位小老师的协助下，幼儿很多生活环节都更加有序。可在自主取水和饮水过程中，大家又遇到了问题……

> 问题：喝水的时候太挤，水洒了怎么办？
> 幼儿1：饮水机只有两个接水口，排两队就好了。
> 幼儿2：可以贴两条线，大家踩着线就变成两队了。
> 幼儿3：我们可以把线贴长一点，再加一个箭头，大家跟着箭头的方向走就不会撞到了。

由于小班幼儿的语言表达与合作能力还有待提高，教师结合平时排队游戏的经验，引导小老师们带着幼儿分成三组：一组负责排队探索饮水路线，一组负责寻找制作路线的材料，还有一组负责根据路线来贴电工胶，饮水路线很快就完成了。幼儿根据饮水路线再次尝试自主倒水，拥挤的问题得到了解决，倒水时幼儿很少出现碰撞、洒水的情况（见图5-2-7、图5-2-8）。

> 问题：你今天喝水了没有？
> 幼儿1：小小没有喝。
> 幼儿2：我明明就喝过了呀。
> 教师：怎么知道谁已经喝过水了呢？

师幼讨论和探索后，决定在饮水机旁设置饮水记录墙。每次喝完水就插上一根吸管，这样每个幼儿每天喝了几杯水就能一目了然。当有幼儿忘记饮水时，小老师需要去提醒他。饮水记录墙的设置，让原本不太爱喝水的幼儿，在小老师的提醒下也逐渐增加了饮水量。幼儿开始有了主动喝水的意识，还会互相提醒小伙伴们饮水，养成了自觉饮水的好习惯（见图5-2-9、图5-2-10）。

▲ 图5-2-7 讨论取水路线

▲ 图5-2-8 贴取水路线

▲ 图5-2-9 幼儿自主取水

▲ 图5-2-10 小老师检查幼儿饮水情况

（二）收获分享、感受快乐

> 问题：你们觉得班上需要小老师吗？
> 幼儿1：需要，喝水时小朋友都懂得排队了。
> 幼儿2：小老师会帮助老师做很多事情，我也想当小老师。
> 幼儿3：如果小老师在提醒的时候能小声一点就更好了。

> 教师：大家都认为班级需要小老师，那请三位小老师分享一下自己的收获。
> 小老师1：当小老师有点辛苦，要一直提醒小朋友。
> 小老师2：当小老师要自己先做好，不然小朋友不会听你的。
> 小老师3：我喜欢当小老师，我会把自己的本领教给小朋友。

经过一段时间，大家已经认同班上小老师的角色，小老师们以及其他幼儿对于这个角色萌生了很多新想法。

（三）反思调整、优化策略

1. 劳动目标的达成情况

幼儿在模仿老师角色的同时，积极参与到班级活动中，学会了关心他人、管理自己，不仅形成了良好的生活习惯，体验自我服务劳动的乐趣，而且懂得了教师工作的辛苦。幼儿在播报中展示自己的本领和才艺，在投票中表达自己的观点，解决了饮水路线问题，这增强了幼儿的自信心，培养了幼儿初步解决问题的能力。

2. 下一阶段推进思路与策略

小班幼儿对扮演小老师表现出了很大的兴趣。在下一阶段教师会持续观察和引导，让更多的幼儿参与到小老师这个角色的工作中，进一步提高幼儿自我服务的意识。

探究三：优秀小老师

（一）劳动探究、切身体验

问题讨论

> 问题：班上小朋友都想当小老师，怎么办呢？
> 幼儿1：可以轮流当小老师，像播报一样从1号开始。
> 幼儿2：一天可以有好多个小老师，这样很快每个人都可以轮到了。
> 幼儿3：小老师可以带小朋友做早操、玩游戏、唱歌等。
> 幼儿4：我唱歌很好听，可以带着小朋友唱歌。
> 问题：怎么样才能区分每个小老师负责的工作呢？
> 幼儿1：可以做一个标志。
> 幼儿2：可以把自己要做的事情拍照做成任务卡片。

经过讨论和反复磋商，大家决定以拍照制作成任务挂牌的形式帮助小老师区分工作内容。

角色体验四:班级小老师

支持与回应

① 根据前期经验梳理以及小班幼儿的年龄特点,我们将小老师的工作进行具体分工。

② 按照幼儿的意愿并结合自身的本领,每天都有四位小老师来协助班级老师完成工作。

劳动体验

佩戴上小老师挂牌,小老师们如火如荼地上岗工作了。

① 自然角小老师早早就入园了,她认真地喂养小动物,给金鱼换水,给植物浇水整理落叶(见图5-2-11)。

② 生活小老师分发餐具(见图5-2-12),帮助小朋友换汗巾,提醒其他小朋友排队不拥挤,上下楼梯要小心。

③ 游戏小老师带领小朋友做手指游戏、表演游戏(见图5-2-13)。

④ 早操小老师带领小朋友户外运动、整理器械、做早操(见图5-2-14)。

▲ 图5-2-11 小老师照顾自然角

▲ 图5-2-12 小老师协助分发餐具

▲ 图5-2-13 小老师教小朋友手指游戏

▲ 图5-2-14 小老师带领小朋友做早操

(二)收获分享、感受快乐

小老师工作的开展极大地激发了孩子们参与劳动、为班级服务的积极性,接下来小朋友还分享了体验小老师的乐趣。

幼儿1：我现在带着小朋友学本领，大家都很安静。
幼儿2：我把小乌龟照顾得很好。
幼儿3：小朋友在玩区域游戏时，我一直在帮助他们。

在小老师的角色体验中，幼儿各方面的能力得到了提升。家长们在家里也发现了孩子们的变化，不仅能把自己的事情做得很好，还会帮着做一些力所能及的家务，并且乐在其中，可见孩子们在这个过程中越来越喜欢扮演小老师这个角色。

（三）反思调整、优化策略

1. 劳动目标的达成情况

在独立性方面，幼儿积极参与劳动，承担班级工作，锻炼了自己的动手能力和独立解决问题的能力，责任心得到了培养。他们认真负责地完成自己的小老师工作，对班级和同伴负责。幼儿的集体意识增强，他们更加关注集体，乐于为集体服务。在做操、组织游戏、讲故事等方面的能力也有提升。

2. 下一阶段推进思路与策略

对于扮演小老师孩子们兴趣浓厚，都觉得自己是最棒的小老师。于是我们开启了"送你一朵大红花"的活动。

活动成果 送你一朵大红花

经过"学当小老师""我是小老师""优秀小老师"三个阶段的游戏推进，幼儿对老师有了更深的认识，与老师的关系更加亲密，经常抱抱、亲亲老师，觉得自己的老师最美、最了不起，还有的孩子提议要做小礼物送给最爱的老师。于是美工区热闹了起来，孩子们讨论什么样的礼物最合适，有的说送一条手链，有的说送花环，还有的说小红花最美丽，最后大家决定送用超轻彩泥做的大红花给老师，把小红花留给班级小老师（见图5-2-15、图5-2-16）。

▲ 图5-2-15 幼儿送花给小老师

▲ 图5-2-16 幼儿送花给老师

活动反思

①幼儿层面。幼儿通过扮演小老师的角色，积极参与讨论，共同制定规则并解决问题，充分发挥了自主性和创造性。在他们的努力下，幼儿不仅能够自己的事情自己做，还能帮助

教师、同伴完成一些力所能及的事，真正成为班级的"小老师"。活动给幼儿带来满满的成就感，对幼儿日常生活自理能力和独立性培养也至关重要。

② 教师层面。《指南》指出："鼓励幼儿做力所能及的事情，对幼儿的尝试与努力给予肯定，不因做不好或做得慢而包办代替。"教师基于小班幼儿当下的发展需求，抓住幼儿的兴趣点，给予其足够的实践机会，及时回应并提供支持。活动中教师与家长的密切合作也必不可少，如邀请家长参与活动，增进了家园之间的合作与沟通，让家长更好地了解幼儿在园的学习和生活情况。同时，教师意识到每个幼儿的发展进度是不同的，有些幼儿可能需要更多的时间和个性化的支持。

③ 活动层面。基于儿童的立场，根据幼儿的兴趣点创设相应的角色游戏区并开展体验活动，活动游戏化符合小班幼儿年龄特点，这样的活动过程是幼儿喜欢的，枯燥的自理劳动变成了一件快乐的事情。幼儿"学当小老师"的劳动经验在一次次的尝试中不断丰富，他们会发现自己的不足并不断地解决问题。以班级日常活动为依托，让幼儿全方位感受老师在不同时间段的各项工作，真切感受老师工作的不易，培养幼儿的感恩之心以及尊重他人劳动的良好品德。

中班 小小值日生

思维导图

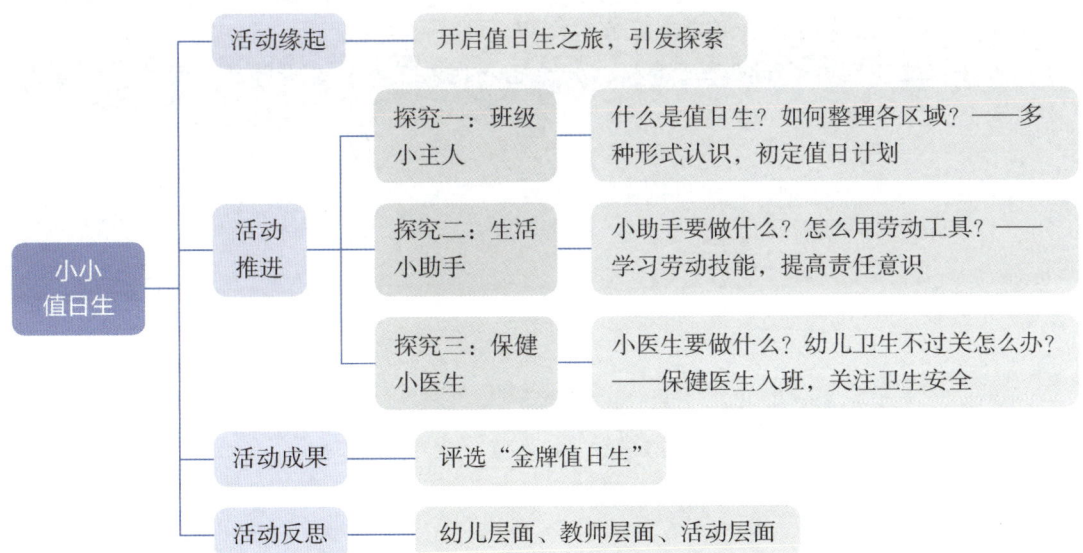

活动缘起

幼儿升至中班后，自我成长意识越来越强，逐步对班级有了归属感和管理意识。看到没放整齐的绘本、没收拾的游戏材料、散落桌面的饭菜时，他们都会说："我来整理！""我来帮忙！"中班幼儿对"值日生"有了一定的认识，热衷于参与班级管理，从"自己的事情自己做"转为"班级的事情帮忙做"。于是，一场"小小值日生"的探索之旅开启了……

探究一：班级小主人

（一）浸入教室、自主自选

班级是孩子们活动的空间，在这里他们开心地游戏，自主阅读书本，吃着美味餐食，孩子们把活动室当成他们自己的"家"，因此班级如果出现脏乱现象，他们就会主动收拾。如果班里有的孩子没有爱护环境，其他孩子也会提醒制止，有的孩子还会做好值日生工作，主动负责班级自然角、区域环境的整理。有的孩子会协助生活老师打扫班级，有时还会扮演小医生检查小朋友的卫生，提醒小朋友注意安全。通过自己的劳动维护着班级利益，让幼儿具有了"班级小主人"的意识。

> 问题：什么是值日生？
> 幼儿1：值日生就是帮助别人做事情的人。
> 幼儿2：值日生可以服务其他的小朋友。
> 问题：值日生可以做什么？
> 幼儿1：可以收拾区域环境，整理图书、玩具。
> 幼儿2：可以帮生活老师打扫卫生、擦桌子。
> 幼儿3：可以去检查小朋友有没有剪指甲。
> 教师：值日生要帮忙做很多事情，为自己和他人服务，是老师的小帮手、班级的小主人。

（二）劳动探究、切身体验

问题讨论

> 问题：值日生需要做些什么？
> 幼儿1：区域柜上的玩具经常乱放，需要值日生帮忙整理。
> 幼儿2：有很多破的书本也可以帮忙修一修。
> 幼儿3：值日生还要给小乌龟换水。

经过讨论后，孩子们认为值日生需要照顾自然角的小动物和植物，帮忙整理区域、修补图书，收拾、检查班级的玩具材料。孩子们决定，收拾玩具的值日生叫"玩具小管家"，照顾自然角的值日生叫"小园丁"，负责区域、图书整理的叫"图书管理员"，以此进一步区分不同值日生的工作内容和职责。

支持与回应

① 教师与幼儿通过讨论、绘本学习、询问哥哥姐姐等方式,确定了值日生的职责、工作内容和分工,加深了对值日生的了解(见图5-3-1)。

② 师幼讨论后确定每日班级有5~6名值日生,并共同绘制值日生板块展示在班级墙面(见图5-3-2)。

▲ 图5-3-1 阅读绘本《今天我值日》

▲ 图5-3-2 值日生板块

劳动体验

在确定值日生的分工后,孩子们争相报名,各司其职进行值日生工作。在值日的过程中大家发现了一些问题,比如给植物浇水浇太多,忘记给小动物换水和喂食,怎么办?为此我们开启了新一轮的讨论。

> 问题:怎么照顾自然角?
>
> 幼儿1:用喷水壶给植物浇水,可以对准干燥的土喷一喷,如果土是湿润的就不需要再浇水了。
>
> 幼儿2:天气热了,值日生每天中午都要给小乌龟换水,水不要加太多。
>
> 幼儿3:每天中午给小乌龟喂一点食物,喂完可以做好记录。
>
> 问题:玩具和图书怎么收拾整理?
>
> 幼儿1:可以按照大小分类,大的放一起,小的放一起。
>
> 幼儿2:整理好后,再用颜色和图案做标记。
>
> 幼儿3:图书坏了还要修理一下。

经过讨论、梳理总结后,小小值日生们的工作更加有序了。小园丁会给植物剪枯叶、除杂草、捡落叶、施肥,给小动物换水、喂食并且做好记录。玩具小管家会按照标志整理玩具,并把玩具放到对应标记的柜子上。图书管理员会小心翻阅书本,在图书修补站修补破损的图书,并分类放置在对应的书架上(见图5-3-3至图5-3-6)。

▲ 图5-3-3 照顾完植物做记录

▲ 图5-3-4 给乌龟换水、喂食

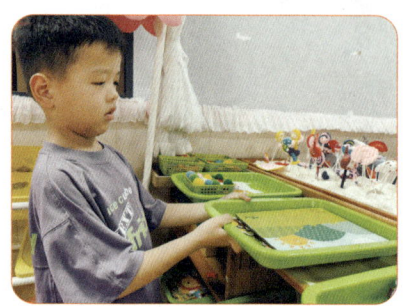
▲ 图5-3-5 将区域材料按照标志整理放好

▲ 图5-3-6 用透明胶带修补破损的图书

（三）收获分享、感受快乐

班级凌乱的书架、游戏后无人整理的区域在值日生工作开展后焕然一新。幼儿和老师说着自己的发现，分享自己的劳动成果。

> 玩具小管家：我把玩具按照大小分类放好了，但是有的小朋友还是没有按照标记放好。
> 图书管理员：我学会了修补图书，我们要爱护书本。
> 小园丁：我喜欢照顾小动物和植物，希望它们可以快快长大！

（四）反思调整、优化策略

1. 劳动目标的达成情况

幼儿从面对值日生工作的茫然、忙乱，到逐渐明确值日生的工作职责，并且能与同伴讨论交流、制订值日计划、合作解决问题。通过劳动活动，幼儿学会打扫、整理等简单的劳动技能，与同伴分工合作做好值日工作，萌发为班级做事的意识，体验到成长的自豪，提升了幼儿的劳动积极性，树立"我是班级小主人"的信念感。

2. 下一阶段推进思路与策略

制订值日计划及值日生分工，让幼儿的值日生工作有了雏形。接下去教师将扩大幼儿值日的内容范围，如协助生活老师做好班级工作，并加大家园共育力度，提高幼儿的动手能力和劳动技能，使值日生工作深入推进。

角色体验四：班级小老师

探究二：生活小助手

（一）劳动探究、切身体验

问题讨论

> 问题：生活老师的一天需要做什么？
> 幼儿1：江老师每天都要扫地、拖地、擦桌子、倒垃圾，把我们班变得干干净净。
> 幼儿2：要给我们分餐，吃完还要洗杯子、洗碗碟、洗毛巾。
> 幼儿3：要看我们午睡，还要帮我们叠被子。
> 教师：生活老师每天要做这么多工作，真辛苦，你们可以来当她的小助手。
> 问题：生活小助手可以做哪些事情？
> 幼儿1：午睡起来我可以帮忙叠被子。
> 幼儿2：我们可以帮忙分点心、倒豆浆和牛奶。
> 幼儿3：吃完饭后要帮忙收拾餐具、擦桌子、扫地板。
> 幼儿4：毛巾使用完后可以帮忙洗。

在观察、了解生活老师的工作内容后，孩子们根据自己的能力水平选择值日内容，帮助生活老师分担班级工作。

支持与回应

① 教师引导幼儿观察、认识生活老师的一天，了解生活老师的工作，讨论、协商并制定生活小助手的工作内容，为值日丰富经验。

② 教师鼓励幼儿有意识地模仿生活老师，让幼儿与生活老师多交流、讨论，提高劳动技能。

劳动体验

生活小助手可以自主选择值日工作，有的帮助生活老师分发点心，倒牛奶、豆浆，饭后整理桌面，把用完的杯子和餐具放进洗碗槽，打扫班级，午睡起来叠被子，等等。孩子们高兴地说："能帮到江老师真开心！"可有时生活小助手会收到其他小朋友的"投诉"："我的被子没有叠好，还是乱乱的！""老师，桌子上好多水！"……针对问题我们再次讨论。

> 问题：怎么样叠好被子？
> 幼儿1：看江老师每次都会先把被子摊开铺平。
> 幼儿2：叠被子的时候要看操作图，一步一步来。
> 幼儿3：被子叠好后要把枕头放上去，一起放在床头。
> 问题：抹布要怎么使用？
> 幼儿1：抹布沾水后要用力拧干到不滴水。
> 幼儿2：洗抹布时要先把上面的脏东西抖到垃圾桶里，再用手搓一搓、洗干净。

孩子们向生活老师学习新本领，如扫地、擦桌子、叠被子等，并通过观看视频，按照折被子的6要点：压、量、切、塞、扣、修，认真地将被子折好（见图5-3-7）。教师还引导孩子学习擦桌子，在清洗抹布的时候加入适量清洁液（见图5-3-8）。

▲ 图 5-3-7　将被子叠好后整理　　　▲ 图 5-3-8　加入清洁液后，清洗抹布

（二）收获分享、感受快乐

经过一段时间的锻炼，生活小助手的工作越来越井然有序，生活技能进步不少，班级生活老师的负担减轻了许多。

> 问题：当了生活小助手，你有什么感受吗？
> 幼儿1：我学会了扫地，把地板变得干干净净，回家后我也要帮忙做家务。
> 幼儿2：桌面上的饭粒不好清理，以后吃饭的时候不要掉饭粒。
> 幼儿3：洗毛巾的时候搓得手很酸。

（三）反思调整、优化策略

1. 劳动目标的达成情况

幼儿熟悉了值日的内容和值日生的职责，进一步掌握劳动工具的使用方法，培养了扫地、整理等劳动技能，遇到值日过程中的问题能尝试解决。幼儿深刻体会到劳动的不易和劳动成果的可贵，不仅建立了良好的生活行为习惯，还树立了为集体服务的意识。

2. 下一阶段推进思路与策略

下一阶段继续发挥幼儿自主性，鼓励幼儿参与值日生的长期劳动，引导幼儿进一步体验学园各岗位的劳动内容。教师发现，幼儿关注到每日晨检的保健医生，由此引发了他们想当"保健小医生"的愿望。

探究三：保健小医生

（一）劳动探究、切身体验

问题讨论

> 问题：保健医生要做哪些工作？

角色体验四：班级小老师

> 幼儿1：每天早上入园，医生姐姐都会在门口为我们晨检，检查喉咙和指甲，测体温。
> 幼儿2：医生姐姐还会检查小朋友有没有带玩具或者危险的东西来幼儿园。
> 幼儿3：医生姐姐会检查我们有没有蛀牙，给我们量身高体重。
> 幼儿4：身体不舒服或者受伤了，医生姐姐会给我们看病、处理伤口。
> 教师：保健医生工作内容有晨检、安全检查、简单的治疗，还制定食谱呢。

支持与回应

① 邀请保健医生进课堂。引导幼儿参观保健室，有意识地观察保健医生的晨检工作，邀请保健医生进班级为幼儿讲解简单的保健知识及检查指甲、口腔和测体温的方法和标准。

② 制作流程图。师幼再次进行讨论，梳理保健医生的晨间卫生检查流程，并绘制成流程图张贴在班级门口，鼓励保健小医生每天入园后、午睡前后为同伴检查。

劳动体验

小小值日生们开始扮演保健小医生的角色，幼儿遇到问题从会小声告诉老师到能直接指出其他幼儿不正确的做法，保健小医生工作越发得心应手。每天早晨，值日生会预约保健小医生的值日任务，穿上白大褂，微笑着迎接小朋友，认真地测量体温，检查指甲、口腔卫生（见图5-3-9、图5-3-10），摸摸口袋有没有带东西，一个步骤都没少。

> 问题：检查到小朋友指甲长、有蛀牙，要怎么帮助他们呢？
> 幼儿1：可以提醒指甲长的小朋友回家让爸爸妈妈帮忙剪指甲，还要记录下来。
> 幼儿3：小朋友们吃完饭后要认真漱口、刷牙。
> 幼儿2：保健小医生可以监督他们有没有用正确的方式刷牙。
> 问题：什么东西不能带进幼儿园？
> 幼儿1：不能带小珠子在身上，放到鼻子、耳朵里面很危险。
> 幼儿2：不能带尖尖的、长长的东西。

▲ 图5-3-9 保健小医生测量体温

▲ 图5-3-10 保健小医生检查口腔

（二）收获分享、感受快乐

保健小医生能够每天坚持早早入园、开开心心地做值日，检查同伴的卫生情况。孩子们变得更加爱干净、讲卫生，对自己的仪容仪表更加注重：午休起床后经常能看到孩子们对着镜子擦脸，检查自己的个人卫生。迟到现象几乎不存在，孩子们携带危险物品的情况也不复存在。班级经常能拿到学园评比的文明班级，孩子们的自豪感和集体荣誉感油然而生，更加积极主动参与值日生工作。

> 幼儿1：保健小医生很辛苦，早上入园时都要仔细地检查。
> 幼儿2：我要多学习保健小知识，才会健健康康的。
> 幼儿3：我喜欢当讲卫生爱干净的保健小医生。

（三）反思调整、优化策略

1. 劳动目标的达成情况

幼儿关注到了保健医生在幼儿园中的重要性，了解了保健医生的具体工作，逐步养成讲卫生的好习惯，具有初步的安全意识，遇到不懂的问题懂得寻求保健医生的帮助。幼儿在值日过程中，体会到保健医生劳动的光荣与不易，服务意识不断增强，更具班级荣誉感。

2. 下一阶段推进思路与策略

看到班级幼儿越发自觉、努力地当好值日生，对于自己的劳动成果津津乐道，接下来教师将引导幼儿对自己的劳动成果进行简单的介绍和评价，通过师幼探讨值日生奖励机制，跟随幼儿的想法评选"金牌值日生"，增强职业劳动体验的仪式感。

活动成果　金牌值日生

通过"班级小主人""生活小助手""保健小医生"阶段性劳动活动的开展，幼儿享受到更整洁的班级环境，一日活动更有序，人际交往更和谐。活动最终进入到高潮阶段，孩子们讨论并自己设计奖牌、徽章、头箍、奖状等，通过为自己打星、投票评选班级小主人、举办生活小助手技能大赛、竞聘保健小医生等形式评选出了孩子们心中的金牌值日生，并进行隆重的颁奖典礼，活动表扬了值日生积极负责的值日态度，鼓励其他幼儿向金牌值日生学习（见图5-3-11至图5-3-14）。

▲ 图5-3-11　幼儿介绍设计的金牌值日生奖状

▲ 图5-3-12　投票评选班级小主人

▲ 图5-3-13　生活小助手技能大赛

▲ 图5-3-14　金牌值日生颁奖典礼

角色体验四：班级小老师

活动反思

① 幼儿层面。通过坚持开展班级小主人、生活小助手、保健小医生的值日生工作，幼儿学习多种劳动技能和方法，养成良好的劳动习惯，提升劳动素养，能够主动为班级、为他人服务。幼儿具备为他人、为集体服务的良好意识，萌发班级小老师的意识，为今后的学习与生活打下良好的基础。

② 教师层面。教师能以幼儿为本，追随幼儿兴趣及需求，引导幼儿不断体验幼儿园教师群体的劳动，思考与解决问题，梳理幼儿关于值日生的经验。根据幼儿值日时出现的问题及时给予支持，帮助幼儿寻找合适的劳动工具，指导其学习并掌握各种劳动技能，提升了教师的观察能力和组织指导能力。下一步将引导幼儿参与到幼儿园集体劳动中，进一步培养幼儿为他人服务的情感，家园合力使教育更加生动、更有生命力。

③ 活动层面。值日生工作符合中班幼儿年龄特点，幼儿在值日生工作中体验各工作岗位的内容，感受职业特点和责任，在实践中学习和成长，为将来融入社会打下坚实的基础。活动中要尊重幼儿、相信幼儿，鼓励他们从事力所能及的劳动，注意在成人引导的劳动实践与幼儿自发的游戏体验中找到平衡点，保证幼儿的劳动体验课程更适合幼儿，更有实效。

大班　我的馆区我做主

思维导图

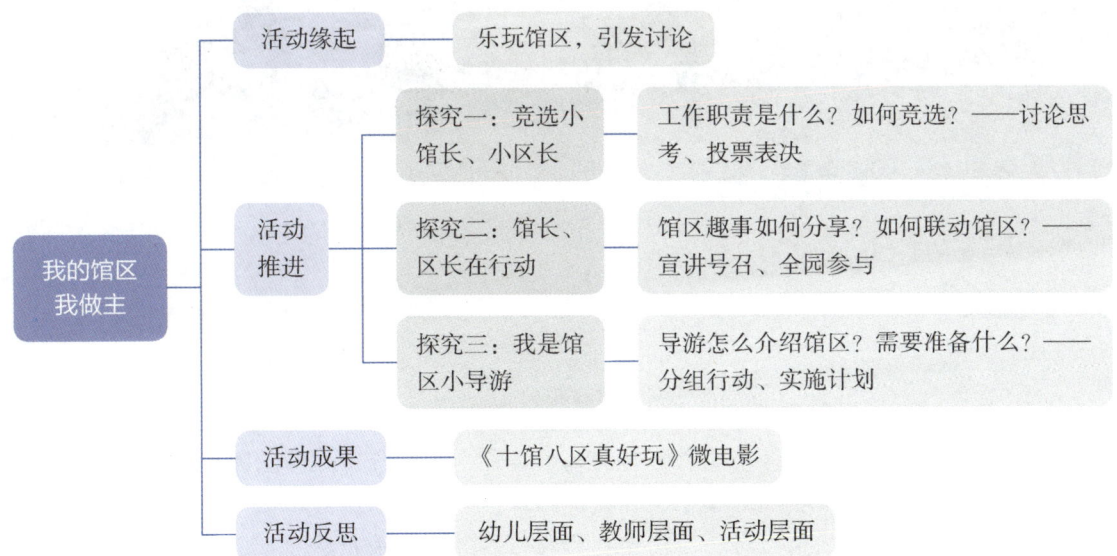

活动缘起

十馆八区是幼儿园有特色的劳动体验馆，也是幼儿喜欢的游戏场地。除了每周固定的馆区游戏时间外，幼儿可以随时自主预约进入馆区开展自己喜欢的活动。在一次次游戏中，大家发现岗位劳动游戏币分发不及时、幼儿对岗位劳动职责的认知不够清晰、个别幼儿不遵守馆区预约规则、一位教师需要指导的区域较多忙不过来等问题。因此，有幼儿提出要帮助老师分发劳动游戏币、当小老师协助管理馆区秩序等。一场协助管理馆区的"我的馆区我做主"活动拉开序幕。

> 活动推进

探究一：竞选小馆长、小区长

（一）浸入馆区、自主自选

馆区游戏时间到了，幼儿开始自主选择自己喜欢的馆区进行游戏。消防局游戏中，幼儿没有穿消防员衣服就拿起了水枪"灭火"，水喷得到处都是；木工体验馆里，三三两两的幼儿围着老师要领取劳动游戏币；"星巴克"里的幼儿争着当收银员（见图5-4-1）。正当教师逐一帮助幼儿解决问题时，金瀚突然上前和教师说道："老师，你都忙不过来了，我来做小老师协助你吧！"诗妍说："我也可以帮忙，我可以去鲜花坊帮忙。"鉴于此，教师和幼儿共同讨论如何才能当一名合格的馆长、区长，营造有序、有趣的馆区游戏氛围（见图5-4-2）。

▲ 图5-4-1　幼儿争抢当"星巴克"收银员

▲ 图5-4-2　幼儿讨论如何协助老师

（二）劳动探究、切身体验

问题讨论

> 问题：馆长和区长需要做什么工作？
> 幼儿1：小馆长要知道交警大队需要几个工作人员，每个人的任务是什么。
> 幼儿2：游戏时要登记好每个工作人员做了什么，结束后要给他们分工资。
> 幼儿3：还要帮忙整理材料，检查自己的馆区有没有丢东西。

馆长和区长的基本工作职责是要管理好馆区，如懂得各个馆区所需的工作人员有多少，以及工作职责是什么，能够引导幼儿参加馆区的工作，并且在游戏前后检查并召集工作人员整理材料等。幼儿用表征的方式将每个馆区的工作职责和工作内容逐一罗列出来，并粘贴在各个馆区墙面（见图5-4-3）。

经过讨论、观察和磋商，大班幼儿决定扮演小馆长、小区长，自主进行馆区的管理，并通过投票的方式选出小馆长和小区长。

支持与回应

① 师幼通过观看馆区游戏的视频，阅读绘本故事《小小老师的一天》，帮助幼儿理解各个馆区的劳动任务，主动和同伴进行沟通交流，锻炼组织能力（见图5-4-4）。

② 根据幼儿的需要，我们购买了小帽子作为馆长、区长的角色标志（见图5-4-5）。

▲ 图5-4-3 幼儿讨论出馆长、区长工作职责

▲ 图5-4-4 幼儿阅读《小小老师的一天》

▲ 图5-4-5 馆长与区长小帽子标志

劳动体验

在投票选出小馆长、小区长后，幼儿在馆长、区长的帮助下，劳动技能有进一步的提升，馆区游戏运行得更有序，幼儿也更开心了。

木工馆里，头戴小黄帽的晨晨拿着画有自行车的设计稿，一手指着设计稿中的车轮和车座椅，一手在木板上比划着，他在指导华英制作："你看，自行车的座椅是在两个车轮的正上方，所以在连接的时候要……"（见图5-4-6）

传统工艺馆里的小馆长亦歆拿着剪刀和已经折好的窗花纸，正在教洛珣如何才能沿着线条剪弧线（图5-4-7）。

▲ 图5-4-6 幼儿在木工馆制作自行车

▲ 图5-4-7 幼儿在工艺馆剪纸

交警大队的墨宸正提醒楚桢,要根据柜子上的图片标志将交警帽子、红绿灯手牌等分类整理。

每个孩子都有自己的工作任务,暂时找不到工作岗位的依伊正被戏剧中心的馆长邀请到戏剧中心看剧呢!

游戏结束后,小馆长和小区长查看了馆区内每个工作人员完成的工作单,分发相应的劳动游戏币。

(三) 收获分享、感受快乐

游戏结束后,各个馆区的材料都摆放得整整齐齐的,消防员的水带卷好后开口朝左边统一放在小熊柜子上,儿童医院的药品根据颜色和用途分类收纳在药柜里,棉花糖机和果干盘也清洗干净放置在架子上晾干。孩子们脸上洋溢着快乐的笑容,他们迫不及待地想和老师、同伴分享自己的游戏收获。教师鼓励幼儿将自己的经历用游戏日记的形式记录。

幼儿1:我做杯子时,怎么都没办法做出椭圆形,是心心小馆长教我把陶泥拱成弧形,真是太感谢她了(见图5-4-8)!

幼儿2:我是航空馆的小馆长,游戏结束后我们把所有的材料都按标志分类整齐了,下一次游戏就不会找不到材料了(见图5-4-9)。

幼儿3:我今天找不到工作,是依伊小馆长邀请我去戏剧中心看剧,我还帮忙搬道具呢!有工作还有工资可真开心(见图5-4-10)。

幼儿4:小馆长工作挺累的,但是很开心。

▲ 图5-4-8 幼儿在陶泥馆做杯子

▲ 图5-4-9 幼儿在航空馆整理材料

▲ 图5-4-10 幼儿在戏剧中心看剧

(四) 反思调整、优化策略

1. 劳动目标的达成情况

幼儿在争当一名小馆长、小区长的过程中,感知各个馆区的劳动内容,如制作陶泥作品的拉胚、塑型,保护自己不被针扎到又能较好完成刺绣作品。对于不同能力水平的幼儿,小馆长、小区长能分配不同的劳动任务,耐心地给同伴"出谋划策"。在活动过程中,发展了幼儿劳动的关键能力和初步的合作能力,幼儿获得了劳动愉悦感和自豪感。

2. 下一阶段推进思路与策略

幼儿能在不同馆区中习得不同的劳动技能,并参与管理。接下来我们要进一步扩大幼儿参与面。针对小馆长小区长遇到的一些问题，如每次到馆区游戏时都会发现脏乱的情况，小猪长大了要扩建房子等，幼儿进行讨论并探索解决方法，实现馆区之间的联动。

探究二：馆长、区长在行动

（一）劳动探究、切身体验

十馆八区的游戏是丰富多彩的，幼儿在每一次游戏中都能够有所发现。小馆长和小区长在每一次游戏结束后，都喜欢将自己馆区中的新发现、新问题和老师、小伙伴分享、讨论。如发现馆区脏乱需要整理、农场里的蔬菜需要照顾……

问题讨论

> 问题：馆区脏乱怎么打扫？
> 幼儿1：需要带打扫的工具，进行大扫除呀！
> 幼儿2：不同馆区打扫的方法不一样吧！
> 幼儿3：像绘本馆都是书，用湿湿的抹布擦灰尘的话，书本容易坏。
> 幼儿4：科创馆大部分地方都不能沾水，用鸡毛掸子打扫为主才不会弄坏玩具，也不会有危险。
> 问题：如何管理好农场中的蔬菜？
> 幼儿1：菜叶有黄有绿，我奶奶说可能是蔬菜营养不够。
> 幼儿2：可以去厨房要一些剩下的蔬果皮，用水浸泡制作成发酵水，帮助蔬菜制作肥料。
> 幼儿3：天气冷，我们可以制作蔬菜大棚帮它们保暖。

支持与回应

① 小馆长带着其他幼儿对馆区进行实地考察并讨论，他们逐一将十馆八区罗列出来，并清晰地划分了干区、湿区、整理区等。师幼共同搜集各类劳动工具，制定打扫计划（见图5-4-11至图5-4-13）。

▲ 图5-4-11 幼儿分的干区的馆区

▲ 图5-4-12 幼儿分的湿区的馆区

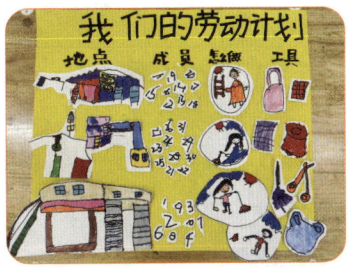
▲ 图5-4-13 幼儿制订劳动计划

② 通过查阅资料交流讨论和观看搭建大棚视频，了解不同蔬菜的适合的大棚造型，并习得搭建方法。教师在美工区准备水管、透明塑料袋、扭扭棒、线等材料，供幼儿制作蔬菜大棚。

③ 邀约全园幼儿一起收集厨余蔬果皮制作酵素水，为农场果蔬制作肥料。

劳动体验

1. 馆区大扫除

为期一周的馆区劳动播报后，在第二周的晨会上我们的活动得到了园长妈妈和孩子们的大力支持，全体幼儿便开展了一次有意义的馆区打扫活动。

农场小区长：煜晟提醒动物园打扫小组的钰汐和焕承要注意卫生，于是，他们打扫时戴着口罩和手套，系着围裙，穿着雨鞋，拿着簸箕小心翼翼地将小兔子的便便清理出来（见图5-4-14）。

绘本馆的小馆长：亦歆安排干区和湿区的打扫人数，晨晨拿着鸡毛掸子站在小椅子上努力擦拭着高处的书柜（见图5-4-15），晨曦扶着晨晨站的小椅子，表情凝重，生怕他一不小心就摔下来。

在学园大扫除活动中，十馆八区被全体师生打扫得干干净净。小馆长和小区长们商定学园每两周开展一次活动区大扫除，每月开展一次游戏馆大扫除。

▲ 图5-4-14 幼儿使用簸斗打扫动物的家

▲ 图5-4-15 幼儿使用鸡毛掸子打扫绘本馆

2. 搭建大棚

孩子们确定了要为某地搭大棚后，农场小区长组织小伙伴们对菜地进行实地考察。围绕着"我设计的大棚"，针对"需要什么材料、怎么做"等问题，孩子们讨论、设计大棚草图，制订搭建大棚的劳动计划，将商定好的搭建步骤逐一罗列，共同收集相关材料（见图5-4-16至图5-4-18）。

▲ 图5-4-16 幼儿讨论设计蔬菜大棚

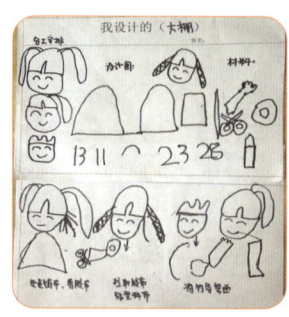

▲ 图5-4-17 幼儿设计蔬菜大棚计划

▲ 图5-4-18 幼儿搜集搭建蔬菜大棚的材料

孩子们分工合作，共同搭建蔬菜大棚：①将支架"插入"小菜地；②盖上塑料布，剪去多余部分；③将塑料布与支架固定（见图5-4-19至图5-4-21）。

▲ 图5-4-19　幼儿合作固定支架

▲ 图5-4-20　幼儿将塑料布覆盖在支架上

▲ 图5-4-21　幼儿将塑料布与支架固定

（二）收获分享、感受快乐

教师鼓励小馆长、小区长将馆区游戏中发生的趣事、遇到的问题等，通过游戏日记的方式记录下来，利用每周一的班级主题晨会活动，将十馆八区的事情通过播报的方式告知全园师生（见图5-4-22）。

> 幼儿1：每一次打扫的时候我都觉得我特别厉害，因为那些脏脏的灰尘都能被我制作的工具打扫掉。像那些缝缝里的脏东西，其他人都没办法，我能拿着湿纸巾包住小卡片塞进去清洗。
>
> 幼儿2：劳动是一件让人快乐的事情，小馆长和小区长向全幼儿园宣传了馆区的劳动，让所有人都能够在劳动中获得快乐（见图5-4-23）。
>
> 幼儿3：我觉得很幸福，小区长能够把我在游戏中发现的问题告诉大家，获得大家的帮助，一起解决问题，让我在游戏中不再害怕困难了（见图5-4-24）。

▲ 图5-4-22　晨会播报农场羊宝宝出生喜讯

▲ 图5-4-23　幼儿向全园师生宣传馆区劳动

▲ 图5-4-24　幼儿向区长分享自己游戏时遇到的困难

（三）反思调整、优化策略

1.劳动目标的达成情况

幼儿能操作简单的劳动工具，迁移劳动的方法进行大扫除和搭棚，提升了劳动技能，丰富了劳动经验，逐渐习得了安全自护和物品保护的劳动能力。幼儿直接感知、实际操作、亲身体验，表现出了积极主动、认真专注、不怕困难的良好学习品质。

2. 下一阶段推进思路与策略

小馆长和小区长把各个馆区管理得井井有条。不久之后，幼儿收到接待馆区参观客人的任务，教师鼓励幼儿与同伴多讨论、多思考，探索如何介绍展示精彩的馆区游戏。

探究三：我是馆区小导游

（一）劳动探究、切身体验

园长妈妈告诉了大家一个消息，下个月将有客人老师要来参观幼儿园，希望孩子们能将馆区最出彩的一面展现出来，让客人老师喜欢上我们的幼儿园。

问题讨论

> 问题：我们馆区最出彩的是什么呢？
> 幼儿1：当然是我们的小天鹅广场啦，里面有甜品店、喜剧中心、消防局，可好玩了。
> 幼儿2：可以介绍陶泥馆里制作陶泥的过程，让客人老师知道我们是如何拉坯和塑型的。
> 幼儿3：应该介绍绘本馆，那里有阅读区、表演区、制作区。
> 问题：怎么样介绍各馆区？
> 幼儿1：上次去春游的时候，有个导游带着我们认识农场的各个地方，可以请馆长和区长扮演小导游。
> 幼儿2：我同意他的说法，小导游带客人体验各个馆区，把每个馆区最出彩的部分介绍给客人。
> 幼儿3：要请馆长、区长们把各区的出彩内容画出来，让大家知道。
> 问题：导游要怎么带队？
> 幼儿1：导游要耐心地介绍各馆区的特色地方，让大家有兴趣。
> 幼儿2：导游要了解顾客的喜好，还要准备很多东西，比如导游证、帽子、小旗、喇叭、服装等。
> 幼儿3：还需要准备应急医疗箱，里面装有应急物品，要照顾好参观的每一位客人。

支持与回应

①前期调查和经验准备：幼儿通过调查表了解小导游的工作职责，并将调查的内容记录下来。通过视频，幼儿了解小导游要怎么带队，并开展竞选馆区小导游的活动。通过家园合作，家长协助幼儿收集帽子、包、喇叭、布料，为开展馆区小导游活动做准备（见图5-4-25）。

②利用区域时间，教师请幼儿设计导游证、导游旗、导游证、导游服装等（见图5-4-26、

图5-4-27）。

▲ 图5-4-25 小导游调查表

▲ 图5-4-26 幼儿设计导游旗

▲ 图5-4-27 幼儿制作导游服装

劳动体验

小导游拿着小旗子，带着客人们一起开启精彩的馆区之旅（见图5-4-28）。墨宸先带他们来到农场里体验当小农夫，制作驱虫水、中草药香水、果蔬酵素水，给小猪建房子等。紧接着小导游带着客人们来到小天鹅游戏城，她说："欢迎来到小天鹅游戏城，到航空馆乘坐飞机到你想去的体验馆吧！"

> 幼儿1：我想去五店市，吃美味的闽南小吃，听闽南童谣。
> 幼儿2：我想去传统工艺体验馆，体验编织、刺绣和剪纸。
> 幼儿3：我想去当外卖员，帮助送快递。

小客人按照小导游的引导，在五店市有模有样地学着厨师制作润饼菜、糖画；在木工馆戴着手套和围裙，一手拿钉子一手握着锤子，制作小猪的窝（见图5-4-29）；在传统工艺馆，尝试刺绣和编绳，认真专注地完成每一件手工艺品。

当客人不知道自己下一站的路线，孩子们讨论出可以绘制一张导游路线图，供大家参考（见图5-4-30）。

▲ 图5-4-28 小导游带领客人逛户外活动区

▲ 图5-4-29 小导游带领客人逛木工馆

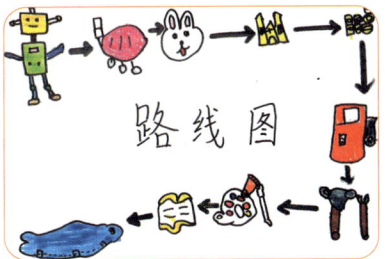
▲ 图5-4-30 幼儿设计导游路线图

（二）收获分享、感受快乐

游戏结束后，师幼共同讨论："今天的小导游体验怎么样？"

> 幼儿1：今天我当航空馆的小导游，觉得很开心，我介绍了航空馆的登机流程和各个游戏区，还带他们体验了坐飞机（见图5-4-31）。
> 幼儿2：我刚才带着大家体验做棉花糖、吃了糖画，大家都很满意。
> 幼儿3：我是鲜花馆小导游，请客人们一同去体验簪花。有了地图，客人就不会迷路，玩得更开心了（见图5-4-32）。

游戏分享时，教师结合活动过程中的照片和视频与幼儿共同梳理经验，并鼓励幼儿根据自己的计划书进行自评和互评。看来，孩子们在当馆区小导游实践的过程，都能较好地扮演好馆区小导游的角色。

▲ 图5-4-31 小导游带游客逛航空馆

▲ 图5-4-32 小导游带游客逛鲜花馆

（三）反思调整、优化策略

1. 劳动目标的达成情况

幼儿懂得小导游的职责，了解小导游带队的方法，并竞选出馆区的小导游。幼儿绘制"导游路线图"合理规划参观路线，解锁了参与馆区管理的劳动技能，丰富了劳动经验，培养了良好的劳动习惯和协商合作的学习品质。

2. 下一阶段推进思路与策略

在游戏体验过程中，幼儿纷纷表示："我们即将毕业，想要把自己小导游的游戏场景记录下来，留下痕迹。"在下一阶段的游戏中，我们将继续追随幼儿的兴趣和足迹，以影像、图片的形式将其劳动成果进行展现，拍摄《十馆八区真好玩》的微电影。

活动成果　十馆八区真好玩

十馆八区像一个小社会的缩影，幼儿在其中通过扮演不同的角色，体验生活中的不同劳动职业。孩子们从班级小老师到竞选馆长、区长，从开始的胆怯、青涩到后来的自信、大方，都给大家留下了深刻的印象。

随着大班毕业季的到来，幼儿共同策划了十馆八区的微电影拍摄，在毕业前把最美好的游戏场景以影像的形式记录下来，留给弟弟妹妹们学习。

角色体验四：班级小老师

> 幼儿1：我想拍小农夫引水渠灌溉、制作稻草人（见图5-4-33）。
> 幼儿2：我想拍航空体验馆是怎样乘坐飞机的。
> 幼儿3：我想拍自己在鲜花馆制作花束（见图5-4-34）。
> 幼儿4：我想拍外卖员送快递的电影。
> 幼儿5：我想拍在生活馆制作晋江美食润饼（见图5-4-35）。
> 幼儿6：我想拍消防员、医生、建筑工人。

一日生活皆课程，《十馆八区真好玩》微电影充满了丰富的劳动教育契机，蕴含着积极的劳动教育意义。孩子们的想法是劳动体验的再呈现，教师应该给予幼儿最大限度的支持，让他们尽情去探索发现和感受体验十馆八区中有趣的各种职业劳动。

《十馆八区真好玩》微电影

▲ 图5-4-33 拍摄小农夫引水灌溉场景

▲ 图5-4-34 拍摄鲜花坊馆长介绍制作花束

▲ 图5-4-35 拍摄小馆长制作晋江美食

活动反思

① 幼儿层面。幼儿在不同的馆区体验活动中所获得的劳动能力、劳动技能、劳动价值等侧重点是不一样的。通过小馆长、小区长的角色引领，幼儿合作制作计划，自主分工，开展劳动实践解决遇到的问题，有效加强了幼儿的劳动意识，促进幼儿之间的合作性，从而鼓励身边的人参与劳动。幼儿感受劳动的不易，体会到劳动的乐趣，学会尊重各行各业的劳动者。

② 教师层面。教师打破对劳动教育的认知误区，围绕"我的馆区我做主"这一主题开展问题式推进，经历了"发现问题—分析原因—查找办法—动手运用—总结提炼—发现新的问题"的螺旋上升的劳动探究过程。从"如何当小老师帮助同伴获得劳动技能"开始，生发出"小馆长、小区长"的角色，让幼儿真正意识到劳动的意义与价值，感受到成就与愉悦，发挥劳动教育的重要作用。只有让幼儿接受真实的劳动锻炼，才能做到观照实践、融入实践、改善实践。

③ 活动层面。劳动是基于实际生活经验，通过运用知识和能力进行的创造性活动。整个活动基于儿童的立场，让幼儿自主计划，自主分工，劳动实践，幼儿在劳动中感受劳动的不易，体会到了合作劳动的乐趣。有助于幼儿养成从小尊重劳动者、珍惜劳动成果、热爱劳动的良好习惯，为幼儿一生的成长奠定基础。

角色体验五：家庭小管家

一、活动简介

家庭小管家体验式劳动借助"家庭"这一生活化、立体化的环境，通过家园合作共育，以兴趣、问题、节日为契机，支持引导幼儿浸入家庭事务活动，让幼儿在实际生活中参与生活自理和家务劳动，实践劳动技能，体验劳动情感，促进解决实际生活问题、提高生活自理能力，培养良好的生活与卫生习惯，成长为能自理、慧整理、爱劳动的生活小达人、家庭小管家。

（一）活动背景

《中华人民共和国家庭教育促进法》提出，要帮助未成年人树立正确的劳动观念，参加力所能及的劳动，提高生活自理能力和独立生活能力，养成吃苦耐劳的优秀品格和热爱劳动的良好习惯。在现有家庭劳动教育上存在较多问题，如：受传统观念影响，家长忽视劳动教育；幼儿在幼儿园培养的劳动习惯不能在家中延续；家长未能掌握科学合理的劳动教育技巧等。基于此，教师通过家长沙龙、问卷调查、问题反馈等途径，加强与家长的密切沟通和合作，让家长了解幼儿阶段劳动教育的目标及内容，引导家长共同开展科学的劳动教育，以劳育美，以劳启智，以劳促全。让幼儿在丰富的家庭劳动实践中，从自我服务进阶到为他人、为家庭服务，体会到爸爸妈妈的辛苦，愿意自己的事情自己做、愿意为家人服务，从而增强劳动与服务意识，收获劳动成长的快乐。

（二）环境创设

"家庭小管家"活动的环境创设可以参照图6-1-1至图6-1-6。

▲ 图6-1-1 亲子整理书本

▲ 图6-1-2 亲子整理玩具

▲ 图 6-1-3　亲子大除尘

▲ 图 6-1-4　亲子制作新年装饰品

▲ 图 6-1-5　干净整洁的家 1

▲ 图 6-1-6　干净整洁的家 2

（三）活动目标

"家庭小管家"体验活动的目标如表 6-1-1。

▼ 表 6-1-1　"家庭小管家"体验活动目标一览表

年龄段	维度			
	劳动态度	劳动认知	劳动技能	劳动习惯
小班	1. 愿意自己的事情学着自己做 2. 感受自我服务的自豪感	1. 知道自我服务的基本内容 2. 学习穿脱衣服的基本方法	1. 能使用正确的方法进行盥洗和进餐 2. 会自己穿脱衣裤和鞋袜	1. 养成清洁盥洗、讲卫生的习惯 2. 增强独立意识，养成自我服务的好习惯
中班	1. 自觉进行自我服务，并愿意为家人服务 2. 了解长辈的辛勤劳动，萌发爱家庭、爱家人的情感	1. 练习自我服务，掌握自我服务的基本方法 2. 了解家务劳动的主要内容，学习清洁、整理和收纳的主要方法	1. 能基本完成盥洗、进餐、穿衣等自我服务工作 2. 能帮助家人做好家务工作	1. 养成自觉收拾、整理，保持家庭环境干净、卫生的好习惯 2. 养成不依赖他人，主动参与劳动的习惯

角色体验五：家庭小管家

（续表）

年龄段	维度			
	劳动态度	劳动认知	劳动技能	劳动习惯
大班	1. 主动做好自我服务，感受自理自立给生活带来的方便 2. 主动参与家务劳动，尊重家人的劳动成果，体会劳动带来的幸福与快乐	1. 认识不同劳动工具，练习劳动工具的使用方法 2. 学会自我服务，会整理仪表、物品等，练习做家务	1. 能独立做好盥洗、整理仪表等自我服务工作 2. 能熟练使用工具参与家务活动	1. 保持个人仪表、家庭环境的干净、整洁，养成坚持劳动的好习惯 2. 主动参与到力所能及的家务劳动中，养成为家人服务的习惯

（四）活动内容

依据《指南》精神，结合课程目标和幼儿各年龄段学习特点或发展特点，我们与幼儿商定"家庭小管家"劳动的相关内容，见表6-1-2。

▼ 表6-1-2 "家庭小管家"活动内容一览表

年龄段	维度	
	自理与整理	服务与管理
小班	我会自己吃饭 咕噜咕噜喝水啦 我会自己上厕所 我会刷牙 小脸真干净 穿衣小达人 玩具宝宝送回家 ★能干的小手	我会帮忙扔垃圾 照顾弟弟、妹妹
中班	我会剥虾壳、蛋壳 我会擦屁屁 清洗小玩具 我会叠被子 自己的事情自己做 ★慧整理、会生活	我会正确扔垃圾 我为植物浇浇水 照顾小宠物 我是小帮手
大班	自己整理仪表 独立洗澡我能行 我会系鞋带、扣扣子 清洗我的小物品 整理我的小书包 整理床铺、房间	我会洗碗盘 我是小帮厨 帮忙收取快递 除尘小帮手 垃圾分类我能行 ★红红火火过大年

二、活动实例

小班　能干的小手

思维导图

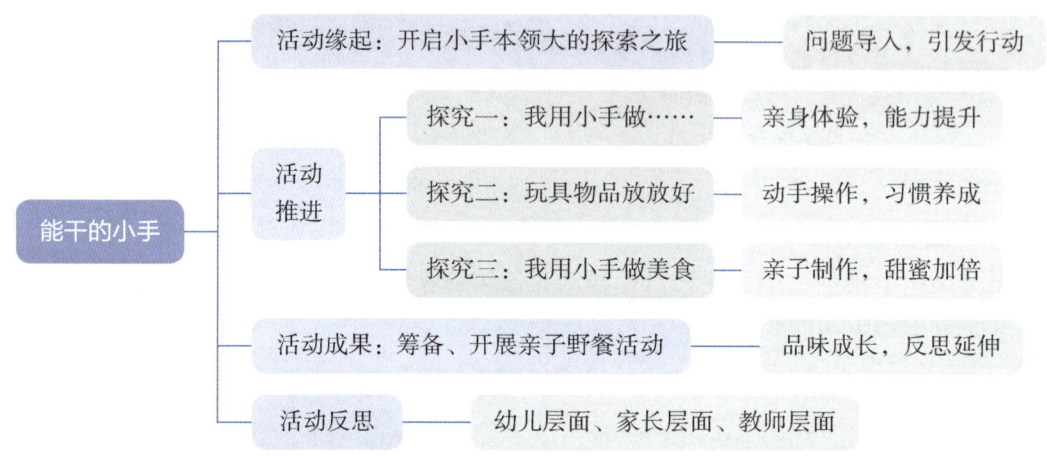

活动缘起

小班幼儿离开父母进入幼儿园学习与生活，他们满怀好奇又容易焦虑，面临着独立生活的巨大挑战。新学期开始，教师观察发现，每到生活环节总有一些眼巴巴等着老师帮忙的孩子，有的等着老师喂饭，有的等着老师给穿衣穿鞋，还有的等着老师给洗脸擦嘴……而在家庭中，由于家长工作繁忙无暇顾及或是将幼儿交给祖辈代为教养，包办代替现象仍普遍存在。午睡起床后，许多幼儿面对自己如何穿好衣服一筹莫展，衣服穿反的情况也时有发生。为了进一步提升小班幼儿自我服务能力，加强现阶段的生活技能，我们围绕"能干的小手"这一话题，协同家长开展了系列活动，期望能推动小班幼儿由依赖父母照料向做好自我服务顺利过渡。

探究一：我用小手做……

（一）浸入家庭，自主自选

一天入园时，一位孩子兴奋地和教师说："老师！我今天早上是自己刷牙的！"他炫耀着自己的本领，开心地接受老师的赞扬和同伴崇拜的目光。借此契机，教师和孩子开启了话题：每天起床，我们可以用小手做什么？可以刷牙、洗脸、穿衣服、吃早餐……我们的小手真能干！能帮助我们做很多事。你想用小手做什么事？孩子们选择了自己最想做的事进行尝试，由此，一场浸入家庭的自理劳动正式拉开了序幕……

角色体验五：家庭小管家

（二）劳动探究、切身体验

问题讨论

问题：今天在幼儿园午睡起床后，你是自己穿衣服的吗？有谁帮助了你？

幼儿1：我是自己穿的。

幼儿2：我也是自己穿的，我穿了上衣才穿裤子。

幼儿3：刚刚我的头伸不出来，是老师帮我的。

幼儿4：她不是自己穿的，我看到老师帮她穿衣服了。

问题：请你看看身边的小朋友，有没有人的衣服穿错了呢？为什么呢？

幼儿1：她的衣服穿错了，这个不能露在外面的。

幼儿2：我的裤子也穿反了。

幼儿3：老师我知道，妈妈教过我，衣服上的图案是在前面的。

幼儿4：我刚刚找不到自己的衣服，很着急。

小朋友的衣服有的穿反了（见图 6-2-1），有的套不进去，有的前后穿错了……小小的衣服还藏着许多问题等待着孩子们解决（见图 6-2-2）。

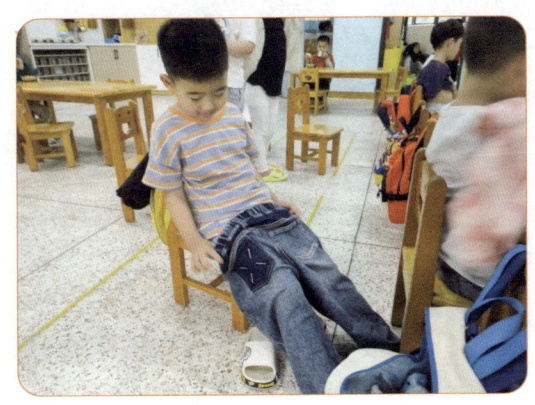
▲ 图 6-2-1 幼儿裤子穿反了

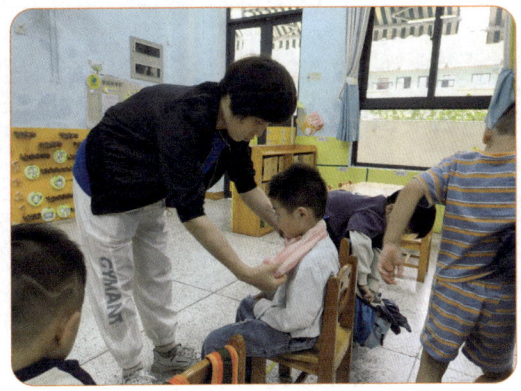
▲ 图 6-2-2 教师帮幼儿穿衣服

支持与回应

① 丰富经验。小班幼儿不会穿衣服，除了是幼儿认知能力较弱和精细动作局限的原因之外，主要是幼儿缺乏穿脱衣裤的经验。于是教师和幼儿一起观看家长分享的穿衣视频，讲述绘本故事《衣服山洞，钻出来》，丰富生活经验，了解衣服的结构、穿衣服的步骤及方法。

② 鼓励操作。教师在游戏区投放小娃娃、衣服裤子、鞋袜等游戏材料以及穿衣裤、穿鞋袜的步骤导示图，鼓励幼儿动手操作，锻炼精细动作，提升操作能力。

③ 家长指导。教师结合亲子调查《衣服的秘密》，请家长引导幼儿观察衣服的特点，和幼儿一起比一比衣领的高低、看一看衣服的标签、找一找衣服的图案和裤子的口袋等，引导幼儿根据不同的标志区分衣服的前后、里外，为幼儿正确穿衣打好基础。

劳动体验

1. 我会正确穿衣服

> 问题：你知道有哪些穿对衣服的好方法？
>
> 幼儿1：我知道标签是在衣服后面的。
>
> 幼儿2：妈妈说衣服脱下来要翻回来，就像这样拉一下，要看到图案才行。
>
> 幼儿3：裤子的口袋是在前面的。
>
> 幼儿4：你说的不对，斜斜的口袋在前面，有一种平平的口袋是在后面的。
>
> 教师：小朋友们知道了那么多好方法，我们再来试试看，这次衣服能不能穿对呢？

这一次尝试中，大部分孩子都能仔细观察、穿对衣服。在穿衣时教师发现，有的孩子很快就穿好了衣服，有的孩子虽然穿对了可速度有些慢。因此，教师把幼儿穿衣的照片、视频发给家长进行反馈，并在班级群推送了多种穿衣裤的方法口诀和图示，提醒家长着重引导幼儿练习穿衣速度，并通过谈话和幼儿共同梳理正确穿衣的经验（见图6-2-3、图6-2-4）。

> 问题：要怎么做才能穿好、穿对衣服？
>
> 幼儿1：要先看一看衣服的标签！
>
> 幼儿2：对，先看看会不会穿反。
>
> 幼儿3：我喜欢两只脚一起伸，这样就不会穿反。
>
> 幼儿4：大洞洞钻头、小洞洞钻手。

▲ 图6-2-3 翻转衣服，穿衣准备

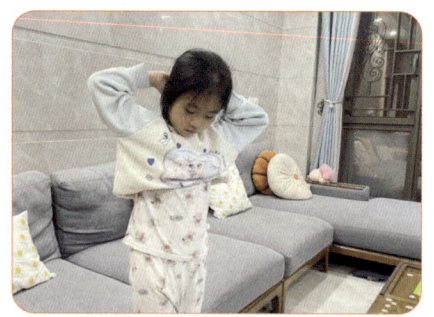
▲ 图6-2-4 分清前后，正确穿衣

2. 衣服穿得对又快

教师表扬在家尝试不同穿衣方法的幼儿，并组织幼儿交流："你觉得哪种是最快的穿衣方法？你最喜欢的穿衣方法是什么？"幼儿上前展示（见图6-2-5、图6-2-6）。

穿套头衫，有的先伸出头再迅速地伸出两只手；有的先伸出手再露出头。

穿裤子，有的套完一条腿，再伸另一条腿；有的先套好两只小脚再起立把裤子拉上。

穿外套，有的先穿好一边再穿另一边；有的先穿好两只袖子再向后甩把衣服披在身上。

孩子们大声呐喊着，为同伴加油。最后，大家还分别为展示自己最喜欢的方法的同伴送上了小花。

▲ 图 6-2-5　幼儿展示穿套头衫

▲ 图 6-2-6　幼儿展示穿外套

（三）收获分享、感受快乐

除了生活技能的累积与提升，幼儿也在生活自理中体会到劳动的成就感与自豪感，正如有的孩子示范完穿衣后，询问教师："老师，我厉害不厉害！"

尝到甜头的孩子在一日生活中，继续探索能干的小手还能为自己做什么事。吃饭时，有的孩子说："老师，我要比赛吃饭，你看我会大口吃饭。"有的孩子跟着说："你们都学我这样拿勺子才对。"换鞋时，孩子们都暗暗较劲，按照儿歌的步骤翻袜子、套袜子、穿鞋子，完成后立即跑来向教师报告："老师你看！我们又赢了小六班的小朋友了。""老师，我比他穿得快，我赢了。"班级交流群中，家长也常常发布孩子们在家穿衣的视频，交流孩子的表现，大家相互学习，幼儿的自理能力得到强化。

（四）反思调整、优化策略

1. 劳动目标的达成情况

由午睡后的穿衣问题引发的穿衣探索活动，让幼儿积累了自己穿衣服、辨别衣裤的前后和里外等劳动关键经验，加强了自我服务意识。教师和家长践行"家—园—家"的配合模式，共同将这场来源于幼儿生活的劳动体验落实于幼儿的生活中。

2. 下一阶段推进思路与策略

家长们发觉幼儿的自理能力有了一定的提升，逐渐信任教师的教育策略，家园沟通交流更为密切。可是过不久，教师就接到家长反映"孩子玩具玩好后都不收拾""家里每天都像战场！"等问题，在一次入户家访时，有的妈妈还特地保留孩子的游戏现场，请求教师给予指导（见图6-2-7）。因此，教师便将下一阶段的活动"能干的小手"的内容确定为玩具的整理收纳。

▲ 图 6-2-7　幼儿家里凌乱的玩具角

探究二：玩具物品放放好

（一）劳动探究、切身体验

问题讨论

> 问题：你喜欢这样的家吗？
> 幼儿1：不喜欢，没收玩具会很乱。
> 幼儿2：地板上都是东西。
> 幼儿3：我觉得有点不喜欢。
> 问题：怎么做，房间才不会乱呢？
> 幼儿1：把地板上的东西捡起来。
> 幼儿2：应该把玩具装到箱子里。
> 幼儿3：不玩的玩具就要放起来。
> 教师：你会收拾自己的玩具吗？请你回家看看，家里的玩具都放在哪里呢？

玩具要怎么收？放在哪里才不会乱呢？带着这些问题，孩子们回家后和爸爸妈妈一起观察家里的玩具角（见图6-2-8）。

> 问题：你家里的玩具都放在什么地方呢？
> 幼儿1：我的积木放在小箱子里。
> 幼儿2：小汽车都放在架子上。
> 幼儿3：我的娃娃都是放在窗户旁边的。
> 幼儿4：我的玩具都是放在桌子下面的。

▲ 图6-2-8 幼儿家庭玩具角

家长拍摄了家里的玩具角照片让幼儿带到班级分享，有的幼儿说："他的玩具堆在一起，都没有收好。"有的说："我看到玩具全部都放在一个箱子里。"有的说："我和他的一样，都是分开放在箱子里。"还有的说："如果堆在一起，一玩就变乱了！这样放是没有收拾好。"大家都赞同这一说法，纷纷补充道："我自己在家玩了一会儿，玩具就变乱了。""我收完都找不到自己的玩具了！"怎样收拾整理玩具呢？这一问题成了大家最大的困惑。

支持与回应

① 学习经验。教师借助照片，引导幼儿观察比较"玩具收拾整齐"和"玩具凌乱"的不同场景，交流收拾玩具的方法，了解玩具要一件一件放整齐，相同大小的放在一起等方法。

② 家长配合。回家后，家长陪伴幼儿整理玩具，观察家里存放玩具的位置，丰富幼儿整理收纳经验，并进行拍照、录像等，带回班级交流。

角色体验五：家庭小管家

劳动体验

1. 整理玩具城堡

班级里开展了"介绍我最喜欢的玩具"活动，每个孩子都带了一个自己最喜欢的玩具入园，孩子们需要为玩具安排一个存放的位置。有的孩子看上了墙边空置的玩具柜，把自己的娃娃放在了柜子里，其他小朋友们纷纷效仿，把自己的玩具摆放在柜子里。可是，还没摆完，柜子就塞不下了。有的孩子大喊道："不要再放了，玩具都被压住了。"原来，大小不一的玩具放在柜子里非常凌乱，较小的玩具埋在大玩具里，都看不见了。

> 问题：这么多玩具应该怎么放呢？
> 幼儿1：我们的都是奥特曼，可以放在一起。
> 幼儿2：我的是遥控的，另外放。
> 幼儿3：把小的玩具放在一起吧，这样就不会被大的玩具压住了。
> 幼儿4：很大的放一起、中等大的放一起、小的放一起，不就好了？
> 教师：可以按照玩具的功能分一分，比如电动玩具放在一起、不会动的玩具放在一起，外形一样的玩具可以放在一起。还可以按照小朋友说的，大的和小的分开。

教师帮幼儿找来了很多纸盒，幼儿分类放好了玩具（见图6-2-9）。

2. 神奇的标志

午餐后，一位孩子想要找自己的遥控汽车玩，连开了两个箱子都不是装电动玩具的。他着急地向教师求助："老师，我的玩具去哪里了？"幼儿发现玩具装进箱子里很难找。于是，大家利用散步时间去哥哥姐姐的班级参观。

▲ 图6-2-9 幼儿分类玩具

> 问题：你发现哥哥姐姐的玩具是怎么收的？
> 幼儿1：哥哥姐姐的盒子可以看见里面！
> 幼儿2：我看到他们班级的柜子里有照片。
> 幼儿3：还有粉色的三角形和绿色的三角形贴在柜子和盒子上。
> 幼儿4：红色的珠珠放在红色的小盒子里，紫色的珠珠就放在紫色的小盒子里。
> 教师：用透明的盒子装或者用贴照片、做标志的办法，都是为了让人们知道里面装的是玩具，方便大家找到玩具（见图6-2-10、图6-2-11）。

▲ 图6-2-10 幼儿发现透明收纳盒

▲ 图6-2-11 幼儿发现照片标志

当天，教师把幼儿整理玩具城堡和散步参观的视频发送到家长群，鼓励家长再次陪伴幼儿收纳玩具，试一试采用分类整理、做标志的办法进行整理。

3. 我的创意收纳

> 问题：这次你家里的玩具是怎么收的？有用到标志吗？
>
> 幼儿1：我家里有很多箱子，汽车一个箱子，积木一个箱子，还有一个装了很多球。
>
> 幼儿2：我的奥特曼卡片，妈妈帮我全部夹在一本书里了。
>
> 幼儿3：我找了一个罐子装我的小珠子。
>
> 幼儿4：我是把芭比娃娃放在箱子里，那个箱子是看不见里面的，所以我和妈妈贴了照片，还有一个装娃娃的箱子可以看见里面，就没有贴照片。
>
> 幼儿5：我家里的盒子都是一样的蓝色盒子，我和妈妈就像在班级里一样贴标志了，不过我是用贴纸做标志的！
>
> 教师：不同的玩具可以用不同的收纳工具，比如玻璃弹珠放在罐子里就很合适，卡片放在卡册里也很整齐。用照片、小朋友的图画、贴纸做标志，都可以让我们知道里面放了什么玩具（见图6-2-12至图6-2-14）。

之后，孩子们从家里带来了铁皮罐子、透明罐、玻璃瓶、收纳箱等各种各样的收纳工具，开了一场"收纳工具展览会"，并用上了这些收纳工具再次整理了班级的玩具城堡，把玩具收得更方便取放。

▲ 图6-2-12 幼儿分类玩具

▲ 图6-2-13 幼儿用卡册收纳卡片

▲ 图6-2-14 幼儿用图画做标志

（二）收获分享、感受快乐

在家里、幼儿园的整理行动结束后，教师收集了幼儿在家里整理玩具的前后对比照片，和幼儿聊聊家里的变化和自己的感受、心情。

> 问题：这样整理完，有哪些方便呢？
>
> 幼儿1：我看得到玩具在哪里了。
>
> 幼儿2：表弟来我家里玩，我马上就找到小汽车了。

角色体验五：家庭小管家

幼儿3：我整理好玩具，要玩什么，很快就能找到。
问题：整理完，你觉得开心吗？为什么？
幼儿1：很开心，玩具都回自己的家了。
幼儿2：我也很高兴，妈妈表扬我，要妹妹向我学。
幼儿3：整理得很整齐，拿玩具就更快了，大家很开心。

（三）反思调整、优化策略

1. 劳动目标的达成情况

在家长的帮助下，幼儿能根据不同玩具的收纳需求，选择大小不同的收纳工具，用专门的收纳盒，也可以把废旧物品如饼干盒、塑料蛋糕盒等当作收纳盒。从第一次尝试整理到分类有序地整理，幼儿懂得了按玩具的大小、颜色、功能进行分类，并尝试在不透明盒子上用标签、照片或绘画表征的方式做标志，幼儿初步掌握了收纳整理的方法，具备了一定的整理意识，初步养成整理玩具的好习惯。

2. 下一阶段推进思路与策略

这一阶段，幼儿能自己整理好玩具物品，愈发体会到小手的本领大，在自己的事情自己做的过程中感受成长的乐趣。在家中，孩子们也开始尝试用小手做别的事，比如有的家长在朋友圈分享孩子每天都帮忙洗碗、在家整理衣服等细节。在一次陪餐活动中，家长把和孩子一起做的香蕉酥带到班级和孩子分享，掀起了班级里制作美食的风潮……

探究三：我用小手做美食

（一）劳动探究，切身体验

问题讨论

问题：在家里，你最喜欢家人制作的哪种美食呢？
幼儿1：我妈妈做的蛋糕里有葡萄干，甜甜的。
幼儿2：我奶奶会做碗糕，是过节的时候吃的。
幼儿3：爷爷奶奶爸爸妈妈还有哥哥会一起包饺子！很好吃，是玉米馅的。
幼儿4：姐姐会做水果茶。
问题：你想用能干的小手和家人一起做哪些美食？
幼儿1：我想回家搓汤圆，我们以前在班级里搓过的。
幼儿2：还有水果茶，我可以切，叫姐姐泡蜂蜜水。
幼儿3：哥哥小学门口有饭团，妈妈说要教我做！
幼儿4：我想做蛋糕，做完了带来和大家分享。

> 教师：小朋友们都想做美食，这对小手来说可是不小的挑战哦！这次，大家一起来学制作美食的本领，选一个你最想做的美食回家试一试吧。

支持与回应

① 分享经验。教师汇总幼儿想要制作的美食种类，并在网上搜寻制作视频分享给家长，让幼儿在家观看视频了解制作美食使用的工具、制作的方法等，丰富美食制作的经验。

② 准备食材。家长根据幼儿选择制作的美食，和幼儿一起购买、准备食材，提供必要的指导和支持，保证美食制作安全顺利地开展。

劳动体验

1. 锤炼厨艺——搓、揉、切我都会

> 问题：一大颗的水果、一大颗的菜怎么变小？会用到什么工具？你知道怎么使用吗？
> 幼儿1：是用刀把它们切小了。
> 幼儿2：尖尖的刀这样切切切就切断了。
> 幼儿3：要小心不能切到手，不然就会受伤流血。

▲ 图6-2-15 美工区劳作

教师在美工区创设小厨房情境，投放超轻彩泥、塑料刀、报纸、纸碗、纸盘等材料，鼓励幼儿尝试用彩泥搓揉饭团、汤圆，用泥工刀将泥条切成小粒、小块，以此练习揉圆的技巧，熟悉安全使用刀的方法，锻炼手部精细动作（见图6-2-15）。

2. 分享美食——美食播报台

为了顺应孩子们制作、分享美食的心愿，幼儿在家和家人制作美食，由爸爸妈妈录制、拍照进行记录，幼儿通过班级"美食播报台"介绍自己制作美食的方法，分享制作时的趣事（见图6-2-16）。并把在家和家人制作的美食带到幼儿园与小朋友分享。

▲ 图6-2-16 幼儿播报、分享美食

> 问题：小朋友们分享了这么多美食，你喜欢哪一种？
> 幼儿1：我还想再做一次。
> 幼儿2：我喜欢水果茶，甜甜的很好喝。
> 幼儿3：可以再吃一次饭团吗？要有海苔的。
> 幼儿4：不要吃饭团了，我想吃的是煎饼汉堡。
> 教师：你们的小手真能干，能和家人一起做这么多好吃的！老师想请你们来幼儿园一起做美食，教教其他小朋友。

3. 美味再分享——班级制作美食

在教师、家长的协助下，幼儿选择了自己最喜欢的美食，以小组为单位在生活区合作制作美食。

（1）饭团组：准备米饭、海苔、火腿、鸡蛋碎，运用搓揉、捏紧的方法制作饭团。

（2）果茶组：准备百香果、哈密瓜、蜜水，用塑料刀把水果切成小粒，用小勺挖出百香果，与蜜水混合制作果茶。

（3）水果沙拉组：准备橘子、香蕉、沙拉酱，合作剥果皮并把橘子分成小瓣、香蕉分成小段，挤上沙拉酱（见图6-2-17）。

（4）糯米丸子组：准备面团，运用揉圆的方法搓揉丸子。

（5）煎饼组：准备面糊、勺子，把面糊用勺子舀到模具中煎烤（见图6-2-18）。

▲ 图6-2-17　制作沙拉

▲ 图6-2-18　制作煎饼

（二）收获分享、感受快乐

亲子美食播报、生活区制作美食活动开展后，教师和幼儿一起交谈这段时间里大家的劳动感受。

> 问题：学会了制作美食，你的心情怎么样？
> 幼儿1：我很开心，喜欢自己做的美食。
> 幼儿2：我开心极了，自己做的美食最好吃，我还想做。
> 幼儿3：我也很高兴，又能和妈妈做饭团了！
> 问题：接下来，你还想做什么美食？
> 幼儿1：这次我想做煎饼。
> 幼儿2：我还是想喝水果茶，甜甜的很好喝。
> 幼儿3：上次我在家做了糖果，没有在幼儿园做过。
> 幼儿4：可以叫我妈妈也来幼儿园吃好吃的吗？

（三）反思调整、优化策略

1. 劳动目标的达成情况

孩子们制作美食的热情不减，能将幼儿园游戏中习得的经验迁移到家庭中制作美食，再将家庭中巩固的知识技能在班级的劳作场域中进一步发挥,在与同伴小组的合作中互相模仿、提升。孩子们最初只会揉、搓、切,逐渐增添了舀、搅、卷、挖、剥等较复杂的制作技能,劳动能力进一步提升。

2. 下一阶段推进思路与策略

第二轮的美食播报中,增加了许多诱人的美食,如蛋糕卷、饺子等,孩子们提出了继续制作、分享美食的需求。除此以外,孩子们还有一个小小心愿:想邀请爸爸妈妈一起来分享美味。秋高气爽,正是出游好时节,于是,一场亲子野餐会开始酝酿中……

活动成果　去野餐

"野餐需要准备什么呢?"当教师抛出这个问题,有过秋游经验的孩子们立即七嘴八舌地讨论起来。

> 幼儿1:要准备垫在地板上的布。
> 幼儿2:可以准备我们上次做的蜂蜜水加百香果汁。
> 幼儿3:我想带很多好吃的东西,我想带棒棒糖。
> 幼儿4:我可以带自己做的饭团吗?
> 幼儿5:我妈妈说了会准备水果带来。
> 教师:是的,我们要准备野餐用的物品,比如野餐垫、小朋友的衣服和水杯等。最重要的是,要准备好吃的!请大家回家和爸爸妈妈一起制作美食带来和其他小朋友、叔叔阿姨分享吧。

回家后,根据共同制定的野餐预备清单,孩子们和爸爸妈妈一起做准备。大家把自己的物品放进小书包,和爸爸妈妈制作一种美食,并找到合适的容器进行打包(见图6-2-19至图6-2-21)。

▲ 图6-2-19 亲子一起制作汤圆

▲ 图6-2-20 幼儿收拾物品放书包

▲ 图6-2-21 幼儿用合适的打包盒包装美食

野餐派对开始咯!孩子们整整齐齐地带上小书包、摆放好自己带来的食品。幼儿和好朋友一起分享美味,大家自己剥果皮、自己背上小水壶、自己吃点心……爸爸妈妈快乐地当起"甩手掌柜"。野餐结束,孩子们帮着大人捡垃圾、收拾场地,孩子们的小手真能干(见图6-2-22、图6-2-23)!

角色体验五：家庭小管家

在整个野餐过程中，幼儿能够做好自我服务管理，友好地和同伴相处。家长们亦惊叹幼儿的变化，纷纷在社交平台"晒娃"，给孩子们点赞（见图6-2-24）。

▲ 图6-2-22 幼儿自主剥水果

▲ 图6-2-23 幼儿自己背水壶

▲ 图6-2-24 家长的朋友圈截屏

活动反思

① 幼儿层面。萌发自理意识，勇担家庭小管家的劳动责任。幼儿从依赖成人帮助，不愿意、不会自理，到乐意探索用小手做自己的事。从愿意尝试自己穿衣，探索玩具物品收纳的好办法，再到尝试用小手做美食。在这过程中，幼儿的劳动能力有了质的飞跃。更重要的是，幼儿对劳动有了正面的认知，体验到了劳动带来的成就感，真正在劳动中体会到愉悦感。

② 家长层面。敢于放手，养成乐自理、爱劳动的家庭小管家。乐自理、爱劳动的家庭自理小能手养成离不开密切的家园配合，延续幼儿园习得的经验于幼儿而言是难事，于家长而言也是一件富有挑战的事情。家长们在协助幼儿正确穿衣、有序整理玩具物品、亲子制作美食等一系列活动中深度参与活动。他们在野餐活动中看见幼儿的变化，与幼儿共同感受成长的乐趣。家长的育儿态度最终转变为愿意放手，鼓励幼儿尝试"小手能做的事"，给予幼儿更多的锻炼空间，他们从幼儿的成长中感受到幸福。

③ 教师层面。协同共育，多渠道策略支持小管家养成。家园教育观点、频率、策略的不一致是致使教育效果大打折扣的主要因素，因此，维持一定密度的家园联系尤为重要。教师以"能干的小手"为主线，依据幼儿兴趣以及发展需求，通过剪辑小视频、拍摄幼儿照片等与家长密切联系，反馈幼儿近况。向家长提供教育策略，如调查问卷、穿衣口诀、野餐准备清单等，支持家长与幼儿进行交流、互动，让家庭教育更为轻松、高效。

浸入"家庭生活"这一实践场，幼儿在日常生活中习得技能、在幼儿园与家庭等多个场景中坚持自我服务，善劳动、乐劳动、爱生活的劳动素养逐渐萌生，良好的品质也会在细水长流的生活中陪伴幼儿，成为美好人生中一抹亮丽的底色。小管家的修炼之旅刚刚启程，幼儿目前所接触的自我穿戴、物品整理、美食制作仅是小管家自我服务中极少的一部分。接下来我们将继续在"小手真能干"的情境下鼓励幼儿探索自己能做的事，成为能自我服务、愿意服务他人的家庭小管家。

乐体验　爱劳动——幼儿园角色体验式劳动教育案例

思维导图

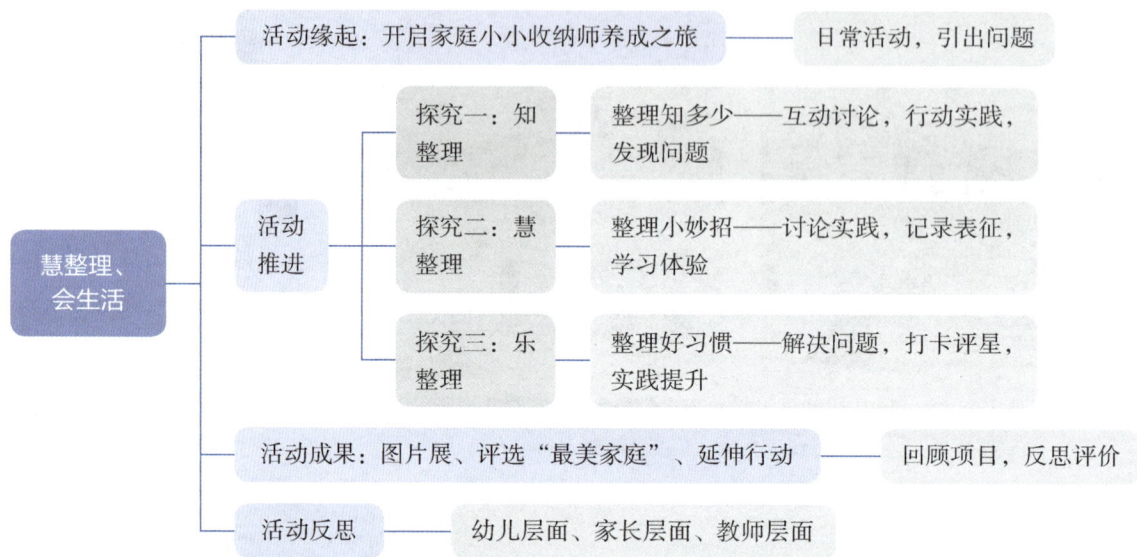

活动缘起

寒假结束了，孩子们回归幼儿园开启了新的生活，他们的身高、体重等都有了新的变化，但是常规整理习惯也被打回了原形。如区域游戏完，材料不是散落在地就是杂乱地堆放在柜子里，原来午睡前折叠整齐的衣物现在也随手脱下堆放在椅子上，床前拖鞋凌乱地摆着……整理收纳的问题再次在班级上演。教师通过和孩子们再次制定规则，重新对班级物品制作收纳标志，再通过小小值日生来进行监管，班级物品整理常态得到了较好的恢复。那孩子们在家里和在幼儿园一样吗？教师通过问卷调查了解幼儿在家表现，从收回的家长问卷调查数据显示，有78%的幼儿不会将玩具、图书或者衣物等归回原位；90%的家长反映孩子在幼儿园和家里是不一样的，更听老师话。由此可见，幼儿收纳整理的习惯弱化，并未真正养成良好习惯。针对收纳整理问题，教师有必要引导幼儿浸入家庭做到在园、在家一个样，帮助幼儿提高自我服务能力，强化管理意识并养成整理收纳的行为习惯。

活动推进

探究一：整理知多少

（一）浸入家庭、自主自选

孩子们在自己班级里会收拾整理物品，那么家里有哪些地方需要整理呢？会出现什么问题呢？

老师与孩子们一起围绕这些问题展开交流讨论。

角色体验五：家庭小管家

> 问题：家里有哪些地方让你感觉很乱？
> 幼儿1：客厅沙发和桌子很乱，放了很多东西。
> 幼儿2：衣柜里的衣服也需要整理。
> 幼儿3：我的玩具房地板上到处都是玩具，妈妈说很乱。
> 幼儿4：我看完的书还没有放回书架就很乱。
> 幼儿5：鞋子到处放，都没有放到鞋柜里。
> 问题：家里这么乱，这些平时都是由谁来整理呢？
> 幼儿1：我们家都是我妈妈在做。
> 幼儿2：爸爸妈妈上班，家务都是爷爷奶奶在做。
> 幼儿3：我偶尔会帮妈妈一起整理。

这么多东西都是由爸爸妈妈、爷爷奶奶去整理吗？有什么东西是我们自己需要整理的呢？不妨去家里看一看！

（二）劳动探究、切身体验

问题讨论

> 问题：你自己有哪些东西需要整理？
> 幼儿1：我的绘本和玩具需要整理一下。
> 幼儿2：我的衣柜。
> 幼儿3：我有点不知道。
> 幼儿4：可以回家问问爸爸妈妈。
> 问题：家里还有哪些东西需要我们整理？
> 幼儿1：我们还可以整理家里的鞋柜。
> 幼儿2：厨房里我们吃饭的碗和盘子。
> 幼儿3：衣橱里的衣服需要整理。
> 教师：大家一起回家找一找看一看，并记录下来。你们还可以和爸爸妈妈一起将自己需要整理的东西画下来。

支持与回应

① 亲子调查。教师了解幼儿在家整理的经验与情况，通过家长反馈发现幼儿在家整理收纳的问题，具体把握指导方向。

② 家长配合。请家长引导幼儿观察家里需要整理的物品。家长提出问题，鼓励幼儿积极思考、共同梳理，丰富幼儿整理物品的经验。

③ 亲子制作。引导幼儿回家和家长一起画下需要整理的物品和整理计划单（见图 6-3-1）。

④ 肯定表扬。及时肯定和表扬幼儿在园整理收纳的表现，增强幼儿自信心，激发幼儿在家整理的欲望。

劳动体验

1. 制定整理计划

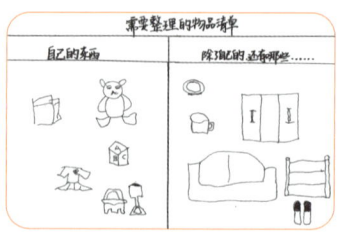

▲ 图 6-3-1　家庭物品整理清单

> 问题：我们自己的东西该怎么整理呢？
> 幼儿1：我要把自己的玩具放回柜子里。
> 幼儿2：我可以把自己的衣服叠整齐。
> 幼儿3：我们可以像做小小值日生计划表那样也做一份计划表。
> 幼儿4：可以每天都整理一点点。
> 教师：制订计划表是个好办法，大家一起来试试看。

▲ 图 6-3-2　亲子绘制计划表

经过讨论，我们发现孩子能将幼儿园的劳动经验迁移到生活中，他们共同商讨出要制订一份家庭物品整理计划，按计划把家里物品收拾整齐。借助亲子榜样引领的力量，教师鼓励家长和孩子一同讨论并制订个人物品整理计划表（见图 6-3-2）。

2. 一起去整理 1.0

孩子们回家后，拿着家庭物品整理计划表，兴致勃勃地开始整理实践行动，小小的身影穿梭在房间的各个角落，认真地对照着计划表，将衣橱里的衣服裤子和图书架的图画书一件件、一本本摆放整齐（见图 6-3-3、图 6-3-4）。在这个过程中，我们请家长帮忙记录并为孩子印小红花以作鼓励。

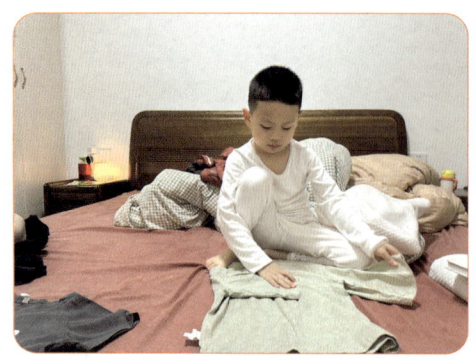

▲ 图 6-3-3　折叠衣服并收到衣柜里

▲ 图 6-3-4　整理图书，把图书整齐地排列在书架上

3. 一起去整理 2.0

问题：我们自己的东西整理好了，家里的其他东西该怎么整理呢？

幼儿1：我要把家里的鞋子都放进鞋柜里。

幼儿2：我可以帮妈妈一起把衣服叠整齐。

幼儿3：可以像自己的整理计划表一样，有一个整理家里物品的计划。

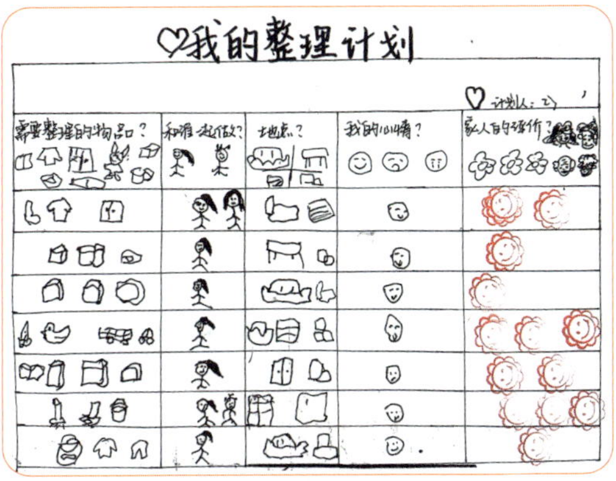

▲ 图 6-3-5　我的整理计划表 2.0

通过第一次的实践，孩子们有了初步的整理经验。在讨论后，孩子们决定重新调整自己的计划表（见图 6-3-5）。

通过劳动实践，孩子们不仅能够做好自己的物品整理，同时也能够帮助家人做力所能及的事情，整理家里的其他物品（见图 6-3-6、图 6-3-7）。

▲ 图 6-3-6　与妈妈整理客厅

▲ 图 6-3-7　幼儿整理厨房，给碗碟分类

（三）收获分享、感受快乐

在整理家庭物品的劳动中，大部分孩子掌握了一定的整理方法，表现出较高的参与热情。

问题：你们在家都整理了什么东西？

幼儿1：我整理了自己的鞋子还有爸爸妈妈的鞋子，我把鞋子整整齐齐放在柜子里。

幼儿2：我找到几个箱子，把我的玩具都放到箱子里去，这样就不会乱了。

幼儿3：我整理了很多很多的图书，把它们都放进了书架。

问题：整理这么多东西真是太能干了，整理过程中你有没有遇到什么困难？你是怎么解决的？

幼儿1：我把衣服和裤子叠得很整齐，可是我要找小熊衣服的时候，又翻得乱七八糟了，妈妈就要我再整理一次。

幼儿2：我想找我的小车玩具，但是玩具太多，我不知道它放在哪个箱子里。

幼儿3：我觉得整理真是太简单了，没什么困难的。

问题：那你们是自己一个人还是和家人一起整理的？你对自己的整理能满不满意？

幼儿1：我每次都是自己整理的，我对自己很满意。

幼儿2：我很满意，因为爸爸妈妈都夸我很棒，奖励我很多小红花。

幼儿3：满意啊，有时候我也会和奶奶一起整理，妈妈奖励我去吃自助餐，我很开心。

教师：小朋友们可以把自己和家人的东西都整理得很好，我们为能干的自己取个好听的名字吧！

幼儿1：可以叫整理小达人。

幼儿2：妈妈说我是勤劳的小蜜蜂。

幼儿3：可以叫小小收纳员。

幼儿4：我觉得叫能干的收纳师更好听。

▲ 图6-3-8　家长发朋友圈称赞会整理的宝贝

经过投票，小朋友选择"小小收纳员"的得票率最高，一个专属于孩子们的称呼也就此诞生啦！

在这次活动中，家长们给予教师和孩子很大的支持，在看到孩子们一次次的实践过后，家长们也给予教师很多反馈（见图6-3-8）。

家长1：孩子的整理积极性很高，但是他在玩的时候还是会把玩具扔得满地都是。

家长2：我儿子把他的衣服叠得整整齐齐的，还承包了我们的衣服。

（四）反思调整、优化策略

1. 劳动目标的达成情况

围绕整理家庭物品开展讨论、调查、观察、计划和实践活动，使幼儿更好地认识家庭物品，感受自己是家庭的一份子，他们逐渐学会了收纳物品的方法。在参与劳动的过程中，幼儿从整理自己的物品到整理家人的物品，自我服务能力提高的同时也感受为他人服务的快乐。亲子共同整理不断美化家庭环境，给幼儿带来了成就感和满足感，增强幼儿居家劳动的自信心，为幼儿养成整理习惯奠定良好基础。

2. 下一阶段推进思路与策略

幼儿自我服务能力提升，自我管理物品的意识在增强，整理的主动性提高。教师在整理后与家长的交谈中，经常听到"现在东西不会那么乱了，但是孩子在找不到物品的时候还是会翻来翻去"的反馈，表明幼儿能规整物品但能力有限，或只是单纯将物品整理在一个地方，还是会存在混乱、找不到物品的现象。怎样才能更好地进行收纳整理呢？哪些方法才是正确又实用的呢？下一阶段我们将一同挖掘实用、有效的整理小妙招。

探究二：整理小妙招

（一）劳动探究、切身体验

问题讨论

> 问题：你是怎么收拾整理的？用了什么办法？
> 幼儿1：我会把书都放在书架上，大的书和小的书分开。
> 幼儿2：我会把衣服叠好，放进衣柜里。
> 幼儿3：我找了很多收纳箱把玩具都装进去。
> 幼儿4：我也用了收纳箱装，但是找玩具时候还是会翻得很乱，找不到玩具。
> 问题：怎样才能快速找到需要的玩具和物品呢？
> 幼儿1：用收纳筐放起来再贴上标签，不用打开就知道里面有什么啦。
> 幼儿2：我会把大的玩具放上面，小的放下面。
> 幼儿3：物品都要分类，不能全部放一起。
> 幼儿4：超市里的东西摆放得又多又整齐，我们可以去看看学习一下。
> 幼儿5：图书馆的书也很多，还都很整齐呢！

支持与回应

① 借助社区资源。请家长带领幼儿外出参观超市、图书馆、服装店等地方，重点观察物品整理的方式，并进行记录。

② 学习整理方法。在语言区投放《全都收拾好》《一起一起分类病》和《木娃的博物馆》等绘本，引导幼儿自主学习。并开展集中学习活动"送玩具回家"，帮助幼儿学习整理小妙招。

③ 鼓励动手实践。教师鼓励幼儿动手实践，引导家长为幼儿创设整理环境和整理氛围，激发幼儿整理的积极性。

▲ 图6-3-9 集中学习活动"送玩具回家"

劳动体验

1. 借助社区资源外出参观学习

周末，爸爸妈妈带孩子们参观了超市、图书馆、服饰店等各类公共场所（见图6-3-10、图6-3-11），参观结束后，孩子纷纷与大家分享自己的感受（见图6-3-12）。

▲ 图6-3-10 外出参观鞋店

▲ 图6-3-11 外出参观图书馆

▲ 图6-3-12 班级分享外出参观超市的感受

问题：你去了哪里参观？都看到了什么？

幼儿1：我去了图书馆，看到了书都是有自己的编号，放在了一层一层的书柜上。

幼儿2：不是不是，我看到的是有很多书平平地放在大大的平台上。

幼儿3：有的是大的书放一起，有的是小的放在一起。

问题：原来图书是按照不同的类别进行摆放的，并有对应标记。你们还去了哪里？物品是怎么摆放的？

幼儿1：我去看了超市的货架，不同的货架上放着不同的东西。

幼儿2：超市里吃的东西放一起，不是吃的东西放在一起。

幼儿3：鞋店里拖鞋凉鞋放一起，运动鞋放一起。

幼儿4：面包店里，冰的和热的面包分开摆放。

教师：各种商场店铺卖的东西不一样，不同的东西有不同的分类摆放方式，按类别、颜色、用途等不同形式摆放。人们在货架、柜子上都会张贴不同标签，这样使得物品看起来非常整洁、有序，物品的取放一目了然。

2. 整理大行动

经过参观、集中学习，幼儿开始动手将这些经验运用到家庭物品的整理中，看看谁能把家里整理得更加井井有条（见图6-3-13至图6-3-15）。

▲ 图6-3-13 在家修补图书

▲ 图6-3-14 在家分类整理玩具

▲ 图6-3-15 在家制作玩具柜标签贴

角色体验五：家庭小管家

（二）收获分享、感受快乐

> 问题：你整理了什么？用了什么小妙招？
> 幼儿1：我和妈妈一起给收纳箱画上了各种各样的图形，有小花、爱心，还有好多其他的图案。
> 幼儿2：我在汽车玩具箱上画上汽车图形，很快就找到汽车了。
> 幼儿3：爸爸教我用胶布和剪刀修补破了的图书，这样还能继续看。
> 幼儿4：我给整理劳动的工具也找到了一个家，这样不用怕丢和找不到啦！
> 问题：小妙招好用吗？
> 幼儿1：我觉得很好用，我的房间变得更漂亮了。
> 幼儿2：衣柜里都是叠得整整齐齐的衣服，还分了上衣、裤子、裙子，一下子就能找到我想穿的。

整理行动过后，幼儿借用图片分享自己运用整理小妙招后的劳动成果和它带来的好处，最后幼儿还将自己运用的小妙招画下来形成小锦囊，为后续物品整理提供了更多的便利（见图6-3-16、图6-3-17）。

1. 整理小妙招方法一：分类整理

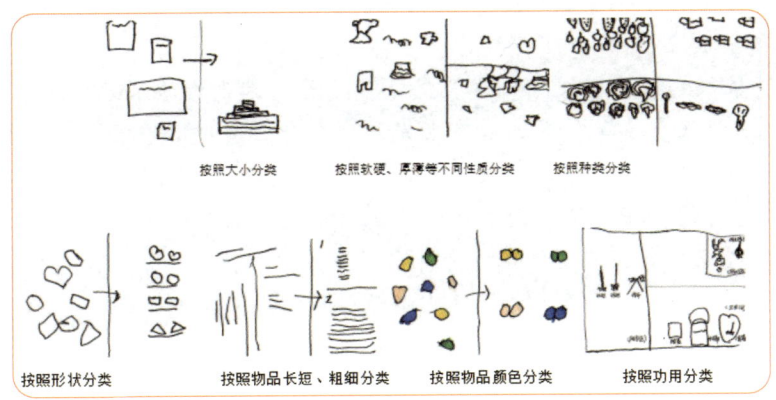

▲ 图6-3-16　幼儿绘制的分类整理小妙招

2. 整理小妙招方法二：设计、制作标签贴

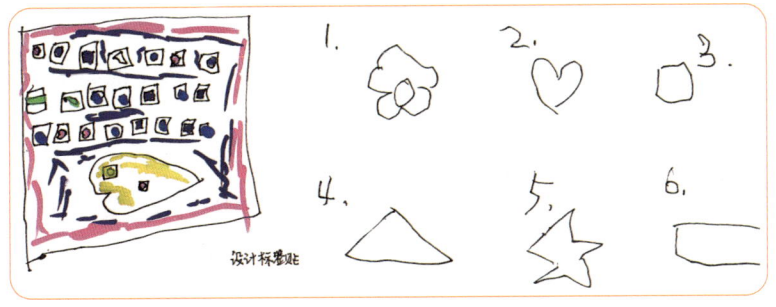

▲ 图6-3-17　幼儿制作玩具柜标签贴

（三）反思调整、优化策略

1. 劳动目标的达成情况

在直接感知、亲身体验、实际操作中，幼儿丰富了家庭物品整理的经验，掌握了分类摆放的基本整理方法，加强了折叠衣物、整理玩具、摆放书籍等基本整理技能，促进了手眼协调能力和精细动作发展。在幼儿整理收纳的劳动实践中，他们能改进、升级整理技能，互相帮助，分享整理小妙招，运用绘画表征。幼儿更能体验自我服务劳动的乐趣和成就感，展现了积极的团队合作精神，同时整理收纳能力有了很大的提升。

2. 下一阶段推进思路与策略

整理劳动中，幼儿亲自动手、亲身体验才会有深刻的感受，他们在活动中保持较高的积极性、主动性，赢得了家长们一致肯定。在一次家长沙龙访谈中，家长反映刚开始时幼儿的积极性很高，但不久就会失去主动性，需要常常提醒，不能持之以恒。怎样巩固劳动成果，让他们保持整理的好习惯呢？这成为下一阶段我们需要突破的问题。

探究三：整理好习惯

（一）劳动探究、切身体验

问题讨论

> 问题：爸爸妈妈说你们现在又不能坚持整理了，这是为什么呢？
> 幼儿1：有时候书看了一半还没有看完，我就先放着了。
> 幼儿2：我玩着玩着就忘记整理了。
> 幼儿3：有时候，爸爸妈妈说去外面吃饭，很晚了我们就没有整理了。
> 问题：怎么能让自己不忘记呢？有什么好办法坚持呢？
> 幼儿1：可以定一个闹钟，提醒我们整理。
> 幼儿2：我觉得可以每天或者每个周末都定1个小时专门用来整理。
> 幼儿3：可以做一个监督表，完成一次给自己打个钩。
> 幼儿4：我要像每日阅读打卡那样做，完成后每星期兑换礼物。

支持与回应

① 家园配合。引导亲子设计、绘制"坚持整理打卡表"，亲子监督促使幼儿养成整理习惯，提高家庭整理的坚持性。

② 及时表扬。及时给予幼儿正面反馈和表扬，提升幼儿整理的成就感和自信心。当幼儿认真坚持并完成打卡后及时给予口头表扬，如"你的办法真不错""坚持完成整理真是太棒啦，你是能干的小小收纳员"等，并给予相应奖励。

③ 评选收纳师。班级设立"小小收纳员"表扬栏，激发幼儿整理的积极性，为幼儿树立良好的行为榜样，营造良好的整理氛围。每周结束，教师会观察、评价幼儿的整理行为和表现，将做得好的幼儿名字写在表扬栏上，同时评选能干的收纳师。

劳动体验

1. 制作整理打卡表

> 问题：你想怎样制定打卡表呢？
> 幼儿1：我要设计一张和21天阅读一样的整理打卡表。
> 幼儿2：我要给自己每天画上小爱心或者小红花。
> 幼儿3：坚持打卡表要有日期，才知道自己哪一天做了。
> 幼儿4：打卡表上要画上衣服、图书、玩具以及很多我们要整理的东西。
> 教师：你们的主意真不错，那我们现在就开始动手设计自己的打卡表格吧，看看谁的表格最有创意，能帮助我们坚持整理物品。

2. 亲子绘制"坚持整理打卡表"

幼儿动力十足，回到家后就和爸爸妈妈一起设计制订适合自己的坚持整理打卡表（见图6-3-18）。

3. "能干的收纳员"打卡实践、评星活动

为了激发幼儿打卡的积极性，教师利用"小打卡"的形式引导孩子坚持每日家庭整理打卡，爸爸妈妈帮忙记录整理过程并反馈给教师，再根据打卡情况为幼儿评星，每周累计星星数最高者，评为当周"整理小能手"并给予相应奖励，帮助幼儿逐步养成每天整理的好习惯（见图6-3-19）。

▲ 图6-3-18 亲子制作打卡表

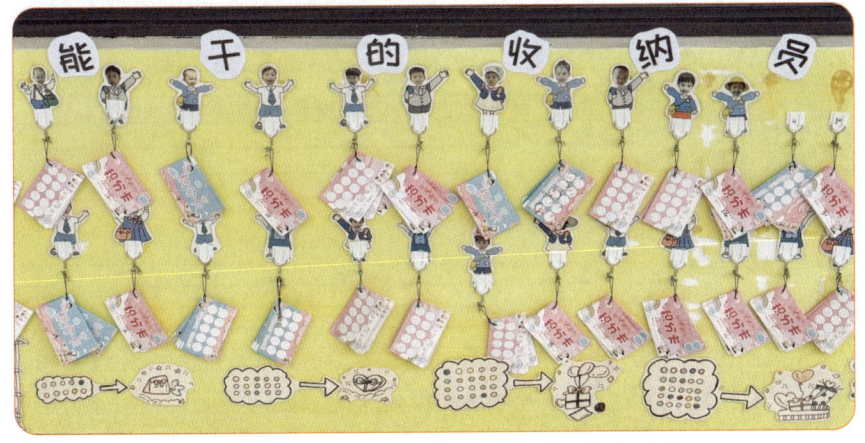

▲ 图6-3-19 班级"能干的收纳员"表扬栏

（二）收获分享、感受快乐

> 问题：坚持打卡给我们带来什么变化呢？
> 幼儿1：我被评为"能干的收纳员"，很开心。
> 幼儿2：我做得很好，妈妈请我去吃了披萨。
> 幼儿3：爸爸妈妈都夸我懂得坚持，很棒！
> 幼儿4：我觉得自己的事情自己做，还帮助家人做事情很快乐。

打卡活动实施之后，幼儿和同伴分享着自己的喜悦，同时教师也收到许多来自家长真实的反馈：

> 家长1：宝贝能够每天坚持打卡整理，真的太棒了。
> 家长2：现在孩子整理得越来越好，东西摆放得越来越整齐。
> 家长3：自己也经常陪着孩子一起整理，很有意义，孩子感觉也更有动力。
> 家长4：这个活动对于孩子劳动习惯的养成有很大的帮助，同时确实让家里更加整洁了。

调查显示（见图6-3-20），100%的家长认为让幼儿坚持参与物品整理是非常重要的，83.87%家长反馈幼儿现在在家能够按照计划表坚持整理物品。幼儿在打卡坚持活动中变得更加有责任感，同时在整理过程中，幼儿在家长自身的影响下更加注重物品的整理，促进了亲子之间的密切联系。

3、您认为通过打卡坚持整理家庭物品，幼儿有什么变化？
孩子懂得了物品的归类和分类，培养了孩子的责任心
通过坚持打卡，幼儿能够坚持每天整理家里的物品，养成一个好习惯
孩子更加有秩序性了，不会乱丢东西
能够把自己扔的乱七八糟的玩具规整到箱子里了
做事情更有规划，更愿意动手做事情
孩子有了任务意识更愿意整理
宝贝能够开始注意整理自己的物品，家里再也没有乱七八糟了。还学了很多收纳的本领。
会规划整理自己的东西，生活能力提高了
体会到妈妈平时的辛苦付出
自己的事情自己做，有主见且自理能力也提高了

4、本次活动，带给您和孩子最大的收获是什么
孩子明白劳动的意义，和孩子在劳动增进感情
可以锻炼孩子的动手能力，培养亲子关系
能够加强孩子的边界感，提升幼儿自身的条理性
通过本次活动，让我们更加坚信好习惯是可以养成的，家长和幼儿一起坚持打卡，无形中就养成了随手整理的好习惯
不仅提高了孩子的条理性，也帮助孩子更加自主自立
最大的收获就是明显可见的小朋友在家坚持物品分类的意识有增强了，每次活动后都能看到他能够自主地收拾玩具
坚持努力的乐趣。孩子带来习惯的改变，家长更省心。
感谢老师，为宝贝开展了这个课程，大大提高了宝贝的自理能力，我们也受益颇多
孩子学会帮忙整理家里，减少对家长的依赖
发现孩子生活自理能力有所提高，并且在其他事情也能采用计划打卡方式去引导

▲ 图6-3-20 家长问卷调查反馈

（三）反思调整、优化策略

1. 劳动目标的达成情况

幼儿家庭物品整理习惯的养成，是培养幼儿劳动意识和自理能力的重要环节。打卡行动的实施，让幼儿明确自己在家庭中的责任，能专注于自己的整理过程并完成打卡任务，获得成就感与自信心，促进幼儿养成有序整理的行为习惯。在亲子创意制作打卡表、劳动实践过程中，促进亲子之间的沟通，建立亲密的亲子关系，激发幼儿整理物品的兴趣。家长的榜样示范对幼儿产生的正向推动作用，也让家长更好地意识到以身作则的重要性。

2. 下一阶段推进思路与策略

为了让幼儿更好看到整理后家里的变化，感受整理给生活带来的便利，激发幼儿对自己、对家庭的责任感，下一阶段我们继续引导幼儿收纳整理、自主评价，开展"最美收纳家庭"的评选活动。

> **活动成果**　高光时刻、最美收纳家庭

（一）"我是小小收纳员"图片展

随着"慧整理，会生活"角色体验劳动活动的推进，幼儿逐渐成为整理小能手。在收拾整理自己的玩具和物品中，体会自我服务带来的成就感，一同去看看"小小收纳员"的成果吧（见图 6-3-21 至图 6-3-30）！

1. 玩具乐园大变身

▲ 图 6-3-21　我的玩具柜

▲ 图 6-3-22　我的球区

2. 书柜大变身

▲ 图 6-3-23　书柜整理前

▲ 图 6-3-24　书柜整理后

3. 家庭鞋柜大变身

▲ 图 6-3-25　鞋柜整理前

▲ 图 6-3-26　鞋柜整理后

4. 家庭厨房大变身

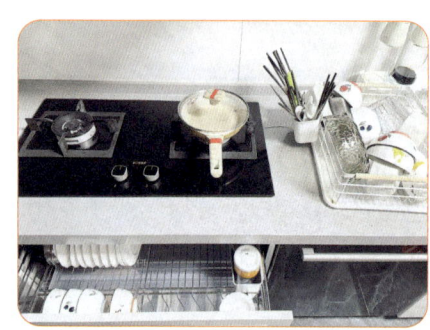

▲ 图 6-3-27　厨房整理前

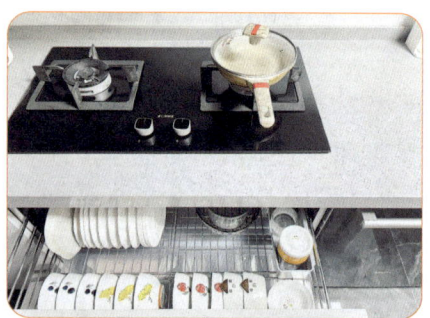

▲ 图 6-3-28　厨房整理后

5. 家庭客厅大变身

▲ 图 6-3-29　客厅整理前

▲ 图 6-3-30　客厅整理后

（二）评选"最美收纳家庭"

整理过后，孩子们的家里都发生了巨大的变化。在家园合作共同开展的整理收纳活动中，孩子们从学会到坚持，自我服务、自我管理的意识和能力取得显著进步；从自我服务到为家人服务，孩子们深深地感受到"我是家庭中的一员"，要为家庭做些力所能及的事情。家长们也从包办代替到学会放手，他们逐渐相信孩子们是有能力的，是具有可塑性的、有潜力的。因此，教师组织评选了三组"最美收纳家庭"（见图 6-3-31），通过评选活动不仅看到幼儿逐渐学会整理小技巧并能坚持整理的好习惯，增强幼儿自信心，而且激发家庭对物品整理收纳的重视，促进家庭成员的合作与交流，增进亲子情感同时转变家长的育儿观念，培养幼儿从小爱劳动的意识，为其他家庭也树立了榜样作用。

"最美收纳家庭"不仅是家园合作成果的交流分享，更是亲子合作、幼儿劳动习惯和能力的一次大展示。

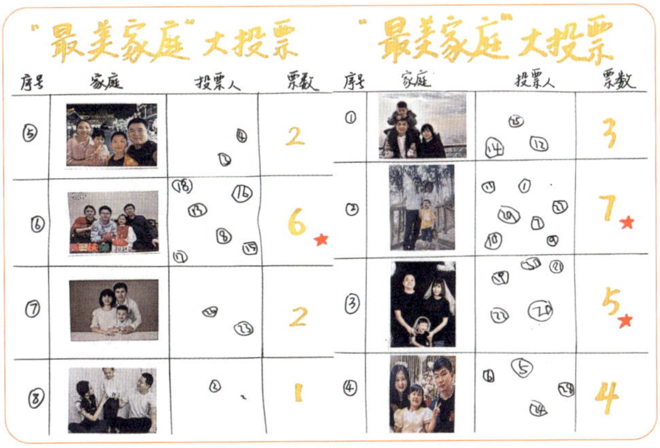

▲ 图 6-3-31　孩子投票结果

（三）整理员在行动

整理收纳的习惯和能力要从生活中习来最后再服务于幼儿的生活。幼儿将整理技能和经验逐渐迁移到幼儿园和社区，使之变得更加整洁。迁移整理经验，能让劳动更好地服务于生活。通过将劳动经验运用到不同场景中，幼儿更能感受到劳动的重要性，感受付出劳动的价值和快乐，打造属于自己"空间魔法师"的高光时刻（见图 6-3-32 至图 6-3-35）。

1. 走进幼儿园，为集体服务

▲ 图 6-3-32　幼儿整理绘本馆书籍

▲ 图 6-3-33　幼儿整理、打扫幼儿园农场

2. 走进社区，争当志愿者

▲ 图 6-3-34　幼儿在社区帮忙捡垃圾

▲ 图 6-3-35　幼儿在公园垃圾分类

从乱七八糟到整洁有序，从自由散漫到认真坚持，幼儿逐渐认识到自己的努力能够让环境变得更加整洁有序，这种积极的劳动情感将有助于他们养成自觉劳动的习惯。活动中，教师看到了幼儿在成为家庭收纳员中不断散发的"高光时刻"，比较了幼儿不同阶段中不同领域的整理表现，幼儿都在不断成长与进步。

活动反思

"慧整理、会生活"劳动体验就是一场平凡有趣而又独特的劳动之旅，幼儿、教师、家长都在其中探索和成长，收获了满满的智慧和快乐。

① 幼儿层面。在劳动技能方面，幼儿在切身感知、实际操作的过程中，认识、观察家庭生活物品，促进了幼儿对生活物品的认知和自我管理意识。幼儿掌握了分类、制作标签等整理小妙招并运用在劳动中，能将自己和他人的物品整理得井井有条，提高了幼儿的整理技能，丰富了整理的劳动经验。在劳动态度上，幼儿从最初的需要提醒、不情愿参与到后来的积极主动，对家庭整理劳动的态度发生了明显的转化，在整理收纳的过程中主动积极发现问题、解决问题，努力完成任务，表现出认真负责的态度，体验到了自我服务劳动带来的成就感和自豪感。在一次次家庭整理行动中获得家长、老师的赞许，感受到自己是家庭生活的一员，体会家人的辛苦。从家庭到社区，幼儿感受为他人服务的快乐，增强了对家庭、对社会的归属感。

② 家长层面。整理活动前后幼儿劳动态度的变化，如从家长催促转化为幼儿主动，家长从幼儿的劳动成果中意识到家庭劳动对幼儿发展的重要性，不断转变自身的育儿观和劳动观。在与教师密切沟通和支持下，家长学习到引导幼儿整理的方法和技巧。与幼儿一同完成各项亲子任务，在陪伴幼儿的过程中，促进了良好亲子关系的形成。这场活动也让家长意识到榜样示范的力量，让家长努力成为更具有担当的父母。

③ 教师层面。教师通过开展集中学习、互动分享、比赛游戏、榜样示范等形式，激发幼儿对整理物品的兴趣，增强幼儿的竞争意识和参与度，提高了幼儿对整理劳动的积极性，提升了幼儿学习整理的能力，教师体会到培养幼儿整理收纳能力的重要性，检验了自身教学方法和策略的有效性。教师让家长了解整理劳动的目的和方法，利用线上线下平台相结合的方式及时与家长保持沟通，有效助推活动的进一步实施，加强了教师与家长的沟通和合作。活动取得显著成果，同时带给了教师几点思考：家庭整理收纳劳动习惯养成不是一蹴而就的，需要家庭、幼儿相互配合支持，活动暂告一段落后，幼儿良好习惯是否还能得以保持呢？整理劳动任务是否适用于所有的幼儿呢？如何提供更加个性化的指导呢？

因此，家庭小小收纳员的养成是幼儿成长路上的一小步，也是他们养成良好习惯的一大步。教师、幼儿、家长不能轻易停下前进的脚步，让我们一同期待幼儿成长为更优秀的慧整理、会生活、乐劳动的小能手吧！

角色体验五：家庭小管家

大班 红红火火过新年

思维导图

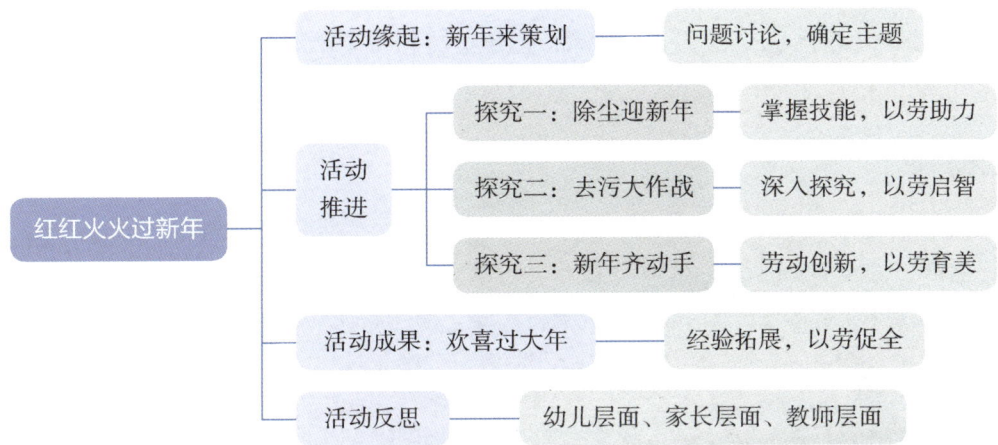

活动缘起

新的一年即将到来，幼儿园里到处充满着过年的喜庆气息，"过新年"也成了幼儿期待的话题。为什么喜欢过新年呢？他们有的说："过年可开心了，有好多好吃的和好玩的，新年是我最期待的节日了。"有的说："过年我们都会穿新衣。"有的说："新年家里非常热闹，我最喜欢和爸爸妈妈出去拜年，可以收到很多红包。"还有的说："我们会贴上春联、窗花，把家里装饰得漂漂亮亮的。"关于新年，每个孩子都有别样的体验和感受，在家里怎么和爸爸妈妈一起迎接新年呢？有的孩子说："爸爸妈妈需要帮忙什么我就做什么。"有的说："我可以帮忙贴春联，把家里贴得漂漂亮亮的。""那要先打扫干净了才能贴春联吧。"一场关于布置家里环境、迎接新年的活动就此拉开帷幕。

活动推进

探究一：除尘迎新年

（一）浸入家庭、自主自选

在一次幼儿园的除尘活动过后，幼儿热火朝天地讨论了起来。

> 幼儿1：大扫除的时候可把我忙坏了，原来阿姨平时打扫这么辛苦呀。
> 幼儿2：我觉得大扫除后，我们班级变得好干净啊。
> 幼儿3：妈妈和我说，我们家也要开始大扫除迎接新年啦。
> 教师：你们想怎么在家里大扫除呢？
> 幼儿1：我可以打扫家里的地板。

187

幼儿2：我可以用抹布把桌子和窗户擦得干干净净的。

幼儿3：我可以帮忙倒垃圾。

大家纷纷表示自己也要在家里大扫除，把家里打扫得干干净净迎接新年。

（二）劳动探究、切身体验

问题讨论

问题：家里有哪些地方需要打扫？要用到哪些工具呢？

幼儿1：家里的桌子、柜子、沙发、厨房、窗户、地板……只要有灰尘和垃圾的地方都需要打扫。

幼儿2：大扫除的工具可多啦！有抹布、扫把、拖把、刷子、除尘掸、吸尘器……

幼儿3：还需要像幼儿园一样做一个大扫除计划。

教师：家里可以打扫的地方、能用到的工具可真多，我们可以做一个大扫除计划。你们想怎么计划呢？

幼儿1：我们要分工，有的扫地，有的整理柜子，有的擦窗户，有的倒垃圾。

幼儿2：爸爸比较高，他可以负责擦窗户。妈妈比较会清理，她可以负责打扫厨房。我可以扫地、擦桌子。

幼儿3：我们也可以用上劳动工具，把家里打扫得更干净。

讨论后，孩子们了解到通过打扫、清洗，能够把灰尘清除掉的工作就叫作"除尘"。大扫除要有分工，打扫时还需要使用工具帮忙。幼儿对大扫除有了初步的认识，那么，要使用哪些工具？怎么分工？怎么进行大扫除呢？孩子们纷纷表示要回家和爸爸妈妈一起商量讨论，把这个大扫除计划画下来，再开始进行大扫除。

支持与回应

① 调查了解。结合亲子调查表《除尘劳动工具大调查》（见图6-4-1），引导幼儿了解和探索劳动工具的使用方法并记录，帮助幼儿学会使用简单的劳动工具。

▲ 图6-4-1 《除尘劳动工具大调查》调查表

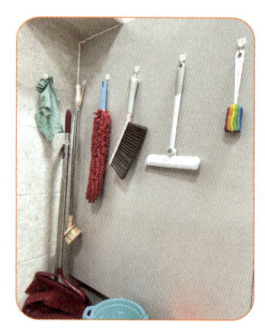
▲ 图6-4-2 设置劳动工具区

角色体验五：家庭小管家

② 创设环境。创设劳动工具区（见图6-4-2），引导幼儿观察大扫除的工具种类多样，用途各有不同，让幼儿掌握基本的劳动技能。

③ 家长协助。通过班级群发动家长积极与幼儿讨论，寻找家里需要打扫的位置，引导家长帮助幼儿分别从工具的选择、打扫的位置、劳动的分工等方面绘制大扫除计划（见图6-4-3）。召开家庭会议，幼儿向家长介绍大扫除计划，尝试对家庭成员进行大扫除的分工安排（见图6-4-4）。

▲ 图6-4-3　亲子绘制大扫除计划

▲ 图6-4-4　幼儿介绍大扫除计划并尝试劳动分工

劳动体验

做好分工和前期的经验准备后，幼儿按照和家长拟定的计划选择工具，确定要打扫的位置，开始对家里进行大扫除（见图6-4-5）。同时，我们引导家长运用拍照和录制视频的形式记录幼儿的劳动过程。在劳动结束后，鼓励幼儿将自己的劳动过程、感受记录在劳动日记本上。

（三）收获分享、感受快乐

看着被打扫得干干净净的家里，孩子们结合大扫除照片、视频、劳动日记，你一言我一语地分享着自己和爸爸妈妈大扫除的收获。

▲ 图6-4-5　亲子除尘

> 幼儿1：我和爸爸妈妈一起打扫了家里的柜子，我们先把所有的东西都搬了下来，把柜子擦干净了之后，又把东西都搬到柜子里，摆得整整齐齐的。
>
> 幼儿2：我们收拾了家里的玩具区，有的玩具放在水里洗干净了，拿去放在太阳底下晒，但是有的玩具是不能用水洗的，我们就用抹布和静电掸把玩具上的灰尘打扫干净。
>
> 教师：看来你们都能够和爸爸妈妈一起分工合作进行大扫除，你们在大扫除时有遇到什么问题吗？你们是怎么解决的呢？
>
> 幼儿1：有的地方很脏，我用抹布怎么也擦不起来，我妈妈还找来了一个小刷子，才把它刷干净的。
>
> 幼儿2：我用了洗地机打扫地板，可是角落怎么都打扫不干净，妈妈叫我拿布把角落擦一下。

> 幼儿3：我用布擦桌子，可是怎么也擦不干净，上面总是有水渍，妈妈说是我的抹布没有拧干。后来她教我怎么把抹布拧干，桌子真的就擦干净了。

通过分享，孩子们了解到不同的打扫位置，需要用到不同的劳动工具，有时候清扫一个地方还需要用上三种以上的劳动工具，适宜的劳动工具能够帮助我们把家里打扫得更加干净。

（四）反思调整、优化策略

1. 劳动目标的达成情况

在整个劳动过程中，幼儿积极主动，能制订适宜的劳动计划，尝试分配任务，通过自己的双手和爸爸妈妈一起把家里打扫得干净整洁，他们对自己的劳动结果充满了自豪感，说明幼儿形成了主人翁意识，愿意为家庭分担家务劳动。幼儿通过调查、学习、实践操作等多种方式探索不同的劳动工具及其使用方法，学会选择适合的工具进行大扫除，并通过来园播报分享交流，最终获得大扫除经验，学会了按从上到下、从左到右、从里到外的顺序打扫，形成一定的劳动技能，养成了良好的劳动习惯。

2. 下一阶段推进思路与策略

在大扫除活动中，有幼儿提出："有些地方有脏东西，但是我怎么擦也擦不掉。"这一问题顿时引起了大家共鸣，部分幼儿表示自己在大扫除中也遇到过类似情况。跟随幼儿的探究兴趣，下一阶段，我们将与幼儿一起探索顽固污渍的处理办法，引导幼儿积极探究，主动思考，进一步激发幼儿劳动情感，提高劳动技能。

探究二：去污大作战

（一）劳动探究、切身体验

问题讨论

> 问题：怎样去除顽固污垢？
> 幼儿1：可以用钢丝球试一试，我妈妈经常用它刷粘在碗上的东西。
> 幼儿2：也可以用刷鞋子的刷子，它可以把鞋子刷得很干净。
> 幼儿3：我衣服上有污渍，妈妈用洗衣粉就能洗干净，是不是可以用洗衣粉试一试？
> 幼儿4：我们桌子上的彩色笔擦不掉，我看到老师用了一种东西一喷就擦掉了。

支持与回应

① 了解方法。结合亲子调查、上网查找资料、尝试制作洗涤剂等途径，丰富幼儿去污经验，了解去污的多种方法。

② 自制洗涤剂。创设去污工具陈列墙，提供多种材料，引导幼儿探索发现不同去污材料的使用方法，鼓励幼儿自制洗涤剂。

③ 分享小妙招。师幼共同分享去污小妙招（见图6-4-6），引导幼儿了解生活中污渍的多样性，针对不同的污渍有不同的去污小妙招，如：标签痕迹可以使用橡皮擦用力擦除；一定量的苏打粉和牙膏可以清除笔迹污渍；漂白粉可以去除衣服上的污渍；等等。

▲ 图6-4-6 《去污小妙招》调查表

劳动体验

1. 去污小妙招

回家后孩子们与家长开启了一场家庭去污大作战，他们根据班级幼儿讨论的方法，与家长共同清洗污渍（见图6-4-7至图6-4-10）。

▲ 图6-4-7 使用洗衣皂去污

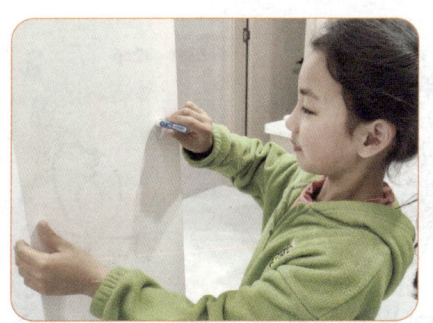

▲ 图6-4-8 用橡皮擦去除标签痕迹

▲ 图6-4-9 用小刷子刷墙角缝

▲ 图6-4-10 自制洗涤剂

幼儿针对不同的污渍寻找不同的去污办法，获取清洁新经验。同时幼儿发现：用钢丝球刷墙壁，结果墙壁上的粉都掉落下来了；海绵刷、抹布去除不了的东西，用上刷子，一下子就干净多了；有些污渍喷上洗涤剂浸泡一会儿，很快就能去除。

2. 安全防护我知道

幼儿发现了有的洗涤剂喷洒到衣服上会造成衣服褪色，了解到洗涤剂里面含有"双氧水"，会伤害皮肤，气味很臭，所以使用洗涤剂一定要戴好手套和口罩。幼儿发现在劳动中还存在着一些安全隐患，我们要如何安全地劳动呢？

> 问题：劳动时可能会遇到什么危险？
> 幼儿1：太高的地方我打扫不到，站在椅子上，我差点就摔下来了呢。
> 幼儿2：地板上的水太多了，我差点就滑倒了。
> 幼儿3：上次我帮妈妈削苹果，没戴好手套，手就受伤了。
> 问题：劳动时应该怎么保护自己？
> 幼儿1：要把水拧干，这样地板就不会湿漉漉的，我们才不会滑倒。
> 幼儿2：尖锐的东西不能对着人，也不要拿着工具玩闹。
> 幼儿3：要在大人的保护下站在椅子或梯子上。

幼儿在劳动中发现许多安全隐患。为了方便幼儿的除尘活动安全开展，幼儿与家长思考家庭环境、劳动工具、劳动中可能存在的危险等，由此开启了一场劳动安全隐患大排查（见图6-4-11）。

▲ 图6-4-11 劳动安全隐患大排查

> 问题：有哪些防护措施呢？
> 幼儿1：我们在使用削皮刀时要戴好手套，削水果皮要注意方向，避免伤到自己和别人。
> 幼儿2：妈妈在煮饭时，要远离油锅和火源。
> 幼儿3：使用电器时，要保证自己的手是干的，手湿湿的不能去碰电源，要在大人的帮助下才能使用电器。
> 幼儿4：站在很高的地方打扫，一定要让大人帮忙扶住椅子或楼梯。

家居劳动中可能发生危险的事情实在是太多啦！幼儿决定要将这些安全防护事项画下来，将标志贴在家里可能发生危险的地方，提醒自己和家人注意安全防护（见图6-4-12、图6-4-13），在居家劳动时懂得安全自护（见图6-4-14至图6-4-17）。

角色体验五：家庭小管家

▲ 图6-4-12　幼儿绘制安全防护标志

▲ 图6-4-13　粘贴安全防护标志

▲ 图6-4-14　劳动前戴好手套

▲ 图6-4-15　爬到高处整理时，请家长看护

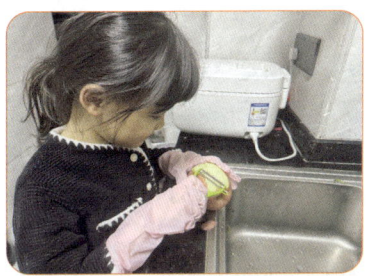
▲ 图6-4-16　正确使用削皮刀

▲ 图6-4-17　穿好防油罩衣

（二）收获分享、感受快乐

> 问题：在这次的去污活动中，你们收获了什么？你们有什么感受？
> 幼儿1：我们学会了很多去污小妙招，下次衣服有污渍，我就可以自己动手清除啦！
> 幼儿2：是啊，遇到顽固污渍我就不怕了，我会和爸爸妈妈一起寻找去污好办法。
> 幼儿3：我觉得我们真是太了不起了，像一个小科学家一样。
> 幼儿4：我还知道了很多安全防护的方法，这样我们在劳动中就懂得保护好自己。

在本次去污大作战中，幼儿知道了不同污渍的去污方法，懂得在去污行动中保护自己，同时了解到很多安全防护知识，具有一定的安全劳动能力，能通过行动关心爱护他人和自己。

（三）反思调整、优化策略

1. 劳动目标的达成情况

幼儿在劳动中，发现顽固污渍难处理的问题，并产生浓厚的探索兴趣。幼儿积极主动通过调查、学习、实践操作等多种方式追寻问题的答案，获得了去污经验，并能运用去污经验解决常见的污渍，这使幼儿感受到劳动的成就感。幼儿发现了使用洗涤剂要做好安全防护，能较为敏感地发现劳动中可能存在的安全隐患，并能通过绘制和粘贴安全防护标志的方法，安全劳动，形成一定的安全意识和劳动经验。

2. 下一阶段推进思路与策略

除尘去污活动过后，孩子们把家里打扫得既干净又整洁。他们迫不及待地要像幼儿园一样把家里布置得热热闹闹，红红火火迎接新年。因此，下一阶段我们将与幼儿一同讨论和布置家庭环境，营造欢欢喜喜过大年的春节氛围。

探究三：新年齐动手

（一）劳动探究、切身体验

问题讨论

> 问题：把家里打扫干净后，你们想怎么布置家里？
> 幼儿1：我想和爸爸妈妈一起把春联和福字贴在家里，这样就很热闹啦。
> 幼儿2：我想在家里挂上亮闪闪的灯和漂亮的拉花。
> 幼儿3：我要给我们家的小树挂上小灯笼，写上祝福卡挂上去！

孩子们一言一语地讨论着，大家都想为家里贴上漂亮的春联、窗花、灯笼等，营造新年氛围。那么，这些东西从哪里来呢？有的幼儿说："我们可以自己动手剪窗花、写福字、做灯笼。"有的说："我想买一些漂亮的花装饰家里。"还有的说："要去专门卖布置过年东西的地方买灯笼、春联、祝福卡。"

> 问题：我们要买什么东西？可以去哪里买？怎么买才不会浪费呢？
> 幼儿1：可以和爸爸妈妈商量讨论下家里要怎么布置，需要什么东西，再去采买，这样才不会浪费。
> 幼儿2：我觉得我们可以制作购物清单，把需要买的东西画在上面，这样就更清楚啦！

支持与回应

① 丰富经验。与幼儿共同布置、欣赏幼儿园新年环境创设，丰富幼儿关于布置的经验。

② 手工制作。通过美术活动、区域活动、步骤图、视频观看等多渠道的学习方式，引导幼儿学习制作拉花、窗帘、画福、灯笼、贺卡等关于春节的装饰手工制品，丰富作品种类。

③ 家长协助。根据幼儿的想法，鼓励幼儿与家长共同讨论制作装扮家里的手工作品。引导家长与幼儿围绕"家里什么地方需要布置""要采买什么""怎么采买"等问题商量、讨论，共同制定购物清单。

劳动体验

1. **亲子大采购**

孩子们和爸爸妈妈带着制作好的购物清单就开始采购了起来，有的来到了超市，有的去了饰品店、喜庆店铺，有的还用上了手机直接下单（见图6-4-18、图6-4-19）。孩子们认真挑选,精心地置办着布置家里的东西。

2. 亲子齐动手

采买完后,孩子们还和爸爸妈妈一起动手制作,用自己的劳动成果布置家中环境,迎接新年(见图6-4-20、图6-4-21)。

3. 亲子喜布置

一把剪刀,一张红纸,剪出了新春的气息,也剪出了浓浓的年味。幼儿发挥着自己的想象力和创造力,动手制作了各种各样的新年手工作品,还设计了一张喜迎新年布置图,用自己的小手和爸爸妈妈一起为小家增添欢乐祥和的过年氛围(见图6-4-22)。

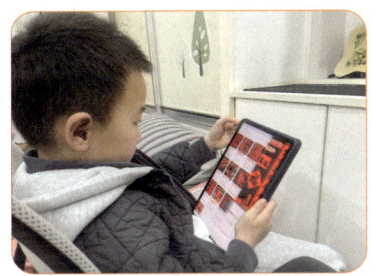
▲ 图6-4-18 线上购买

▲ 图6-4-19 线下精心挑选

▲ 图6-4-20 制作新年贺卡

▲ 图6-4-21 画福字

▲ 图6-4-22 亲子装饰布置

(二)收获分享、感受快乐

新年即将到来,幼儿与家长一起通过自己的劳动,让家里充满浓浓的年味,他们还将自己的感受记录在劳动日记本上与大家一起分享。

> 幼儿1:我觉得我的小手真厉害,可以做出这么多好看的手工作品。
> 幼儿2:客人来我家时我一直给她介绍,阿姨夸我很了不起,我真是太开心了。
> 幼儿3:在爸爸妈妈的帮助下,我这次还学会了用手机购物,真是太方便了。
> 幼儿4:外卖不只派送吃的东西。我们少了几条拉花,我用手机下单完,没一会儿外卖叔叔就送过来了。

孩子们了解到买东西不一定要到超市购买,不同的物品可以在不同的店里买到,信息化时代手机购物很便利,大家对自己营造的新年氛围十分满意和自豪。

（三）反思调整、优化策略

1. 劳动目标的达成情况

幼儿能与家长共同商量讨论制定购物清单，做好计划，并能按清单进行采买。在采买中，幼儿了解到采买渠道、方式的不同，知道了线上线下采买的便利，丰富了幼儿的生活经验。在装扮家里的过程中，幼儿学会制作多种美工作品，用自己的小手为家里增添了节日氛围，提高了劳动创造力和艺术审美能力。在感受春节热闹氛围的同时，幼儿也对自己的劳动成果十分认可，有强烈的满足感，劳动的小种子在幼儿的心中扎根。

2. 下一阶段推进思路与策略

寒假来临了，迎新年的活动并未就此结束，随着春节的到来，我们会继续和家长一起引导幼儿解锁更多劳动技能，用自己的小手做力所能及的事，服务自己和他人，养成良好的劳动习惯，提高劳动品质。

> **活动成果** 欢喜过新年

（一）新年美食会

年夜饭是中国人独有的温暖仪式，每一道菜品都赋予了美好寓意。在除夕，孩子们一起参与了年夜饭的制作，在劳动中感受中国传统饮食文化，学会巧用膳食宝塔，传承中国传统饮食的智慧（见图6-4-23）。

孩子们一起参与劳动，在动手包饺子、蒸碗糕、炸醋肉、包粽子、蒸年糕、搓汤圆的同时，品尝"年"的味道，感受劳动成果的快乐（见图6-4-24、图6-4-25）。

▲ 图6-4-23 团团圆圆年夜饭

▲ 图6-4-24 包饺子

▲ 图6-4-25 蒸碗糕

（二）新年大事记

1. 新年小游戏

在孩子们的新年活动策划方案里，有"打败年兽""福气滚滚来""新年上上签"等新年小游戏（见图6-4-26）。孩子们还在家长们的帮助下，精心绘制小游戏规则图，一起布置游戏环境，和家人游戏，在浓浓年味中增进了亲情。

2. 欢喜来拜年

在这个喜气洋洋的春节里，孩子们将祝福语塞进红包里，和爸爸妈妈一起去给长辈拜年，将祝福送给大家，养成尊老爱幼的优良美德（见图6-4-27）。

角色体验五：家庭小管家

3. 新年旅行记

乘着新年的风，到中国各地去感受每个地方不一样的年味，也是孩子们向往的事。旅行第一步，当然是制订详细的计划啦！孩子们和家长一起为自己的旅游计划出谋划策，做旅行攻略。自己动手收拾行李、整理行李既是一种挑战，也是一种学习（见图6-4-28）。

▲ 图6-4-26　年味亲子游戏

▲ 图6-4-27　给长辈拜年

▲ 图6-4-28　收拾、整理旅游行李

活动反思

① 幼儿层面。在整个新年策划劳动实践中，形成了以劳育美、以劳启智、以劳促全的良好品质。幼儿始终积极主动，保持着浓厚的劳动兴趣。在大扫除中遇到问题时，他们坚持、主动地探究和调整，不仅学会正确使用工具，制订适宜的大扫除计划，还能运用计划表提高扫除的效果，学会了许多去污小妙招。在动手布置家里时，能和家人一起讨论采买家庭所需的新年装饰物，并和爸爸妈妈一起制作许多新年手工作品，为家里营造过年氛围感。在这个过程中，幼儿为家人服务的劳动水平得到了大幅度的提升，且愿意为家庭分担家务劳动，逐步形成主人翁意识，具备强烈的责任感。

② 家长层面。更新了劳动教育理念，感受了劳动的宝贵价值，共建家园桥梁，助力幼儿成长。家长从最初对于劳动教育概念的模糊，到能在幼儿每次探究中，管住手，管住嘴，从旁协助幼儿，适时给予支持。这是一次教育观念的转变，也是有效培养幼儿劳动态度、技能、情感的基础。家长为幼儿提供在家庭劳动的机会，引导幼儿学习家庭劳动的技能，及时鼓励和肯定幼儿，在探究中与幼儿一起查阅、学习、交流和反思劳动的体验和成果，不仅在一定程度上减轻了家长的劳动负担，还大大促进了家长和幼儿之间的亲子交流。

③ 教师层面。搭建家园共育的桥梁，在双向沟通的基础上引领并推进，形成教育合力。教师通过家长会、班级群等多种渠道，充分调动家长参与到劳动教育的过程中。在整个劳动过程中给予幼儿充分的支持，帮助幼儿学会正确使用工具，引导幼儿制订适宜的劳动计划，讨论、解决大扫除劳动中的问题，帮助幼儿掌握劳动技能。利用过新年活动，整合延伸劳动经验，让幼儿看得见自己习得的多种劳动技能，进一步激发幼儿的劳动兴趣，帮助幼儿养成良好的劳动习惯，感受劳动为自己、他人、家庭带来的快乐，珍惜劳动成果，尊重劳动者。

角色体验六：社区小雷锋

一、活动简介

社区小雷锋体验式劳动是基于幼儿对所在社区周围的人和事的关注和关心，以扮演小雷锋这一角色为方法，通过自身的辛勤劳动为社区服务的劳动实践活动。我们积极盘活社区场地及环境等资源，以问题为导向，通过幼儿的观察、讨论、动手操作、亲身体验、合作劳动，让幼儿在家庭、学园、社区三个不同维度的真实环境中，真正地参与到社会公益服务劳动中，逐渐成长为有爱心、乐于助人的社会成员。

（一）活动背景

"雷锋日""劳动节""助残日""重阳节"等节日蕴含丰富的劳动教育契机。我们整合学园"党建+"邻里中心项目，联合家长与社区，打破家、园、社的空间壁垒，创设幼儿了解和探索社会规则的真环境，让幼儿从感兴趣的事件出发，以"小雷锋"的角色开展各项公益性劳动，如爱心义卖、节日节庆、生态环保等不同的社会实践活动。幼儿积极探索社区中人、事、物之间的联系，引发帮助他人、服务集体的意愿和合作意识，有效提升幼儿人际交往能力，培养幼儿初步的社会责任感和爱劳动的良好习惯。由于小班幼儿刚从家庭走入幼儿园，劳动技能较弱，社会认知不足，更适合于习得服务自身的劳动技能。因此，本课程主要开展于中大班。

（二）环境创设

"社区小雷锋"活动的环境创设可以参照图7-1-1至图7-1-4。

▲ 图 7-1-1　小莲花义工团启动仪式

▲ 图 7-1-2　爱心义卖

▲ 图 7-1-3　护河爱河行动　　　　　　▲ 图 7-1-4　植树活动

（三）活动目标

"社区小雷锋"体验活动的目标如表 7-1-1。

▼ 表 7-1-1　"社区小雷锋"体验活动目标一览表

年龄段	维度			
	劳动态度	劳动认知	劳动技能	劳动习惯
中班	1. 积极参加义卖活动，帮助身边的人做力所能及的事情 2. 尊重身边的劳动者，珍惜劳动成果	1. 知道爱心义卖活动的内容和形式 2. 了解与自己生活有关的各行各业人们的劳动 3. 关爱身边的老人、残疾人等需要帮助的人	1. 积极参与物品整理与筹备义卖，收集闲置的玩具、图书、衣物等，并布置场地 2. 学会洗、切、包装、制作等简单的劳动技能	1. 养成收拾整理的行为习惯 2. 养成与同伴协作、积极解决问题的良好品质
大班	1. 乐意参加幼儿园、社区的公益活动，主动承担任务，遇到困难时能坚持不懈地完成 2. 能在保证安全的情况下主动发起活动，体验公益劳动的乐趣	1. 了解社会中各行各业的劳动者 2. 了解自己所在的社区，理解并遵守日常生活中基本的社会行为规则 3. 了解环保常识，用行动爱护身边的环境，节约资源，知道粮食来之不易	1. 能相互合作完成公益劳动，并用行动表达对老人的关爱 2. 能节约粮食、水电，并用简单的语言、图画等方式宣传垃圾分类、净水等生态保护知识 3. 能大胆对不文明行为进行劝导	1. 养成尊重劳动者、热爱劳动的习惯 2. 做事有条理，能在活动中出主意想办法，合作解决问题 3. 关爱身边需要帮助的人，养成乐于助人、奉献爱心的良好品质

（四）活动内容

依据《指南》精神和活动目标，根据幼儿各年龄特点衍生出社区小雷锋社会实践的活动内容，见表 7-1-2。

▼ 表 7-1-2 "社区小雷锋"活动内容一览表

序号	项目		
	爱心义卖	生态环保	节日节庆
1	旧物爱循环	★环保小卫士	雷锋在行动
2	春日集市	我和小鸟交朋友	最美劳动者
3	爱心格子铺	虎威威森林小卫士	和爷爷奶奶在一起
4	★爱心义卖	"河小禹"上线啦	★小莲花义工团

二、活动实例

中班 爱心义卖

思维导图

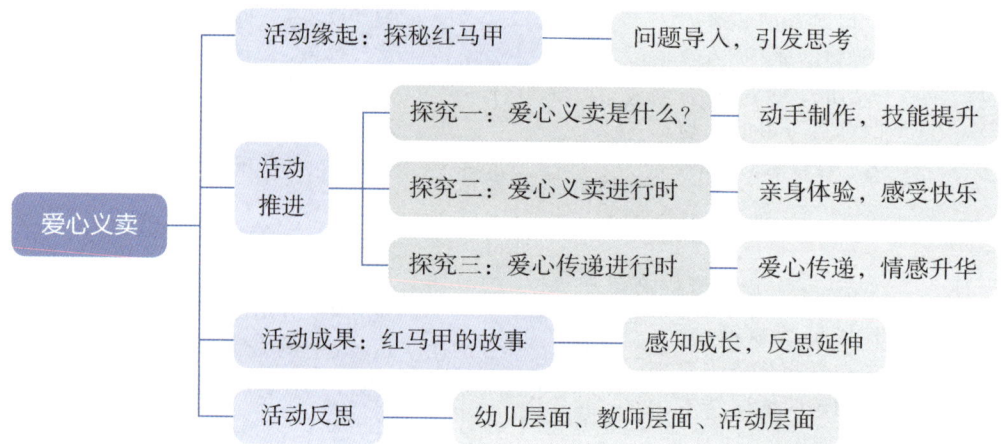

活动缘起

在"雷锋月",学园开展了学雷锋系列活动,教师党员义工服务队穿上了红马甲,开展了助残募捐和送温暖活动。幼儿看着教师的红马甲,好奇地问道:"老师,你们为什么要穿这种衣服呀?""穿着红马甲去干什么呢?"在了解老师是到社区做义工、献爱心时,幼儿纷纷表示自己也想加入到献爱心的队伍中。基于幼儿对学雷锋活动的好奇心和热切献爱心的愿望,结合中班幼儿的年龄特点,"爱心义卖"活动就此展开。

角色体验六：社区小雷锋

> 活动推进

探究一：爱心义卖是什么？

（一）浸入职场、自主自选

> 问题：怎样帮助有困难的人呢？
> 幼儿1：我们可以做小小志愿者。
> 幼儿2：对啊，我们可以像老师那样，做小雷锋帮助别人。
> 幼儿3：可以进行爱心义卖，我之前就有义卖过……

幼儿在爸爸妈妈的帮助下，收集关于爱心义卖的资料，围绕着"什么是爱心义卖？"展开了他们的讨论。

通过搜集资料、交流分享等方式，幼儿对于爱心义卖有了初步的认识，知道爱心义卖是将闲置的玩具、图书或自制的义卖品布置成义卖摊位，卖给别人，用义卖得到的善款帮助有困难的人（见图7-2-1、图7-2-2）。

▲ 图7-2-1 《爱心义卖知多少》调查表（一）　　▲ 图7-2-2 《爱心义卖知多少》调查表（二）

（二）劳动探究、切身体验

问题讨论

> 问题：爱心义卖卖些什么呢？
> 幼儿1：我想从家里挑一些玩具拿去卖。
> 幼儿2：我家里娃娃最多，我就拿娃娃去卖啦！
> 幼儿3：我家里有全新的组合车，一定有人喜欢，还有女孩子喜欢的贴纸也可以用来义卖。
> 幼儿4：我就很喜欢亮亮的贴纸还有发夹。

幼儿对义卖品的准备兴趣浓厚，纷纷表示想要从家里带玩具、玩偶参加义卖，对于义卖内容也有了新的主意。

支持与回应

① 亲子共同查阅关于义卖的资料并带到班级进行分享，进一步了解"爱心义卖"的意义和方式。

② 师幼共同布置义卖品收集区，鼓励幼儿准备不同的义卖品，并在区域活动时间分享介绍。

劳动体验

1. 爱的收集

收集：幼儿在爸爸妈妈的帮助下开始了"爱的收集"，大家收集到许多闲置物品，有书本、玩具，还有娃娃……有个孩子甚至把自己喜欢的玩具车子带到了幼儿园。

整理：幼儿开始整理收集来的义卖物品，先是擦拭、清洗、消毒，再把这些义卖物品分类收好（见图 7-2-3 至图 7-2-6）。

▲ 图 7-2-3　整理图书

▲ 图 7-2-4　整理玩具

▲ 图 7-2-5　擦拭绘本

▲ 图 7-2-6　清洗玩具

2. 自制义卖品

幼儿提出义卖品可以是从家里带来的书籍、玩具，也可以是小朋友们自制的东西。

> 幼儿1：我做过一面很漂亮的镜子，上面粘贴了好看的图案，可以拿来义卖。
> 幼儿2：没错，我们还可以做各种水果沙拉，生意应该也会很好。
> 幼儿3：我们上次制作的驱蚊香包也挺不错的。
> 幼儿4：农场里的菜都成熟了，是不是也可以卖菜呢？

幼儿提出了各种不同的想法，确定好各自的方案后，幼儿开始分组行动起来了。在花草园里，小朋友们一起采摘、清洗、晾晒、研磨等，经过一道道制作工序，一个个漂亮的驱蚊香包做好了；在生活馆里，小朋友们洗、切、串，精心制作水果沙拉、糖葫芦（见图 7-2-7）；在班级里，小朋友们为镜子、相框设计不同的花纹和造型，并贴上可爱的图案。

角色体验六：社区小雷锋

▲ 图 7-2-7　制作美味的水果沙拉

▲ 图 7-2-8　采摘蔬菜

（三）收获分享，感受快乐

幼儿1：我们收集了很多义卖物品，有玩具、手工作品、香包和好吃的沙拉。
幼儿2：我们把这些旧玩具都洗干净还消毒了，一点都不用担心卫生问题。
幼儿3：这么多的好东西一定有很多小朋友喜欢，能卖出很多钱！
幼儿4：我开始期待我们的义卖活动了。

幼儿在收集、擦拭、消毒义卖物品的过程中，赋予了闲置物品新的价值，期待这些闲置物能遇到新的主人。幼儿还想出了手工制作和采摘蔬菜的新点子（见图7-2-8），来吸引更多人购买义卖物品。

（四）反思调整、优化策略

1. 劳动目标的达成情况

幼儿对爱心义卖有了进一步了解与认识，能大胆地分享并介绍自己调查到的资料，萌发帮助他人的意愿；初步学会简单的整理收纳方式，懂得不同物品的清洁方法，劳动技能得到提升。

2. 下一阶段推进思路与策略

幼儿对于如何筹备一场爱心义卖的经验不足，需要教师和家长共同配合完成。下一阶段，我们将结合"爱心义卖筹备会"，进一步加深幼儿对义卖活动的认识与了解，鼓励幼儿动手制作，准备不同的义卖品并布置义卖现场。

探究二：爱心义卖进行时

（一）劳动探究、切身体验

问题讨论

问题：举办爱心义卖活动，要做哪些准备？
幼儿1：可以准备一些桌子、柜子、架子，把东西摆出来让大家选。

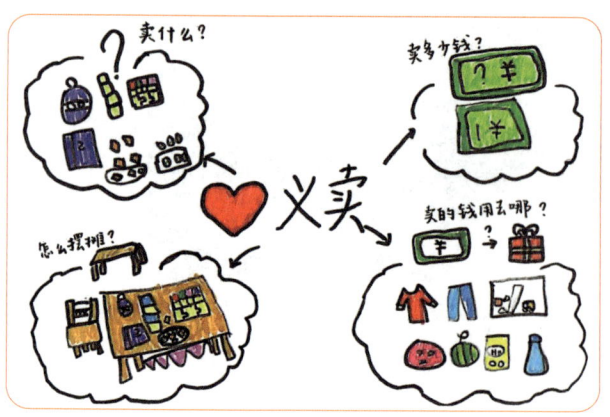

▲ 图7-2-9 爱心义卖准备

幼儿2：那么多东西要卖多少钱呢？我们需要标记好价格。

幼儿3：要准备包装袋，那样才不容易弄脏，也好看。

幼儿4：我们可以做一个好看的海报，告诉大家我们卖什么。

幼儿通过调查、讨论，梳理出了爱心义卖需要考虑：卖什么物品、怎么摆摊（布置）、卖多少钱（定价）、卖的钱用去哪（捐赠）（见图7-2-9）。

支持与回应

① 亲子到超市购物，了解摊位准备的需要，共同完成《我们的爱心义卖计划》问卷调查表，为义卖做好前期的准备。

② 师幼共同商定物品定价，分两组制作价格标签和宣传海报。

③ 观看庙会视频，回忆并梳理场地布置的方式；查找网上相关资源，讨论义卖集市的布置计划，协商人员分工和场地布置。

劳动体验

1. 制订义卖计划

义卖需要好好计划，接下来还需要准备什么呢？大部分幼儿没有卖东西的前期经验，我们决定鼓励家长带幼儿去体验购物，积累买东西的经验（见图7-2-10）。幼儿完成了《我们的爱心义卖计划》调查表（见图7-2-11），回到幼儿园后进行分享，提出了自己的想法与建议。通过超市采购，孩子们了解到要卖东西需要一个展台，物品需要包装、定价，等等，在和爸爸妈妈讨论时，孩子们还想出了一些好玩的活动，如用制作手工、套圈圈游戏等方式吸引更多的客人。

▲ 图7-2-10 挑选商品看价格

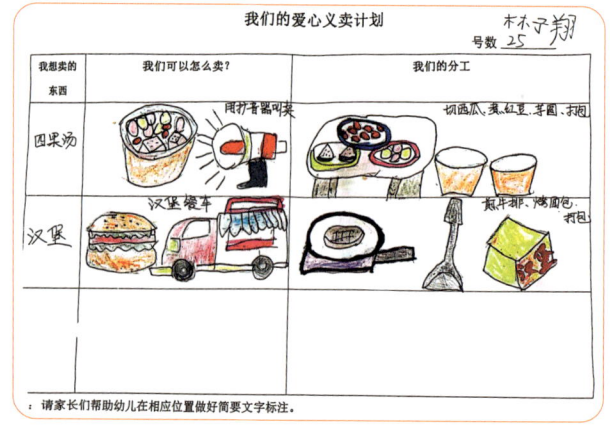

▲ 图7-2-11 我们的爱心义卖计划

2. 制定专属价格标签

> 问题：不同的义卖物品要卖多少钱呢？
>
> 幼儿1：我的玩具很好玩，想卖10块钱。
>
> 幼儿2：不能卖太贵，小朋友没那么多钱。
>
> 幼儿3：价格要写得大一些，这样大家才能一下子就看到。
>
> 幼儿4：有的东西比较旧，要便宜些，有的东西很新，可以贵一些。

经过一番讨论，孩子们最终确定了每件商品的价格，并给所有的义卖物品贴上价格标签（见图7-2-12、图7-2-13）。

▲ 图7-2-12　手绘价格标签

▲ 图7-2-13　贴价格标签

3. 制作宣传海报

> 问题：爱心义卖的物品都准备好了，怎么样才能让别人知道我们在义卖呢？
>
> 幼儿1：我们可以到各个班级去告诉他们。
>
> 幼儿2：我们可以写邀请函给大家。
>
> 幼儿3：很多超市的东西都有广告，我们可以画海报。
>
> 幼儿4：超市门口经常有人发传单，我看到宣传单上有图片，还有时间和地点。

为了让更多的人知道义卖活动，教师和幼儿设计好宣传海报，把宣传单送给幼儿园里的小朋友、老师、门卫叔叔、物业奶奶，同时在班级群里真诚邀请家长们参与（见图7-2-14、图7-2-15）。

▲ 图7-2-14　制作海报

▲ 图7-2-15　分发宣传海报

4. 布置义卖场地

问题：义卖物品都准备好了，摊位要怎么布置呢？

幼儿1：需要桌子，这样才能摆放物品。

幼儿2：我们要把义卖的东西分类整理好。

幼儿3：还要铺桌布，用气球装饰，这样我们的摊位会更好看。

▲ 图7-2-16 分类摆放义卖品（驱蚊精油）

▲ 图7-2-17 分类摆放义卖品（香包）

幼儿在教师和家长的帮助下，分工合作布置摊位，有的搬桌子、铺桌布，有的摆放手工艺品、学习用具、玩具和小零食等商品，琳琅的商品被分类摆放，缤纷的摊位准备就绪（见图7-2-16、图7-2-17）。

5. 爱心义卖开始啦

问题：义卖商品的时候，我们要怎么样分工？

幼儿1：我想当引导员，问顾客想买什么，再给他们介绍。

幼儿2：我想当收银员，玩超市游戏的时候，我收钱都是又快又准的。

幼儿3：我想当补货员，摊上的东西卖完了，我来补上。

幼儿热火朝天讨论着义卖时的人员分工，并用"剪刀石头布"的方式确定了售货员、推销员、收银员和引导员。义卖开始了，只见小小售货员将玩具、幼儿图书、学习用品、DIY手工、小饰品、零食水果等义卖物品分类摆放整齐；小小推销员热情地招呼来往的顾客，"快来买啊，走过路过千万不要错过"，他们充满激情地介绍着商品，使出浑身解数招揽每一位顾客；小小收银员认真核算着，给顾客找零钱；引导员则卖力地挥舞双手，帮助顾客找到不同的义卖品摊位。尽管一开始每位幼儿都有些紧张，但在教师的鼓励和家长的支持下，他们开始鼓起勇气，用之前模拟过的话向顾客介绍商品（见图7-2-18、图7-2-19）。

▲ 图7-2-18 热闹的义卖集市（一）

▲ 图7-2-19 热闹的义卖集市（二）

（二）收获分享，感受快乐

> 幼儿1：我们摊位一开始顾客太少了，幸好我大力吆喝，顾客才越来越多。
> 幼儿2：我们把农场的蔬菜全部都卖掉了，太开心了！
> 幼儿3：我们的劳动成果可以帮助很多人，真棒！
> 幼儿4：今天的收获真多，我们也献了爱心。

义卖现场热闹非凡，每一样物品都盛满幼儿的爱，幼儿把每一份微小的爱汇聚在一起，把爱心化作行动，成就美好，成就爱。每位幼儿都积极参与了制订计划—亲手制作—制作标签和海报—布置场地—参与义卖等过程，体验到辛勤劳动、收获成果、帮助他人的快乐（见图7-2-20、图7-2-21）。

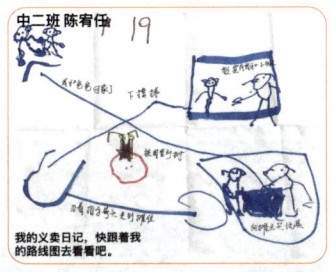
▲ 图7-2-20 我的义卖日记（一）

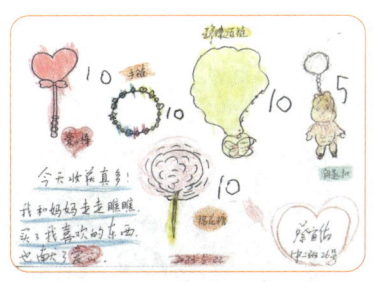
▲ 图7-2-21 我的义卖日记（二）

（三）反思调整、优化策略

1. 劳动目标的达成情况

幼儿感知爱心义卖的内容和形式，关注并参与社区的一些群体活动，懂得关心身边需要帮助的人；幼儿感知到商品的价格和买卖的方法，语言表达、精细动作、数的认知、空间感知能力、艺术表征能力等都得到了进一步的提升；能互相协作进行义卖，促进了人际交往能力的发展。

2. 下一阶段推进思路与策略

义卖活动结束后，幼儿得到了一笔爱心善款，爱心善款该怎么处理？我们还能做什么呢？这些话题都值得进一步的挖掘探究，并将作为下一阶段推进的方向。

探究三：爱心传递进行时

（一）劳动探究、切身体验

问题讨论

> 问题：爱心义卖筹得的善款可以帮助谁？
> 幼儿1：可以帮助孤儿，给他们送温暖。

幼儿2：可以帮助那些行动不方便的人。
幼儿3：我看到路上有一些捡垃圾的老人，他们也需要帮助。
幼儿4：我们可以像老师做义工那样奉茶给需要的人喝。

支持与回应

① 家园社互动，幼儿与家长深入社区，进一步调查身边需要帮助的人群和帮助他人的多种方法，制订爱心传递计划。

② 通过点数、统计、汇总善款，运用公众号宣传、设置捐款箱等宣传推广。

劳动体验

1. 清点善款，奉献爱心

幼儿将自己赚的钱捐入爱心箱，在家长义工的帮助下清点交易金额并记录在爱心板块上。幼儿的爱心凝聚成大大的力量，最后我们将本次义卖活动收到的所有款项捐赠给育婴院（见图7-2-22、图7-2-23）。

▲ 图7-2-22 奉献爱心

▲ 图7-2-23 清点善款

2. 制作姜茶，爱心奉茶

幼儿开始制作姜茶：有的清洗生姜，有的煮茶，有的还加入了红枣和枸杞……在洗洗、切切、熬煮的过程中，幼儿感受到了劳动的辛苦和快乐。煮好姜茶后，社区的人们喝到热腾腾的茶，感受到幼儿们暖暖的心意（见图7-2-24、图7-2-25）。

▲ 图7-2-24 制作姜茶

▲ 图7-2-25 爱心奉茶

角色体验六：社区小雷锋

3. 走进育婴院，温暖幼儿心

教师与幼儿一起来到育婴院捐赠善款，并和育婴院孩子们玩游戏。大家跟随音乐的节奏跳起动物模仿操，活动为育婴院幼儿送去一份关爱和温暖（见图7-2-26、图7-2-27）。

▲ 图7-2-26　一起玩游戏

▲ 图7-2-27　做动物模仿操

（二）收获分享，感受快乐

爱心传递还在延续中。在走进育婴院、捐献善款等行动后，幼儿交流自己的想法。

> 幼儿1：帮助别人真是一件开心的事情啊。
> 幼儿2：陪小弟弟小妹妹玩游戏，帮助他们，我们自己也会很快乐。

在爱心传递的过程中，幼儿能真实地参与到帮助他人、送温暖献爱心的行动中，体验到了帮助他人、温暖他人的情感，萌发了初步的爱心。

（三）反思调整、优化策略

1. 劳动目标的达成情况

幼儿把自己的劳动所得捐赠给有需要的人，用自己的方式表达了对有需要帮助的人的关爱，体会到"大爱"的意义和价值。

2. 下一阶段推进思路与策略

爱心义卖行动虽然结束了，但是幼儿传递爱心的心意一直在。下一阶段，我们将与幼儿共同讨论并梳理出组织义卖活动应注意的问题，将爱心义卖的过程制作成视频记录下来，作为下一次义卖活动的经验支持。

活动成果　红马甲的故事

"爱心义卖"活动由一开始幼儿对于红马甲的好奇（见图7-2-28），到发自内心升起学做小雷锋的念头，幼儿热衷于筹备和进行义卖活动并传递爱心。整个活动都由幼儿主导，教师和家长提供及时的支持和辅助，幼儿在探究的过程中了解爱心义卖的意义、价值和组织形式，深刻感受到用行动帮助他人所带来的愉悦，增强了自信心和自豪感。为此，教师与幼儿以视频的形

红马甲的故事

式记录了义卖活动的流程、出现的问题及解决的办法，让每个班级的幼儿、老师更直观地认识爱心义卖，引发教师、幼儿、家长的关注，为幼儿积累一定的义卖经验，为下次的活动做经验铺垫。让爱的种子在家里、幼儿园里、社区里生根发芽并开出美丽的花。

▲ 图 7-2-28　红马甲的故事

活动反思

① 幼儿层面。幼儿积极参与爱心义卖活动，凝聚了满满的心意和力量，感受到爱心和帮助他人的快乐。通过同伴协作、制订计划，幼儿学会与他人合作，懂得团队协作的重要性。在体验中感受到社会有许多需要帮助与关怀的困难家庭，让幼儿学会分享和感恩，知道尽自己的力量去帮助他人，提高了语言表达、人际交往等能力。中班幼儿没有完全掌握义卖所需要的劳动技能，需在成人的帮助下完成。

② 教师层面。教师善于发现并抓住教育契机，赋权、支持、配合幼儿，始终相信他们是有能力的学习者、有爱心的传递者。爱心义卖得到家长们的大力支持，发挥了家校社的协同育人的作用。教师在过程中需要更好地观察幼儿的劳动行为，以便提供更多有针对性的评价和帮助。播种亦是开始，作为教育者，我们需要继续探索适合幼儿的公益活动，鼓励幼儿走进社区，关心社区事务，让幼儿在真实的社会环境中学习和成长。

③ 活动层面。本次爱心义卖行动，源于幼儿对教师"红马甲"的兴趣，从义卖的调查、义卖计划的制订与讨论，义卖的筹备与开展，义卖后的献爱心行动，最后形成义卖活动视频成果，幼儿参与并乐在其中。纵观整个活动，幼儿积累了义卖活动的相关经验，能动手制作不同的义卖品，掌握了简单的劳动技能；能主动思考，尝试解决义卖过程中出现的问题，与同伴一起用实际行动帮助有困难的人。义卖活动是一场有意义的公益活动，不仅让幼儿学会分享，感恩拥有的幸福生活，更让幼儿学会尽自己的微薄之力去帮助有需要的人，将幼儿的爱心延伸至社区。

角色体验六：社区小雷锋

 环保小卫士

思维导图

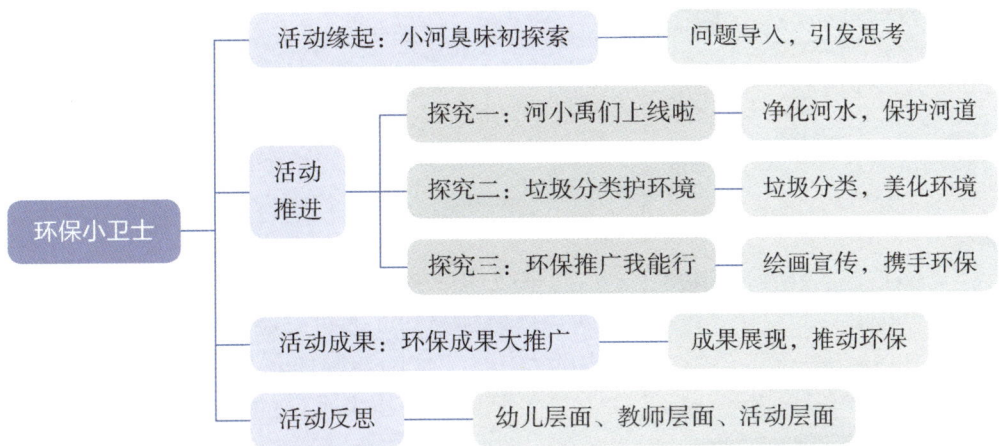

活动缘起

一天，孩子们谈论起了一股神秘的"臭味"。有的孩子说："早上我来幼儿园的路上闻到了臭味，好臭啊！"有的孩子说："没错，经过幼儿园那条小河的时候，我都要捂住鼻子。"还有的说："我还看到里面的水都快变黑了。"孩子们你一言我一语地讨论着。

本次活动源于孩子们对河水发臭的问题讨论，孩子们决定当一回环保小卫士，让我们的小河变干净，让我们的环境变美丽。于是，一场环保小卫士体验之旅就这样拉开了序幕。

活动推进

探究一：河小禹们上线啦

（一）浸入职场、自主自选

孩子们在教师的带领下，来到了幼儿园附近的小河进行实地勘查，寻找小河发臭的原因。

问题：小河为什么那么臭？
幼儿1：快看，小河里面有垃圾。
幼儿2：我也看到了，有塑料袋和饮料瓶。
幼儿3：小河边上也有好多烟头和纸巾。
幼儿4：我有重大发现，那边有脏脏的水流到小河里了。

▲ 图7-3-1 分析小河发臭的原因

通过勘察和讨论，孩子们认为是有人乱扔垃圾和乱排污水，导致了小河的水越来越黑、越来越臭（见图7-3-1）。护河小雷锋——"河小禹"的角色由此发起。

（二）劳动探究、切身体验

问题讨论

问题：如何净化河水？

幼儿1：小河太可怜了，我想把它变干净。

幼儿2：我们不能把垃圾扔到小河里。

幼儿3：也不能把脏水直接倒在河里。

支持与回应

① 教师与幼儿通过查阅书籍和网络，查找净化河水的方法，完成问卷调查表（见图7-3-2）。

② 师幼参观自来水厂的净水池，了解净化河水的步骤，鼓励幼儿通过涂涂画画的形式制作净水流程图。

▲ 图7-3-2 净水调查问卷表

劳动体验

1. 制作净水过滤器

孩子们收集到了空瓶子、棉花、纱布、活性炭、石英砂等材料，动手制作净水过滤器（见图7-3-3）。这么多材料都有什么作用呢？孩子们迫不及待地动手探究。有的孩子选择了棉花和纱布做成过滤器，他们发现污水里的大颗粒都被挡住了，但是水还是黄黄的。有的则选择了活性炭和石英砂做成过滤器，他们发现水真的变透明了，但是有很多颗粒物沉淀在水里。还有的就选择使用每种材料，他们发现水变得更干净了。通过动手探究，孩子们了解了净水过滤器的材料，亲历了把水变干净的过程。

▲ 图7-3-3 制作净水过滤器

体验了过滤污水后，有的孩子说："鱼池里水也有点脏，我们去帮小鱼过滤水吧！"这个提议获得孩子们的支持，有的孩子用网子捞取水池中的垃圾（见图7-3-4），有的则将净水过滤器放入水中，虽然过滤的速度很慢，但孩子们都非常有耐心。有的幼儿还制作出了四层的过滤器，为小鱼创造一个舒适的生活环境（见图7-3-5）。

角色体验六：社区小雷锋

▲ 图 7-3-4 捞鱼池里的垃圾

▲ 图 7-3-5 帮小鱼过滤脏水

2. 一水多用

经过调查和制作净水器，孩子们对水的使用产生了极大的兴趣，有的孩子观察到了家长节约用水的妙法"一水多用"，由此展开了讨论。

> 问题：怎么节约用水？
> 幼儿1：我妈妈会用洗菜的水浇花。
> 幼儿2：洗地板的水可以冲厕所，这样也是节约用水。
> 幼儿3：洗脸的水用来洗脚，洗完脚再用来冲厕所。

孩子们积极开动脑筋，提出了越来越多节水的好方法（见图 7-3-6、图 7-3-7），并在家中实施这些节水措施，记录下了自己的节水成果。

▲ 图 7-3-6 淘米水浇花

▲ 图 7-3-7 洗脚水冲厕所

> 问题：在幼儿园里，怎么做到"一水多用"？
> 幼儿1：可以用小朋友洗过手的水去冲厕所。
> 幼儿2：也可以给阿姨洗地板。
> 幼儿3：鱼池里的水里有小鱼的便便，可以拿去浇花吗？
> 幼儿4：可以吧，我奶奶说便便里有些营养可以帮助小花、小草长大呢。

孩子们的讨论越来越热烈，并提出了许多创新的想法，比如将洗手水收集起来用于冲厕所、洗地板，甚至考虑将鱼池中的"肥水"用于浇花、浇菜，实现了一水多用。

3. 河小禹的职责

恰逢"世界水日"，街道办事处联合幼儿园开展了"护河爱水 从我做起"科普暨河长制宣传进校园活动。活动中，孩子们聆听了《护河道·爱环境》主题宣讲，了解了大禹治水的典故，都表示要像大禹一样保护河道、珍惜水资源，当一个称职的"河小禹"。

> 问题：河小禹要做些什么？
> 幼儿1：河小禹要每天巡查小河的卫生，看一看有没有干净。
> 幼儿2：可以检查小河里是不是有死鱼或者其他垃圾，有的话要进行打捞。
> 幼儿3：监督小河边有没有人乱扔垃圾，河道卫生也很重要。

幼儿了解了河小禹的职责后，热情高涨。

▲ 图7-3-8 河小禹沿河道捡垃圾

> 问题：河小禹的时间和任务该怎么分配和安排呢？
> 幼儿1：我们班有蓝色组和红色组，就按这个分配吧。
> 幼儿2：小朋友要学本领，不能上课的时候出去。
> 幼儿3：那就午餐后散步的时候去。
> 幼儿4：可以一组去河边捡垃圾，一组去检查小河里的情况。

河小禹们通过协商，安排好了分组和任务，大家带上劳动工具，每天轮流值日，沿着小河一路捡拾垃圾，用实际行动保护着小河的环境。

4. 给树干刷涂白剂

忙碌的河小禹们除了清理小河垃圾，还关注到了河道边的小树身上涂得白白的，了解到涂白剂可以防虫。

> 问题：怎样给小树刷涂白剂？
> 幼儿1：我们需要准备手套、刷子和涂白剂，不要弄到衣服上和身上。
> 幼儿2：涂白剂要刷在小树的树干上，不能弄到小树的叶子上。
> 幼儿3：可是涂白剂要刷多高呢？
> 幼儿4：我知道，要从树根下面往上刷1米高左右的。

刷涂白剂的过程中，孩子们发现光滑的树皮刷起来很容易；有些小树的树皮很粗糙，需要认真地多刷几次才能均匀。虽然孩子们的手很酸，但他们都能坚持完成任务（见图7-3-9、图7-3-10）。

▲ 图7-3-9　从下往上刷

▲ 图7-3-10　多刷几次才能均匀

（三）收获分享，感受快乐

> 幼儿1：今天我捡到了好多烟头，我的腰都酸了。
> 幼儿2：我用过滤器净化了污水,虽然还是有一些小小的杂物,但我已经很满足了。
> 幼儿3：我们三个一起帮小树刷上了涂白剂，希望它可以快快长大。
> 幼儿4：我们把用过的水拿去冲厕所，这就是一水多用，很厉害吧。
> 幼儿5：我今天看到了一只小青蛙，它在河边跳来跳去的，好像在说河水变干净了，它很开心。

在分享交流中，幼儿积极分享自己的经验和收获。幼儿学到了许多有关环保的知识和经验，体验到了劳动的乐趣和成就感，增强了自信心和责任感。

（四）反思调整、优化策略

1. 劳动目标的达成情况

幼儿深入了解了小河发臭的原因和净化河水的方法，掌握了相关的环保知识，懂得合理安排劳动时间和任务，认识了劳动工具，能与同伴合作进行护河行动，会认可自己和他人的劳动成果，培养了不怕脏、不怕累的劳动品质。

2. 下一阶段推进思路与策略

在保护河道时，幼儿将捡到的垃圾直接扔进垃圾桶，没有进行进一步的分类处理。对此，在下一阶段推进中，教师将引导幼儿学习垃圾分类，养成正确处理垃圾的习惯。

探究二：垃圾分类护环境

（一）劳动探究、切身体验

问题讨论

在护河行动中，孩子们在河道边捡到了很多垃圾，对于垃圾如何处理展开了讨论。

> 问题：垃圾要分成几类呢？按照什么标准分类呢？
>
> 幼儿1：我知道，要分成四类，我见过四个垃圾桶。
>
> 幼儿2：我知道有可回收垃圾和不可回收垃圾。
>
> 幼儿3：还有厨余垃圾和有害垃圾。

支持与回应

① 教师与幼儿通过查阅网络、书籍了解垃圾分类和垃圾回收再利用的知识（见图7-3-11）。

② 举办垃圾分类知识竞答，投放玩具垃圾桶及各类垃圾图片，让幼儿根据提示进行垃圾分类游戏操作（见图7-3-12、图7-3-13）。

▲ 图7-3-11 了解垃圾分类

▲ 图7-3-12 垃圾分类知识竞答

▲ 图7-3-13 垃圾分类游戏

劳动体验

1. 准备劳动工具

> 幼儿1：我要准备口罩，这样才不会闻到臭味。
>
> 幼儿2：还得有四个垃圾桶。
>
> 幼儿3：花草园有手套和夹子。
>
> 幼儿4：也可以带一些垃圾袋。

孩子们思考着垃圾分类所需要的工具，并积极寻找和准备劳动工具（见图7-3-14、图7-3-15）。

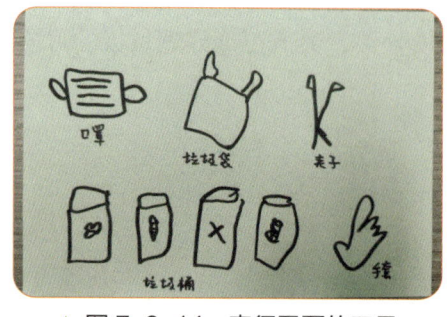
▲ 图7-3-14 表征需要的工具

▲ 图7-3-15 寻找劳动工具

2. 垃圾分类大挑战

孩子们拿着工具，兴致勃勃地开始了垃圾分类的实践活动。他们沿着小河一路捡拾垃圾，将捡到的垃圾按照可回收垃圾、有害垃圾、厨余垃圾和其他垃圾进行分类投放。关于如何垃圾分类，孩子们遇到了问题。

> 问题：湿纸巾应该投放在哪个垃圾桶？
> 幼儿1：湿纸巾应该放在可回收垃圾桶里。
> 幼儿2：不对，湿纸巾应该放在其他垃圾里。
> 幼儿3：可是湿纸巾里有水，应该放在厨余垃圾吧。

面对孩子们的困惑，教师耐心地解释道："湿纸巾虽然含有水分，但它并不属于厨余垃圾。湿纸巾的包装材料通常是塑料，因此应该投放在可回收垃圾桶中。但是，如果湿纸巾被污染了，例如沾有油污或泥土，那么就应该投放在其他垃圾桶中。"经过教师的解释，孩子们明白了湿纸巾的正确分类方法，又继续认真地进行垃圾分类（见图7-3-16、图7-3-17）。

然而，孩子们又遇到了一个新问题：一个空饮料瓶应该投放在哪个垃圾桶？孩子们经过调查和询问，知道要先将空饮料瓶清洗干净，再投放在可回收垃圾桶中。为此，孩子们还设计了垃圾分类图标宣传册，他们对垃圾分类有了更深刻的认识，能更加熟练地将垃圾进行分类投放。这次实践让孩子们意识到，在进行垃圾分类时，还需要注意一些细节问题，以确保垃圾的正确处理（见图7-3-18、图7-3-19）。

▲图7-3-16 垃圾分类实践活动（一）

▲图7-3-17 垃圾分类实践活动（二）

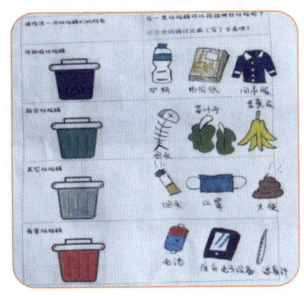
▲图7-3-18 绘画垃圾分类图标宣传册

▲图7-3-19 讲解垃圾分类宣传册

3. 垃圾再利用

在一次垃圾分类中，有人抱怨道："分类太麻烦了，我记不住。"其他孩子听到后也附和道："对啊，我也记不住。"对此，教师又带领孩子们一起了解不同垃圾的处理方式和再利用的方法。孩子们展开了热烈的讨论：有的说家里有很多矿泉水瓶和外卖袋子，可以拿来制作纸巾盒（见图7-3-20）；有的说看过小猪佩奇制作肥料，也可以用厨余垃圾试一试。

于是，我们一起观看了《小猪佩奇沃肥记》和其他资料，并收集沃肥材料。有的孩子想到去厨房收集蔬菜烂叶；有的孩子把剥开的橘子皮收集起来；还有的孩子把家里不要的花生壳、鸡蛋壳也收集起来。

孩子们分组制作"三明治"堆肥：在泡沫箱子先铺上一层土壤，然后铺上菜叶、果皮等，再铺上一层土壤,重复多次,最后一层用厚土压实放置(见图7-3-21)。果皮酵素制作方法:将果皮剪碎,放进瓶子里,再装上水,打个小孔,等待发酵。孩子们还为沃肥桶贴上标记,以此分类。

▲ 图7-3-20 纸袋改造成纸巾盒

▲ 图7-3-21 厨余垃圾制作肥料

(二)收获分享,感受快乐

每次垃圾分类活动结束后,幼儿都会围坐在一起分享自己的经验和感受。他们体会到垃圾分类的重要性,学到了垃圾分类的方法,感受到了劳动的辛苦和价值。

> 幼儿1:有的垃圾还能再利用,以后不能乱扔垃圾了。
> 幼儿2:工人们要分类那么多垃圾,好辛苦啊,以后不能乱扔垃圾了。
> 幼儿3:我看到有人把易拉罐扔在地上,我告诉他易拉罐能做成漂亮的手工。
> 幼儿4:我知道了好多垃圾分类的方法,回家再告诉爸爸妈妈。
> 幼儿5:我们用厨余垃圾制作肥料,给小农场的果树、蔬菜施肥,垃圾还能再利用呢!

(三)反思调整、优化策略

1. 劳动目标的达成情况

幼儿巩固了垃圾分类的知识,学会了如何正确进行垃圾分类,深刻体会到垃圾分类是一项非常繁琐而又重要的环保工作。幼儿切身体验到了清洁工作的辛苦,感受到了环卫工人工作的辛劳,懂得尊重环保工人的劳动成果。幼儿将垃圾分类做得井井有条,展现出了耐心和细心,为公共环境的清洁做出了自己的贡献,提高了劳动技能,也增强了他们的环保意识和责任感。

2. 下一阶段推进思路与策略

在垃圾分类实践中,幼儿对于某些垃圾的分类仍然存在困惑。对此,我们将继续加强垃圾分类知识的普及和指导,开展更多的实践活动和宣传推广,让家长和社区共同参与,养成良好的环保习惯,为保护环境贡献力量。

角色体验六：社区小雷锋

探究三：环保推广我能行

（一）劳动探究、切身体验

问题讨论

问题：如果还有人把垃圾扔到小河里，怎么办？
幼儿1：我们轮流当河小禹提醒大家。
幼儿2：我觉得要做一个标志告诉大家不要乱扔垃圾。
幼儿3：没错，我们得告诉大家要保护好我们的环境。
幼儿4：可以把垃圾分类宣传册发给小区里的叔叔阿姨。

支持与回应

① 幼儿讨论与绘画，制作护河宣传海报和展板。
② 组织幼儿参加学园环保徒步宣传活动，进一步为环保宣传贡献力量。

劳动体验

1. 制作宣传海报

幼儿利用绘画、手工等方式，充分发挥想象力和创造力，将垃圾分类、保护小河的重要性以及正确的环保行为等内容生动形象地展现出来，让更多人关注小河的环境问题。

幼儿1：我画了一个大大的地球，提醒大家要保护我们的家园。
幼儿2：我画了一条小河，里面有很多小鱼在游泳，告诉大家小河很美丽，不能乱扔垃圾。
幼儿3：我画了垃圾分类的方法，让大家看了都会正确分类。

学园邀请了社区、家长入园，与孩子们共同以"守护家门口的河流"为主题进行现场创作（见图7-3-22、图7-3-23）。

▲ 图7-3-22 "节水 护水 爱水"宣传画

▲ 图7-3-23 "守护家门口的河流"主题创作

2. 徒步宣传环保

孩子们走出幼儿园、走进社区进行宣传，介绍小河的环境问题，讲解垃圾分类和保护环境的方法，让更多人了解环保的重要性（见图 7-3-24 至图 7-3-26）。

"请您一起保护小河好吗？"孩子们用稚嫩的声音和真挚的表情，向居民们传递着环保的理念。他们的热情和真诚感染了社区居民，大家纷纷表示要支持环保行动，共同保护我们的家园。孩子们还携手社区居民，共同参与美化环境的行动，和叔叔阿姨一起将废弃的瓶子、轮胎、自行车等，巧妙地改造成花盆，实现了资源的再利用，为社区增添了一抹绿意。

▲ 图 7-3-24　挂上宣传画

▲ 图 7-3-25　分发宣传册

▲ 图 7-3-26　旧物改造

（二）收获分享，感受快乐

环保宣传活动结束后，幼儿兴奋地分享着自己的经历和感受。

> 幼儿1：我今天发了很多宣传单，大家都说我们的海报很漂亮。
> 幼儿2：有的人听了我们的讲解后，马上就把地上的垃圾捡起来了。
> 幼儿3：虽然我觉得这样走路有点累，但是这次活动很有趣，我以后还要参加。
> 幼儿4：今天好多叔叔阿姨来看我们的宣传海报，他们都说要保护环境。

在绘画宣传活动中，幼儿制作了内容丰富、形式多样的宣传海报，大方地向社区的叔叔阿姨介绍，体验到与他人交流的乐趣，了解到了环保的价值和重要性。

（三）反思调整、优化策略

1. 劳动目标的达成情况

幼儿亲自制作宣传海报并徒步出行，成功地将环保理念传递给社区居民。幼儿克服困难参与了公益活动的全过程，具有一定的耐力和坚持性，展现出了良好的沟通能力和表达能力；提升了计划能力、合作能力和交往能力，体验到了劳动助人的快乐和成就感。

2. 下一阶段推进思路与策略

接下来，我们将继续开展形式多样的环保活动，如垃圾分类比赛、环保小卫士评选等，探索更多有趣的环保方式，提高幼儿的环保素养，保持幼儿参与环境保护的主动性和积极性。我们也将争取更多家长和社区的合作，共同推动环保行动，为保护环境贡献更多的力量。

角色体验六:社区小雷锋

活动成果　环保成果大推广

为了扩大宣传范围,引导更多人保护河水和河道、学习垃圾分类,参与到保护环境中来,我们开展了一场"环保小卫士"成果展示活动。

通过"护一方水土,造绿色家园"启动仪式上园长妈妈的环保宣讲、幼儿国旗下讲话、主题系列活动等多种形式,引导更多人一水多用和垃圾分类,养成节水节能、生态环保的好习惯(见图7-3-27、图7-3-28)。我们利用学园公众号发布幼儿环保行动的过程和成果,幼儿的努力和成果得到了社会的广泛关注和认可,激发了更多家长和社区居民参与环保行动的热情。

垃圾分类手势舞

▲ 图7-3-27　园长妈妈环保宣讲

▲ 图7-3-28　幼儿国旗下讲话

活动反思

① 幼儿层面。通过本次"环保小卫士"劳动体验活动,幼儿感受到地球的美好与珍贵,进一步认识到了保护环境的重要性,增强了他们的环保意识和责任感。幼儿能够发现问题、制订计划、实施行动、解决问题,增长了保护环境的相关知识,亲身参与护河行动、垃圾分类、环保宣传等,提升了劳动技能,深刻感受到了劳动的辛苦和不易。幼儿体验到了劳动带来的成就感,懂得了珍惜他人的劳动成果,培养了良好的劳动习惯和劳动品质。我们相信,在未来的日子里,这些"环保小卫士"一定会继续发挥自己的作用,为保护环境贡献自己的力量。

② 教师层面。"环保小卫士"活动中,教师深入了解了环保教育的理念和目标,以问题为导向,根据幼儿的探究兴趣和公益活动开展的需要,层层推进环保主题活动,提升了自身的专业素养和教学能力。教师在与幼儿、家长和社区的互动中,学会了如何更好地沟通交流和协调合作,联动了家、园、社资源,促进了家园共育和社区共建。此外,在这个过程中也暴露出教师的环保知识储备还不够充分,需要进一步加强学习和培训。

③ 活动层面。"环保小卫士"主题活动是一次富有意义的教育实践,通过向家长、社区宣传相关环保知识,让幼儿、家长、社区和教师都从中受益,共同推动了环保事业的发展。家长与幼儿一起参与"环保小卫士"活动,增强了家长的环保意识,促进了亲子关系的和谐发展。家长更加了解幼儿园的教育理念和教学方式,对幼儿园的工作给予了更多的支持和理解。社区居民也深刻认识到了环保的重要性,并积极参与到环保行动中来。幼儿园是社区的一部分,社区提供场地和资源,大力支持活动,与家庭、幼儿园配合,共同推动环保事业的发展。

大班 小莲花义工团成立啦

思维导图

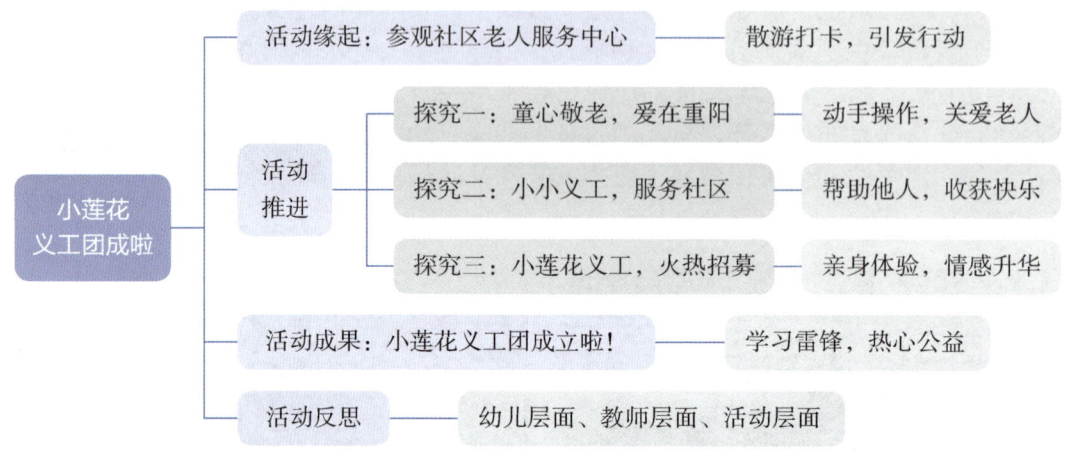

活动缘起

在班级主题活动"我们的小区"开展过程中，我们组织了散游打卡莲花小区的活动，幼儿参观了超市、医院、社区老人服务中心等，在社区服务中心见到了很多老人，有的在下围棋，有的在看报纸，有的在跳广场舞……一片热闹祥和的景象吸引幼儿驻足。恰逢九月初九重阳节的来临，幼儿纷纷提出想要和社区的老人们一起庆祝节日，由此诞生了"童心敬老，爱在重阳"的活动。活动不仅顺应了孩子们的兴趣和关注点，更是为他们提供了一个尊敬长辈、传承中华美德的宝贵机会。

活动推进

探究一：童心敬老，爱在重阳

（一）浸入职场、自主自选

> 问题：什么是重阳节？怎么和爷爷奶奶一起过节？
> 幼儿1：重阳节是爷爷奶奶的节日，我们要想办法让爷爷奶奶开心。
> 幼儿2：重阳节爷爷奶奶要吃好吃的东西，玩好玩的游戏，看好看的节目。
> 幼儿3：我们要向爷爷奶奶们表达爱和关心，对他们说一些祝福的话。
> 幼儿4：可以去"老年活动中心"看望爷爷奶奶。

经过讨论，孩子们决定当小雷锋，为社区的爷爷奶奶送上一份节日礼物，并和他们一起过节。

角色体验六：社区小雷锋

（二）劳动探究、切身体验

问题讨论

> 问题1：看望爷爷奶奶要带些什么礼物？
> 幼儿1：在生活馆里，我们做过"木糠杯"，甜甜的很好吃，可以送给爷爷奶奶。
> 幼儿2：我奶奶说，他们老了不能吃太多糖。
> 幼儿3：那我们就做些咸的小饼干，送给他们吧！
> 幼儿4：我觉得我们可以做一些花和卡片送给爷爷奶奶们。
> 幼儿5：我们做的那种很酷的领带也可以送给爷爷们。

经过讨论，幼儿认为合适的礼物是做一些手工作品和咸口的曲奇饼干。

> 问题2：要表演什么节目呢？
> 幼儿1：我们可以表演非洲鼓"哇咔哇咔"。
> 幼儿2：我们也可以表演童话剧。
> 幼儿3：表演节目需要一个主持人。
> 幼儿4：爷爷奶奶喜欢唱南音，我们也可以邀请他们一起表演。
> 幼儿5：我们可以和爷爷奶奶一起唱歌。

支持与回应

① 教师与幼儿通过查阅制作曲奇饼干视频，参观幼儿园周边社区的甜品店，了解制作需要的材料，学习曲奇饼干的制作步骤，做好经验准备。

② 教师引导幼儿自选手工劳作项目，确定了幼儿要分为三个小组：制作曲奇、美工劳作、节目编排。

3. 幼儿分别设计节目，共同商议节目顺序，在空余时间彩排。

劳动体验

在家长、教师的帮助下幼儿准备材料和工具，与同伴开始分组制作。

1. 制作曲奇

第一次制作的时候，由于和面时水和面粉比例不对，师幼一起进行了面粉实验，探究到底加多少水合适。"老师，我们把量杯里的水都倒进去了，面粉就变成了糊糊了。""老师，我们怕水加太多，于是就只加了一点点，但是它变成了一块块的样子，摸起来还硬硬的。""哈哈！老师，我们成功了！我们小组讨论后，一点点加水，慢慢加水，我们变出面团了！我们总共加了量杯里一半的水。"……随着此起彼伏的兴奋分享，幼儿通过不断验证，掌握了水和面粉的合适比例。在第二次制作时，幼儿顺利地配好了面粉与水的比例，做出了曲奇饼干的面团，成功地烤出来了香喷喷的曲奇饼干（见图7-4-1、图7-4-2）。

▲ 图 7-4-1 制作小饼干

▲ 图 7-4-2 包装小饼干

2. 美工劳作

美工劳作的幼儿按礼物制作种类分为三组。花朵组的幼儿根据步骤图，耐心地运用折、剪、黏等技能制作出花束；领带组的幼儿运用画、剪、贴等技能制作爷爷的领带；卡片组的幼儿画下自己对爷爷奶奶的祝福，制作成精美的贺卡（见图 7-4-2 至图 7-4-5）。

▲ 图 7-4-3 制作花朵

▲ 图 7-4-4 制作领带

▲ 图 7-4-5 制作卡片

3. 节目编排

"走进社区 爱在重阳"的节目定好后，孩子们开始热火朝天地排练，班级里传出悦耳的歌声和开心的笑声，精彩的节目让前来围观的老师和其他孩子赞叹不已！为了让社区的爷爷奶奶更好地观看节目，孩子们制作了精美的节目单（见图 7-4-6、图 7-4-7）。

▲ 图 7-4-6 制作节目单

▲ 图 7-4-7 录音棚练习唱歌

角色体验六：社区小雷锋

4. 和爷爷奶奶在一起

重阳节到了，孩子们带上了自己制作的手工礼物和曲奇饼干，穿上表演服出发前往社区老人活动中心，为老人们献上精心准备的节目和礼物。孩子们精彩的表演获得了阵阵掌声，可口的饼干和可爱的礼物也获得了老人们的赞扬。有的幼儿还拿着卡片兴致勃勃地跟爷爷奶奶分享自己的画是什么意思（见图7-4-8、图7-4-9）。在现场，老人们还和幼儿一起写对联、剪纸，一片其乐融融。

▲ 图7-4-8 社区表演节目

▲ 图7-4-9 给奶奶送窗花

（三）收获分享，感受快乐

结合活动照片、视频以及"爷爷奶奶有话说"记录单，孩子们分享了自己在活动中的收获和感动。

> 幼儿1：我学会了制作饼干，还知道了爷爷奶奶不能吃太多的甜食。
> 幼儿2：给爷爷奶奶表演节目，看到他们开心，我自己也很开心！
> 幼儿3：我们制作的礼物，爷爷奶奶都很喜欢。

通过这次活动，幼儿不仅懂得了要尊敬和爱护老人，还学会了制作美味的曲奇和手工礼物，体验到劳动的乐趣；在与同伴讨论协作下共同编排节目，感受到团队合作的重要性。

（四）反思调整、优化策略

1. 劳动目标的达成情况

幼儿对重阳节有了深入的了解，萌发了自我服务和服务他人的意识，也养成了热心公益的劳动态度。活动过程中，幼儿在意见不合的时候会投票统计，并能够自己思考，找寻方法解决问题，发展了科学探究的能力和坚持不懈的品质。

2. 下一阶段推进思路与策略

在重阳节的活动后，孩子们讨论老人是否有其他的需要，并计划着下一次还要去为爷爷奶奶送温暖。接下来，教师将继续引导幼儿进一步关爱老人。

探究二：小小雷锋，服务社区

（一）劳动探究、切身体验

在重阳节活动中，孩子们和爷爷奶奶互动后，对他们时常牵挂，提出还想跟爷爷奶奶一起玩。

问题讨论

> 问题1：我们还能为爷爷奶奶做些什么？
> 幼儿1：我们可以多去陪陪他们。
> 幼儿2：我的爷爷奶奶都身体不好，我们可以请医生朋友帮忙看病。
> 幼儿3：抽烟不好，要想办法让爷爷少抽烟。
> 幼儿4：爸爸告诉我，有老人家经常上当受骗，我们要提醒他们提高警惕。
> 幼儿5：对对对，我们还可以为他们打扫卫生、送东西、讲故事……

经过讨论，孩子们决定在周末去看望老人，教师借此引入了"周末小雷锋行动"。

> 问题2：周末小雷锋可以做什么？
> 幼儿1：可以请卫生院的医生来帮爷爷奶奶检查身体。
> 幼儿2：要请警察叔叔告诉他们如何不上坏人的当。
> 幼儿3：可以做个游戏区，让他们一起来玩游戏。
> 幼儿4：可以做一些爷爷喜欢的礼物换他的香烟，帮助爷爷戒烟。
> 幼儿5：那就送鸡蛋吧！因为鸡蛋很有营养。

支持与回应

①家园社共建，师幼共同拟定倡议书，发到家长群中邀请医生、警察和社区工作人员家长共同参加活动。

②结合幼儿清明节制作花草蛋的经验，师幼讨论决定用花草蛋换爷爷的香烟，让爷爷更健康。

劳动体验

1. 制作花草蛋

来到花草园，幼儿开心地挑选着自己喜欢的花朵和叶子。采摘后，把它们带到班级进行清洗，接着就开始制作花草蛋：先清洗鸡蛋，接着把浸泡在水里的花瓣和叶子轻轻地贴在鸡蛋表面（见图7-4-10），然后用纱布网紧紧地包裹并打结，最后将蛋和调料一起慢火炖煮（见图7-4-11）。经过繁琐复杂的制作过程，在幼儿的共同努力下，一个个漂亮的花草蛋出炉啦（见图7-4-12）！

角色体验六：社区小雷锋

▲ 图 7-4-10 贴上好看的花

▲ 图 7-4-11 煮花草蛋

▲ 图 7-4-12 花草蛋完成啦

2. 社区便民服务

孩子们穿上红马甲和警察、医生、老师一起走进社区，拿着自己亲手制作的花草蛋和宣传海报，用童言稚语开展交通安全、健康饮食营养、防诈骗等宣传，警察为老人们下载反诈软件，医生也为老人做身体健康检查（见图 7-4-13、图 7-4-14）。

▲ 图 7-4-13 给爷爷宣传

▲ 图 7-4-14 便民活动开始啦

（二）收获分享，感受快乐

> 问题：和叔叔阿姨一起为爷爷奶奶做宣传，你们有什么感受？
> 幼儿1：爷爷拿了我送的花草蛋，还说要少抽烟。
> 幼儿2：我们在宣传交通规则的时候，也学到了交通知识。
> 幼儿3：帮助别人的感觉真开心。
> 幼儿4：有了叔叔阿姨的加入，我们帮助了更多的人。

"小雷锋进社区"的活动，对幼儿来说是一次特殊的学习机会，通过制作花草蛋、宣传海报，幼儿和家长、老师一起走进社区，开展便民服务活动，提高了社区居民的健康生活、安全出行和防范诈骗的意识，起到了良好的宣传教育效果。

（三）反思调整、优化策略

1. 幼儿劳动目标的达成情况

幼儿在亲身体验、实际操作中习得了制作花草蛋的经验，丰富了对生活中常见食材的认知,锻炼了动手能力,提高了手部的精细动作,加深了对中国传统节日的认识,用实际行动帮助老年人、关爱老年人,体验到劳动的社会价值,收获了成就感和幸福感。

2. 下一阶段推进思路与策略

在走进社区开展活动的过程中,幼儿感受到了自身力量的不足,有了更多家长的帮助后,小雷锋公益活动才能有效地开展。我们计划招募更多的小雷锋加入,正式成立义工团。

探究三:小莲花义工,火热招募

(一)劳动探究、切身体验

问题讨论

> 问题:还有谁可以一起当小雷锋?
> 幼儿1:要请一些有本领的人来参加这个活动,比如厨师,来给大家做好吃的。
> 幼儿2:我爸爸是理发师,可以给大家免费剪头发。
> 幼儿3:我奶奶还可以带大家跳广场舞。
> 教师:是的,只靠小朋友的力量还不够,可以邀请社会各界的人士来加入我们的活动。比如社区的理发师、厨师、医生、老师等。

支持与回应

① 追随幼儿的兴趣,教师与幼儿准备成立一支义工队伍。
② 通过查阅资料、咨询社区工作者等方式,幼儿了解义工职责、义工活动内容,包括团队取名、服务形式、服务对象、服务内容等。
③ 通过绘画制作等方法,确定义工团员卡、团员衣服、登记本的图案,由幼儿园统一制作。

劳动体验

1. 为义工团取名

> 问题:义工团要叫什么名字呢?
> 幼儿1:"小小爱心团"最有爱心。
> 幼儿2:"小雷锋义工"听起来最神气。
> 幼儿3:我们幼儿园就在莲花小区,就叫"小莲花义工团"吧。

每个人都觉得自己的名字是最好的。于是小朋友决定要票选最好听的义工团名称。每个小朋友将小红花贴在最喜欢的名字旁边,最终"小莲花义工团"以最高票胜出。

角色体验六：社区小雷锋

2. 确定义工职责

问题：小莲花义工团要做什么呢？

幼儿1：要去看望爷爷奶奶，给他们送礼物。

幼儿2：可以进行爱心义卖，帮助有困难的人。

幼儿3：还要宣传保护环境，做好垃圾分类。

幼儿4：照顾流浪动物也是我们的责任。

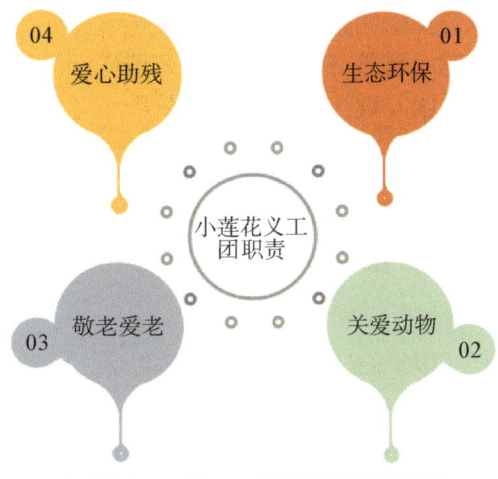

▲ 图 7-4-15　小莲花义工团的职责

教师引导幼儿将自己的想法画下来并大胆分享介绍，确定了"小莲花义工团"的职责。

3. 义工招募

小莲花义工团要开始招募了。

问题1：参加小莲花义工团的人应该是什么样的呢？

幼儿1：要有爱心，乐于助人！

幼儿2：要能坚持做完一件事，不怕困难，不怕脏、不怕累！

幼儿3：要能跟人合作，讲文明、有礼貌！

问题2：怎么招募成员呢？

幼儿1：可以给大家发一张卡，上面画上义工团的标志，每个参加的人都发一张。

幼儿2：可以给参加的人发一件统一的衣服，每次活动都可以穿。

幼儿3：可以给大家一本登记本，每参加一次可以盖一个章，有3个印章就可以换礼物。

幼儿4：我们来做些海报吧，可以贴在幼儿园门口，还可以发到微信公众号上。

孩子们决定通过制作招募海报、带着宣传册去社区推广、录制视频介绍、公众号招募邀请社会各界人士加入我们的小莲花义工团（见图7-4-16、图7-4-17）。

▲ 图 7-4-16　招募的对象

▲ 图 7-4-17　制作招募海报

（二）收获分享，感受快乐

> 幼儿1：我们的义工团有自己的名字，太开心了！
> 幼儿2：我们一定要多宣传，让更多人参加义工团。
> 幼儿3：原来准备成立义工团有这么多的事情要忙呀！
> 幼儿4：义工团可以在一起做很多有意义的事，帮助更多的人！

孩子们通过给义工团起名字，明确职责和招募要求，设计制作海报，布置报名点，亲身体验、亲历了"小莲花义工团"的筹备之路。虽然过程中出现意见不统一、实施困难大等问题，但是幼儿能够协商合作，寻求帮助，最终解决问题。

（三）反思调整、优化策略

1. 劳动目标的达成情况

活动中幼儿对义工团的服务内容有了一定的认识，能够根据义工职责安排招募，在教师引导下能有计划地做事，开展一系列"小莲花义工团"筹备活动，活动的自主性提高。

2. 下一阶段推进思路与策略

经过紧锣密鼓的筹备工作，"小莲花义工团"汇集了不同行业的人员，形成了一支有爱心的义工队伍。孩子们提出要有一场启动仪式，还要准备义工团的标志、服装、旗帜等，为"小莲花义工团"日后的活动开展做准备。

活动成果　小莲花义工团成立啦！

前期"童心敬老，爱在重阳""小小雷锋，服务社区""小莲花义工，火热招募"活动，让幼儿深刻地了解义工的内涵、职责和内容。"小莲花义工团"启动仪式正式拉开帷幕，孩子们激动万分。在仪式上，义工团的标志、旗帜、服装也通过征集、投票最终得以确定（见图7-4-18、图7-4-19）。每个义工团的成员都收到了一本聘书。今后，"小莲花义工团"将开展各种学雷锋公益活动，为有需要的人提供帮助。

▲ 图7-4-18　小莲花义工团标志

▲ 图7-4-19　幼儿手绘图

活动反思

①幼儿层面。幼儿以小雷锋角色参与到"关爱老人 服务邻里"的社区公益活动，活动中，

角色体验六：社区小雷锋

幼儿不仅与同伴交往，更与老师、家长、社工交往互动，弘扬尊老、敬老、爱老的中华民族优良传统美德。在这个过程中，幼儿学习用合适的方式与人沟通、交流及合作，遇到问题合作协商解决，形成了积极向上的态度和乐于助人的品质。他们愿意为他人着想，关心他人的需要，养成积极参与公益活动的意识。

② 教师层面。以节日节庆为活动背景，以幼儿为中心，遵循其身心年龄特点，追随幼儿兴趣，与幼儿在一次次问题讨论、支持回应中帮助幼儿加深对社区小雷锋角色的了解，同时也提升了他们对公益活动的向往与憧憬，增强幼儿社会责任感，培养正确的劳动价值观。

③ 活动层面。本活动让幼儿体会到参与公益活动的劳动价值和社会责任感，明白了自己的行动可以为社会带来积极的影响，为需要帮助的人带去实际的支持和温暖。充分发挥了家校社的协同育人功能，家长通过与幼儿共同宣传义工相关内容，为幼儿筹备的过程出谋划策，增进了亲子关系，共同感受公益活动带来的成就感。小莲花义工团虽初具雏形，但幼儿参加社会实践劳动的支持策略不够成熟，家园社共生共长的劳动体验生态圈不够完善，社会公益活动的机制不健全，仍需三方协同努力。

后记

幼儿园劳动教育实践探究是贯彻国家"五育并举"教育方针的重要任务,是推动幼儿园保教工作高质量发展的重要内容,是促进幼儿健康全面发展的重要途径。"角色体验式"劳动倡导幼儿扮演多种职业角色,亲历真实职业场景,萌发劳动服务意识,承担一定的劳动任务,习得角色岗位的初步技能,体验各角色劳动的光荣和乐趣,养成热爱劳动、尊重劳动者的良好品质。这种劳动形式吻合幼儿身心发展特点,是实施幼儿园劳动教育的有效方式和创新性做法。

晋江市第二实验幼儿园自2015年创办以来,一直探索劳动教育课程,着力创新"环境共创、课程共生、家园共育"三支持体系,构建了"十馆八区"生态化劳动环境模式,为幼儿自主自选角色开展沉浸式体验提供真实生动的环境支持,也为师幼共同生成劳动教育课程和家园共育助推劳动教育提供物质条件,促进幼儿德智体美劳全面发展。幼儿园研发"四大循环"体验式劳动教育模式,创新"浸入角色—劳动探究—收获分享—反思调整"的四循环模式,不断螺旋上升递进,形成幼儿"角色体验式"劳动教育模式,助推幼儿深度浸入、自主自选、切身体验、感受快乐和优化劳动方式,循序渐进深化劳动实践,从中获得劳动的成就感,锻炼吃苦耐劳、坚持、克服困难、勇敢、尊重劳动者及珍惜劳动成果等良好品质。形成"专业化家长助教、沉浸式家庭体验、陪伴式家长参与"的三个家园共育策略,达成家园劳动教育共识,提升家长的课程参与意识和资源收集意识,密切家园关系,提升家长科学育儿观念和水平。

幼儿园在探索劳动教育课程实施的过程中,有幸得到虞永平教授莅园指导,并欣喜获得他馈赠墨宝"在劳动中综合学习,在生活中提升经验"。虞教授指点迷津、高屋建瓴,让年轻的教师团队备受启发和鼓舞,促使角色体验式劳动教育课程能集结出版,不断激励大家持续探究和提升课程建设质量。

　　本书以"农场小能手、作坊小技师、服务小达人、班级小老师、家庭小管家、社区小雷锋"六个角色开展体验式劳动实践，每个角色从活动简介和实例展开阐述，从小、中、大三个年龄班中各选择1篇活动实例进行详细介绍，共计18篇汇编成册，呈现幼儿园近年来劳动教育课程中经典而富有代表性的案例。参与研究和编写的老师还有吴飘红、林巧珍、黄兰钦、张梅梅、朱彦雯、温巧榆、蔡雅莉、黄晓莹、张纯真、尹亚沛、郭茜园、余泥真、刘玲红、蔡雅心、严诗瑶、连雨涓、章淑婷、吴秋鸾、吴珊妮、王心宇、熊琳仪、杨平平等。

　　本书凝聚各位参编老师的智慧和各位专家的指导。借本书出版感谢福建省教育科学规划办、省教育科学研究所等各级教科研单位多年来的指导，助推幼儿园积极发挥福建省学前教育科研基地的示范辐射作用；感谢各方多次给予幼儿园交流展示"劳动教育成果"的平台和机会，助推幼儿园不断提升劳动教育课程的文化内涵。同时，感谢各位专家名师长期以来对幼儿园的关心指导，特别是福建师范大学吴荔红教授和泉州幼儿师范高等专科学校颜晓燕教授、许琼华教授，省特级教师佘雯督学的悉心指导与帮助。感谢泉州市中骁智能科技有限公司等单位提供的资源支持，感谢潜心耕耘和辛苦实践的老师们，感谢一路默默关心支持幼儿园发展的各位前辈、师友们！

　　虽然本书编写汇聚团队力量，但因编者才疏学浅，书中定有诸多不妥之处，恳请读者批评指正。

何秀凤

晋江市第二实验幼儿园

图书在版编目(CIP)数据

乐体验　爱劳动:幼儿园角色体验式劳动教育案例/何秀凤主编.--上海:复旦大学出版社,
2025.1
ISBN 978-7-309-17477-9

Ⅰ.①乐… Ⅱ.①何… Ⅲ.①劳动教育-教案(教育)-学前教育 Ⅳ.①G613.3

中国国家版本馆 CIP 数据核字(2024)第 104321 号

乐体验　爱劳动——幼儿园角色体验式劳动教育案例
何秀凤　主　编
责任编辑/夏梦雪

复旦大学出版社有限公司出版发行
上海市国权路 579 号　邮编:200433
网址:fupnet@fudanpress.com　http://www.fudanpress.com
门市零售:86-21-65102580　　团体订购:86-21-65104505
出版部电话:86-21-65642845
上海盛通时代印刷有限公司

开本 787 毫米×1092 毫米　1/16　印张 15　字数 374 千字
2025 年 1 月第 1 版第 1 次印刷
印数 1—4 100

ISBN 978-7-309-17477-9/G·2597
定价:68.00 元

如有印装质量问题,请向复旦大学出版社有限公司出版部调换。
版权所有　侵权必究

幼儿教师专业成长书系

"活教育"中的山西文化之旅	沃德兰东大 主编
"活教育"中的乡土资源教育	李桂芳 主编
好玩的甲骨文	张红霞 主编
"活悦读": 托育 · 亲子活动活动方案	刘珂 主编

戏剧教育

儿童戏剧教育概论	林玫君 著
儿童戏剧教育活动指导: 肢体与声音口语的创意表现	林玫君 著
儿童戏剧教育活动指导: 童谣及故事的创意表现	林玫君 著

活用绘本

绘本中的创意美术	林琳 主编
绘本中的音乐创作与活动	周杏坤 兰芳 主编
绘本中的戏剧活动	瞿亚红 主编
绘本中的舞蹈	张海燕 主编
绘本中的科学	应彩云 王红裕 主编
中国原创绘本主题活动设计	郑蕙苡 沈荣 主编

游戏活动与课程

图解游戏: 让幼儿教师轻松搞定游戏	鄢超云 总主编
	余琳 文贤代 吴庆国 主编
图解游戏: 让家长秒懂游戏	鄢超云 总主编
	余琳 文贤代 吴庆国 主编
观察点亮游戏	北京荣和教育儿童研究发展中心 主编
嘉阳的18次挑战	鄢超云 余琳 主编
你好,蚕宝宝	鄢超云 余琳 主编
玩帐篷	鄢超云 余琳 主编
做泡菜	鄢超云 余琳 主编
利津户外游戏	赵兰会 刘令燕 主编
童谣游戏 1/2	胡志远 张舒 主编
幼儿园游戏精编 1/2	周世华 刘昕 主编

婴幼儿游戏活动300例	程沿彤 主编
快乐学数 智慧玩数	陈青 主编
游戏美术	武千嶂 卞洁华 主编
回归生活——幼儿园教育活动案例及评析	夏力 主编
幼儿园游泳课程探究	毛美娟 诸君 主编
幼儿运动分解教学	窦作琴 主编
幼儿足球训练游戏	张光元 陆大江 主编
亲子运动游戏	刘继勇 陆大江 主编
3-6岁儿童运动游戏实例	陆大江 张勇 主编
儿童长高运动游戏指导	庞海 陆大江 童梅玲 主编

婴幼儿托育

托育机构一日活动操作指引	茅红美 王岫 主编
托育机构一日活动方案	茅红美 金荣慧 主编
托育机构婴幼儿照护操作指导(2-3岁)	吕兰秋 吴美蓉 主编
0~3岁亲子早教课程	陈海丹 主编
0~3岁婴幼儿托育课程设计上册	张星星 主编
0~3岁婴幼儿托育课程设计下册	张星星 主编
托育机构运营管理实务手册	陈玲 主编
宝贝和我的幸福时光——祖辈科学育孙指导	何慧华 主编